JN079019

ウォルマートのグローバル・マーケティング戦略［第3版］

丸谷雄一郎［著］

創成社

はじめに

筆者が大学に入学した1990年当時、日本はバブル経済の余韻が漂う状況にあった。商学部の一大学生であった私でも首をかしげたくなる試みも多くあったが、ダイエー（現イオン傘下）、イトーヨーカドー、ジャスコ（現イオン）、西友（現ウォルマート傘下）、マイカル（現イオン傘下）のGMS5強が多業態化、多角化及び全国展開を図り、海外からトイザらスに代表される外資系企業やアウトレットといった新たな小売業態も導入され、今考えれば店舗の質量ともに豊かな時代であった。私は研究者であった父の仕事の都合で、米国ロスアンゼルスにて小学校高学年の2年間を過ごした。当時の週末の楽しみは家族での巨大スーパーマーケットでの買い出しであり、この思い出が、バブル当時、多く開設された巨大商業施設と重なり、大学の卒業論文は、当時注目されていた東急ハンズやパルコといった新たな小売業態を展開する小売業者を対象としたものとなった。大学院入学時にはバブル経済は明らかに減速していたが、自身の小売産業への関心はその後も高まっていった。

そんな私の意識を根本から変えたのが、大学院修士1年時の故鈴木安昭先生との出会いであった。鈴木先生は非常に多忙であり、授業は中央大学ではなく、先生の本務校であった青山学院大学の研究室で行われた。先生は1回目の授業で1冊、自身の謹書『新・流通と商業』を指定し、質問を考えてくるように指示し授業は終わった。2回目の授業日には、私なりに頑張って質問を考えて臨んだが、用意したいくつかの質問への解答は簡単に終わってしまった。質問が思いつかない私に、「質問がないということは、わかったということですね」という念押しの後、鈴木先生から流通における隔たりに関する1つの質問が投げかけられた。私の回答があいまいであることがわかると、何度か噛み砕いて解説した上、

「質問がありますか」という問いがさらに投げかけられ、必死で考えた質問に非常に論理的かつ具体的に解答して頂いた。こうしたやりとりが3回目以降、半年間ずっと続いた。結局、辞書のような先生を前に解答できない質問をすることはできなかったが、質問を考え抜いた経験が私の流通研究の基礎になっている。今考えれば、先生は当時の私が日本や欧米の先端事例ばかりに目を向け、各国の流通の発展の経緯や地域特性を軽視していることをすぐに見抜き、その部分を修正するために、「流通は各国独自の部分が強く、その理解がなければうまくいかないこと」や「日本の流通の歴史や地理上の特徴を踏まえた日本独自の流通におけるイノベーション」について問いかけておられたのであった。先生は、日本における小売国際化に関する研究においても先駆的な業績を残しておられることを後になって知るのだが、先生は私とのやりとりの中で、小売産業のドメスティックな側面を示すと同時に、ドメスティックな環境の中から生み出されるイノベーションの可能性についても言及されていた。

筆者が本書の主要研究対象企業であるウォルマートについて本格的に研究を始めるのは先生との半年の授業が終わった直後である。このタイミングは、筆者が生まれたもう1つの祖国メキシコにおいてウォルマートが成功し始める時期でもあった。当時の筆者はそんなこととはつゆ知らず、鈴木先生からの影響と、祖国への理解を深めたいという考えから研究を開始し、ウォルマートのメキシコでの成功に遭遇したのである。ウォルマートの当初の成功は、同国の経済開放政策開始直後という参入タイミングと、シフラというパートナーを獲得したことによるものであり、当時の状況に関しては、２００3年に出版した拙著『変貌するメキシコ小売産業』において詳細に言及した。拙著の出版後、初めて中南米小売産業に言及した内容であったため、原稿依頼や学会報告の依頼をいくつか頂いた。メキシコ小売研究を継続するのと平行して、ウォルマートの他地域への進出についての研究にも着手していたが、新たな研究は1つの壁にぶつかった。他地域を見ても、参入タイミングとパートナーの選択が成功の条件ということに変わりはなく、それ以上の内容がなかなか見いだせなかったのである。こうした状況下で思い出されたのが「流通の独自性とイノベーション」に関する鈴木先生とのやりとりであり、メキシコ小売産業を米国小売産業の廉価版として捉えていた自分に気づいたのである。私はこの反省に基づき、メキシコ小売産業を見直すと同時に、先行研究についても改めて見直した。地域ごとに存在する文脈の重要性について再認識させられたのが、学会でお会いして以来交流のあった川端基夫先生の『アジア市場幻想論』以降の一連の譜著であった。そして、文脈の重要性を含めて既存研究の再検討を進める中で出会ったのが矢作敏行先生の譜著『小売国際化プロセス』であった。矢作先生は譜著の中で「流通の独自性とイノベーション」について言及されており、現地化戦略の4パターンに関しては、筆者の問題意識と非常に近い内容であった。研究途上の2008年には『ウォルマートの新興市場参入戦略』を出版した。2010年には明治大学の諸上茂登先生が率いた貿易奨励会の貿易研究会に参加及び報告する機会を頂き、研究会後に毎回行われた食事会では研究の理論化に関するご指導を賜った。その後、学術研究助成基金助成金の支給が決定し、2011年度から数回の現地調査を行うことができた。あいまいな問題意識にすぎなかった「流通の独自性とイノベーション」に関してようやく1つの解答を提示したのが本書である。

本書執筆に当たり、小売国際化研究を行うきっかけを頂き、研究が難航した際にも励ましを頂いた故鈴木先生との交流は私が大学の教員になった後も続き、体調がすぐれない中でも私の学会報告の際にはご足労くださり、ことあるごとに励ましの言葉を頂いた。川端先生からは、お会いするたびに現地調査に関して多くの示唆を頂いている。矢作先生からは、譜著を通じた出会いだけではなく、日本商業学会全国大会での最初の報告の機会を頂くなど、直接間接のご支援を頂いている。諸上先生からは、理論化に関してご指導を賜わり、学術研究助成基金助成金獲得につながる多くの示唆を頂いた。恩師の三浦俊彦先生からは、大学1年生の基礎ゼミから継続的にご指導を賜わり、２０１２年5月の日本商業学会の報告とそれに続く２０１３年3月に拙稿が掲載された学会誌『流通研究』の原稿執筆においても、濃厚なディスカッションにお時間を割いて頂き、なんとか原稿を形にすることができた。

本書執筆に際しての現地調査においては、メキシコ、中米地峡諸国、ブラジル、アルゼンチン、南アフリカ、ドミニカ共和国、英国、ドイツなど多くの諸国で活躍される現地企業の経営者及び社員や現地専門家の方に多くの知見を頂いた。また、愛知大学、東京経済大学という2つの本務校はいうに及ばず、神奈川大学、中央大学、東洋大学、拓殖大学、日本大学において、グローバル・マーケティング関連の講義を行う機会を頂き、そこでの学生の皆さんからの質問、意見及びディスカッションの内容が大きな刺激となっている。機会を頂いた多くの皆様にここに記して感謝したい。本書のベースとなった原稿執筆に際しては、東京経済大学個人研究助成費（２０１１年度個人課題番号11－27、２０１２年度個人課題番号12－28、２０１３年度個人課題番号13－28）、学術研究助成基金助成金（基盤研究（C）ラテンアメリカにおける新規業態開発志向戦略モデル構築のための研究、課題番号：２３５３０５４４、２０１１年～２０１３年度）から助成を頂いている。また、本書の刊行にあたり、創成社の西田徹氏に改めてお礼を申しあげたい。本書の構想に関しては数年前からあったが、現実化するまでに数年の歳月を経ている。研究の進行状況をしっかりと見守り、出版に関して適切な助言を頂いた。

最後に、いつも推敲段階から目を通し、最初の読者として意見を頂いている母、細部まで助言を頂いている父に感謝したい。

２０１３年8月吉日

丸谷雄一郎

第3版によせて

増補版出版後4年を経てウォルマートが置かれている状況は激変した。新興市場重視からネット小売重視へ舵を切っていたことがコロナ禍での同社には有利に作用し、ネット小売がしっかりと定着し、同社のネット小売重視戦略を牽引してきたウォルマート本社の米国Eコマース部門社長兼CEOを務めたマーク・ロア（Marc Lore）氏が2021年1月に退任した。

他方、2010年代半ばまで重視してきた新興市場を含めて市場選別が加速した。先進国市場では英国と日本が選別され、少数保有となった。新興市場では中国、インドは現地企業との連携や追加投資といった動きがなされたのに対して、アルゼンチンからは完全撤退し、ナイジェリア、ガーナ、ケニア、ウガンダ、タンザニアの主要業態で展開する店舗の撤退が発表され、ブラジルは少数保有となった。

増補版を出版した2018年度から科学研究費を頂いて開始した「ネット小売普及以降の小売国際化現地化戦略モデル構築のための研究」を通じて訪れた各国において、世界最大の小売売上高を誇るウォルマートが新興市場重視からネット小売重視への全社戦略の転換を強いられたネット小売普及に影響を及ぼす要因、ウォルマートの全社戦略の転換が各市場でもたらした影響ならびに実際の各国市場での戦略ならびに戦術の転換について現地調査を行うことができた。ウォルマートの進出市場に関しては2018年9月にはアルゼンチン、2019年9月にはケニア、2020年3月にはガーナにおいて現地調査を行い、小売国際化現地化戦略モデル構築に影響を及ぼす、インフラ整備、労働組合の強い影響力、国家要素の脆弱性を補完するBOPビジネスを促進するスタートアップ企業の影響力、圧倒的な天然資源保有といったネット小売普及を妨げるあるいは促進する要因、上記各市場でもたらした影響ならびに実際の各国市場での戦略及び戦術の転換について学会報告、論文及び大学から依頼されているブログなどを通じて提示してきた。

２０２０年度までの予定で行っていた科学研究費を頂いての現地調査の終盤になり、コロナ禍に入り、２０２０年3月のガーナでの研究調査の内容が一部変更となり、海外での現地調査をできない状況が続いた。海外調査ができないなら日本でできる研究をしようという意気込みで少数保有となったウォルマートの日本での取り組みや、ケニア及びガーナでの現地調査を行う際に改めて検討したウォルマートの南アフリカ以外の諸国での展開に関して研究を行うと同時に、各国の状況を改めて見直した成果が第３版である。

なお、増補版の第9章のアルゼンチン、第3版に向けて新たに現地調査したが撤退を表明したガーナと1店舗のみの営業となるケニアに関しては、出版上の紙数制約もあり、出版担当者とのディスカッションの中で、出版社ホームページ上に譲るというネット時代ならではの新たな試みを行った。ホームページをご覧いただきたい。

なお、第3版で追加した第14章は、２０２１年度の東京経済大学個人研究助成費（研究番号21－31）の研究成果であり、第14章を含む第3版で追加した内容の多くは、日本学術振興会科学研究費助成事業（学術研究助成基金助成金）基盤研究（C）（一般）研究課題番号（17Ｋ０４００６）を受けた研究成果である。

改訂した本書が、より多くの皆様のグローバル・マーケティングへの理解に少しでも役立てば幸いです。

２０２２年5月吉日

丸谷雄一郎

目　次

序章　本書の位置づけ及び構成

本書は小売企業の成功事例をグローバル・マーケティング戦略の観点から取りあげた書籍である。小売企業の活動のグローバル化はその特性ゆえに難しくメーカーに比べてだいぶ遅れてなされてきた。日本企業を例にとれば、メーカーのグローバル化が本格化したのが1985年のプラザ合意以降であるのに対して、小売業のグローバル化が本格化したのは2000年代半ば以降である。

小売企業の活動のグローバル化は、表序－1に示すように4段階を経て拡大してきた。本格的な海外進出は第3段階から始まり、1984年のイオンによるマレーシア進出以降の東南アジアでの展開に見られるように、人材やノウハウなども含む経営資源の国内からの支援を背景とした近接地域での店舗網構築が行われた。1990年代末以降の第4段階では、2000年代半ば以降のユニクロによるグローバル展開に見られるように、企業の中核戦略としてのグローバル展開も一部でなされてきている。

本書において用いるグローバル・マーケティング戦略とは、企業活動のグローバル化に対応した戦略的マーケティング及びマーケティング・マネジメントのことである（丸谷（2015a）、2頁）。グローバル・マーケティング戦略の具体的内容は、複数国で同時にマーケティングを展開する際に、複数環境下でのマーケティングの同時展開の前提となる企業活動拠点のグローバル配置（グローバル・マーケティング・リサーチによって得た情報に基づいた環境分析による、参入市場の選定及び参入モードの

表序－1　小売国際化の4段階

段　階	第1段階	第2段階	第3段階	第4段階
時　期	1960年代まで	1970年代以降	1980年代末以降	1990年代末以降
視　点	企業家的，個人的関わり	機会主義的	戦略的，一部機会主義的	戦略的，企業トップが強い関与
市場範囲	隣国植民地	機会がある国	大陸内	地球全体
企業内での位置づけ	限定的	国内市場での地位向上に次ぐ	国内からの支援を背景にした国際化	企業の中核戦略として
日本企業代表例	三越植民地出店	伊勢丹シンガポール出店	イオン東南アジア出店	ユニクログローバル旗艦店出店

（出所）Dawson and Mukoyama eds. (2013), p.18の表に加筆修正。

選定）とグローバル調整（複数環境下でのマーケティング活動の調整（標準化／現地化）、複数環境下でのマーケティング活動により獲得した知識の移転）である（三浦（２０１７））。

今回取りあげる事例は、ウォルマートという小売企業の事例であるので、「消費者に直接商品を販売すること」という小売業の特性を踏まえて、グローバル・マーケティング戦略の主な主体として捉えられてきたメーカーの企業活動を前提に構築された枠組みを、小売企業のグローバル・マーケティング戦略として構築し直した（表序－2参照）。

配置課題①「参入市場（国・製品）の選定」に関しては、国という意味では同じであるが、小売業にとっての製品（提供物）は小売業が各自で開発する業態を意味する小売フォーマットということになる。

配置課題②「参入モードの選定」に関しては、消費者に直接商品を販売するということを考えれば、メーカーが行う製品のみの輸出という方法は一般的ではなく、小売フォーマット移転モードの選定ということになる。

表序－2　メーカー及び小売業のグローバル・マーケティングにおける配置と調整

製造業

配置課題	調整課題
①　参入市場（国・製品）の選定	①　標準化／現地化（ポジショニング，4P）
②　参入モードの選定	②　知識移転

小売業

配置課題	調整課題
①　参入市場（国・小売フォーマット）の選定	①　標準化／現地化（小売フォーマット・コンセプトを含むポジショニング，フロント・システムとバック・システムのミックス）
②　小売フォーマット移転モードの選定	②　知識移転（内容はメーカーと小売業では異なる）

（出所）三浦（2017），28頁及び丸谷（2017），230頁の表を一部修正。

調整課題①「標準化／現地化」に関しては、ポジショニング（製品コンセプト）を含めた4Pのうち、ポジショニングが小売フォーマットのコンセプトに、マーケティング・ミックスがフロント・システムとバック・システムのミックスに当たる。

調整課題②「知識移転」に関しては、まず知識の内容がメーカーと小売業では異なるので、小売フォーマットに関する知識の特性をふまえて、フロント・システムに関する知識とバック・システムに関する知識に区分しなければならない。その上で、各知識の特性に応じた移転を行う必要がある（丸谷（2017））。

上記の枠組みに基づいて、本書では図序－1で示す構成によって、巨大母国市場米国だけではなく、新興市場への積極的展開によって、小売企業としてはグローバル・マーケティング戦略を積極的に構築することによって一定の成功を収め、ネット事業を重視すると同時に、国際部門を整理したウォルマートの事例を各国市場における戦略を含めて詳細に検討することによって、小売企業のグローバル・マーケティング戦略の

図序－1　本書の構成

序　章　本書の位置づけ及び構成

↓

第Ⅰ部　ウォルマートのグローバル・マーケティング戦略の概要

第１章　グローバル化を進めてきたウォルマート	第２章　米国ウォルマートの小売事業モデル	第３章　ウォルマートのグローバル・マーケティング戦略の概要

↓

第Ⅱ～Ⅳ部　世界を３地域に区分し，各地域の各市場について詳細に検討
（補章は創成社サイトで公開）

第Ⅱ部　ウォルマートアジア	第Ⅲ部　ウォルマートラテンアメリカ	第Ⅳ部　ウォルマートEMEA
第４章　日　本	第７章　メキシコ	第11章　英　国
第５章　中　国	第８章　中米地峡諸国	第12章　カナダ
第６章　インド	第９章　チ　リ	第13章　南アフリカ
	第10章　ブラジル	第14章　南ア以外アフリカ
	補章１　アルゼンチン（撤退済み）	補章２　ガーナ（撤退発表）
		補章３　ケニア（１店舗のみに縮小）

↓

結　章　本書の意義と残された課題

実態と課題について示していく。

　実態と調整課題の具体的検討に際しては、小売国際化研究においてこれまで用いられてきた、小売事業システムという矢作（２００７）が示した枠組みを用いて検討するが、矢作が示す小売業務の部分がフロント・システムに当たり、商品供給業務や商品調達業務がバック・システムに当たる。

　矢作（２００７）は既存の小売業態を移転対象の中心と据えながらも、小売業の特性である商品と店舗の不可分性や小売業務を支えるシステムの付随性を踏まえて、移転対象を３つの移転対象を含む小売事業モデルとした（図序－２参照）。

　矢作の主要研究対象であったセブンイレブンの日本進出事例をこの枠組みを用いて説明すれば、多品種少量在庫販売、年中無休、長時間営業店舗といった顧客の利便性を最大化するという小売フォーマットのコンセプトは

米国から移転した。しかし、小売フォーマットを構成するフロント・システムとバック・システムの双方がうまく移転できなかったため、フランチャイジングの日本における主体となったイトーヨーカ堂（現セブン&アイ・ホールディングス）によって開発された。同社は顧客情報の共有化を通じたメーカーとともに行う独自商品開発（チーム・マーチャンダイジング）や既存卸売が連携して行う窓口問屋制度活用による適時適量の商品供給といった店舗の利便性を支えるシステムを独自開発したのである。

図序ー2　小売事業モデル

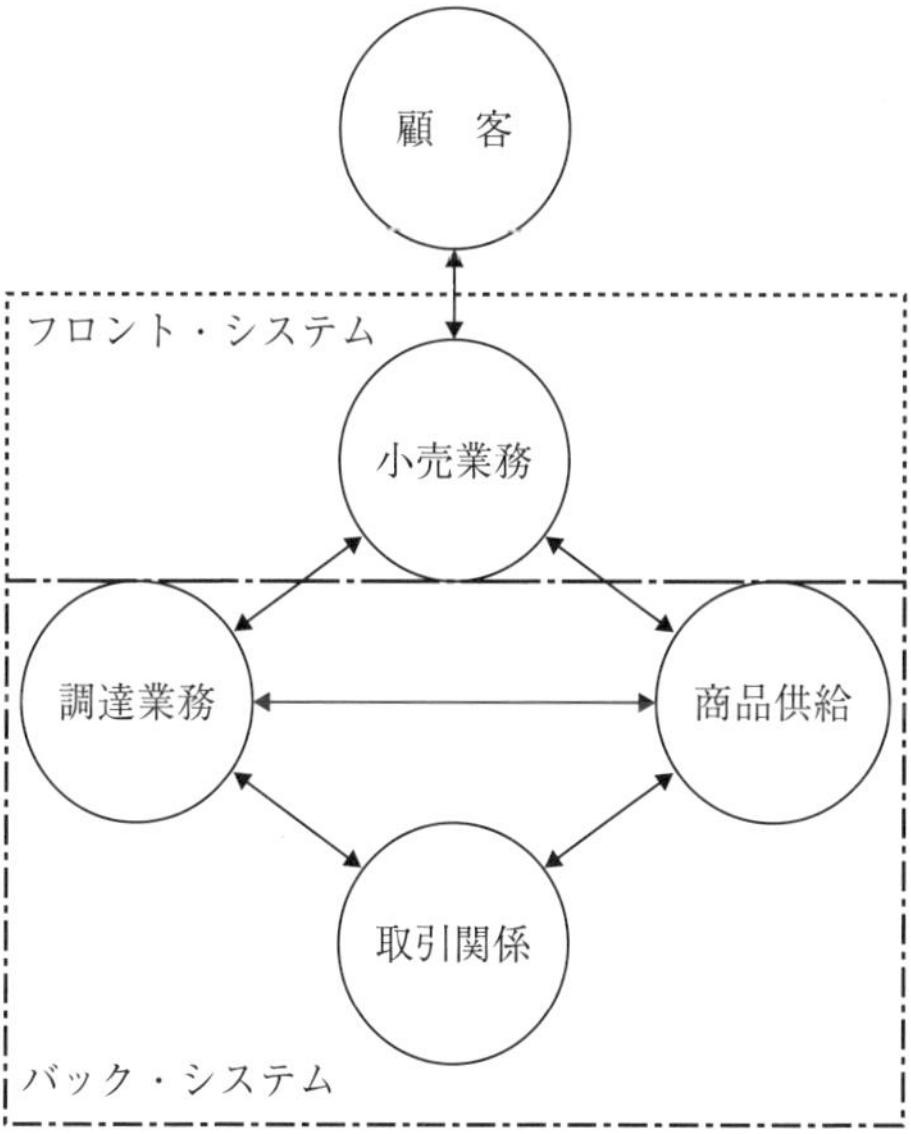

（出所）矢作（2007），34頁の図に，加筆し一部修正。

イトーヨーカ堂が構築したこの小売事業モデルは店舗密度の高い日本市場において存在した高い能力を有する現地主体（チームマーチャンダイジングのパートナーであるメーカー、窓口問屋制度のパートナーである卸売及びフランチャイジーとなった一般の小売店舗）を巻き込んで構築した日本型コンビニモデルというように分析できる（図序－3参照）。

なお、日本型コンビニモデルは同社やこのモデルを模倣した競合他社によってアジア市場を中心に他国に移転されている。ファミリーマートを例にあげれば、積極的に現地化を進めるために、現地企業に資本の過半数を持たせる方針を取り

図序－３　日本型コンビニモデルとその後の国際移転

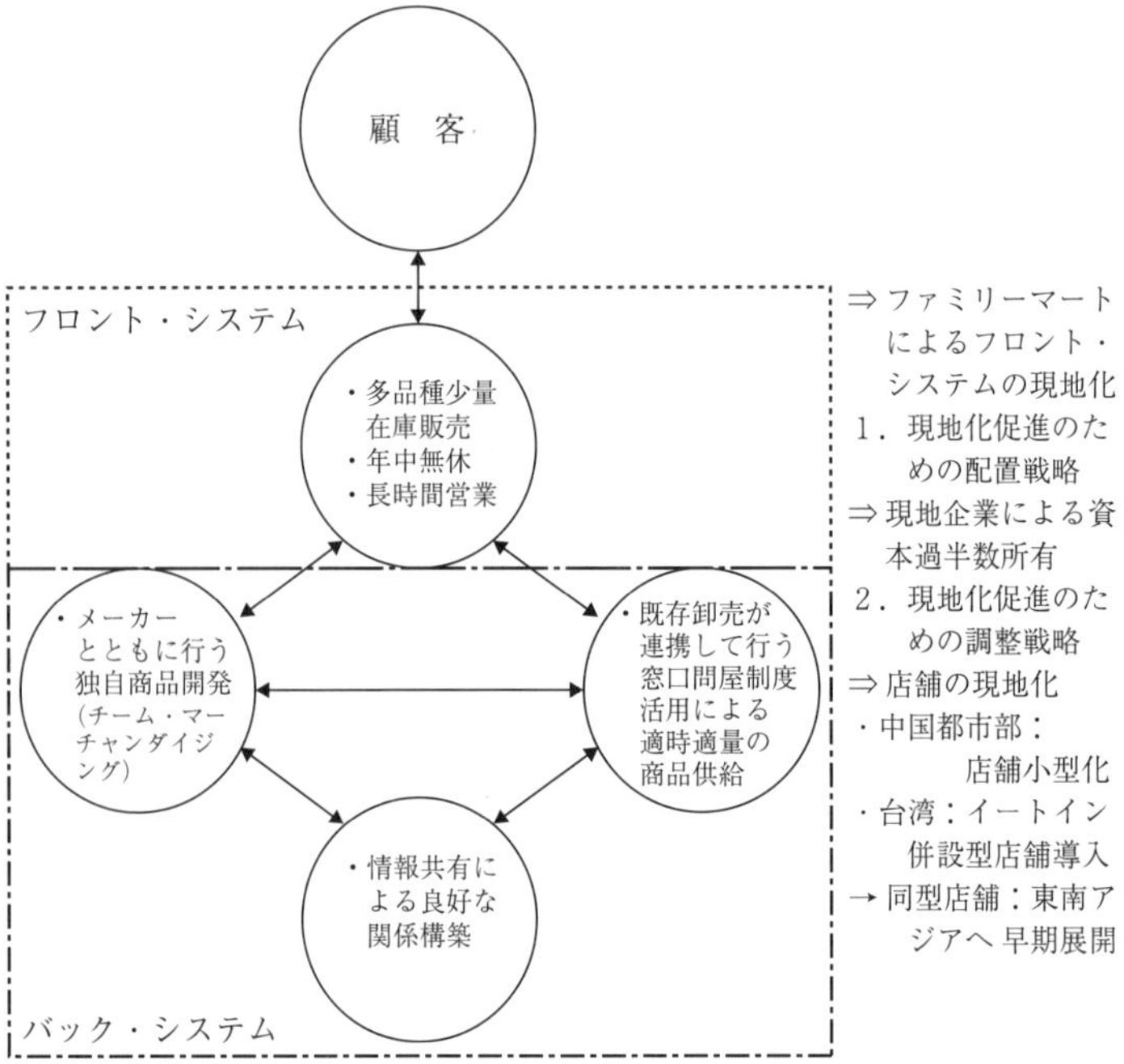

（出所）矢作（2007），34頁の枠組みを用いて，筆者が作成。

つつ、フロント・システムは中国上海などの都市部においては現地の賃料の高さを踏まえて、標準店舗自体を小型化し、台湾では市場の早期の成熟化を踏まえて外食市場を取り込むためイートイン併設型店舗を２０１０年という早期に積極展開した。イートイン併設型店舗による展開は２０１２年進出のインドネシア、２０１３年進出のフィリピンにおいてもなされた（鍾（２０１５）、１４８頁）。

　ネット事業重視傾向がコロナ禍で定着する中で、矢作（２０２１）はネット小売普及による小売事業モデル革新について構図を提示し、日本の主要小売業者やアマゾンの事例を用いて説

図序－4　矢作の小売事業モデル革新の構図を用いて示したウォルマートの対アマゾン対抗戦略

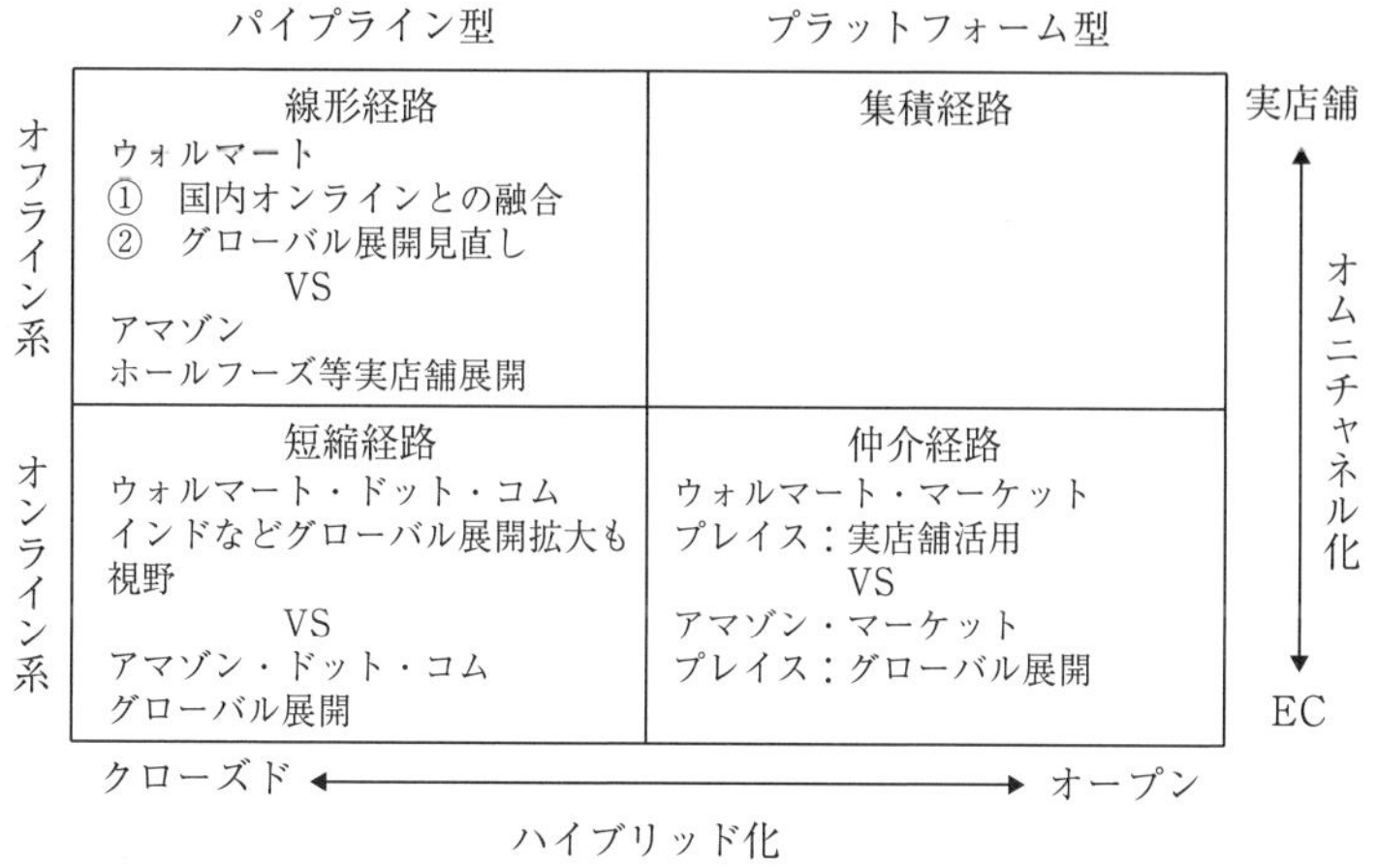

（出所）矢作（2021），272頁の図で提示した枠組みを用いて，筆者が加筆修正。

明している。この構図を示した際に用いられた事例は日本で主に事業を行う小売企業であるが、構図の適応範囲は日本に限られているわけではないため、ウォルマートの戦略展開を示すのにも有用である。

図序－4は矢作（2021）の提示した枠組みと事例として示したアマゾンの戦略を踏まえた上で、ウォルマートの戦略とウォルマートとアマゾン両社のグローバル展開を加筆したものである。ウォルマートはアマゾンが近年ホールフーズなどにより参入してきた線形経路（オフライン系、パイプライン型）からアマゾンが支配してきた領域である短縮経路（オンライン系、パイプライン型）や仲介経路（オンライン系、プラットフォーム型）に事業領域を拡大している。さらに、拡大した事業領域間のシナジー効果を高めるための施策を積極的に取り入れ一定の成果をあげてきたといえる。

図序－5　小売産業における海外撤退の分析枠組み

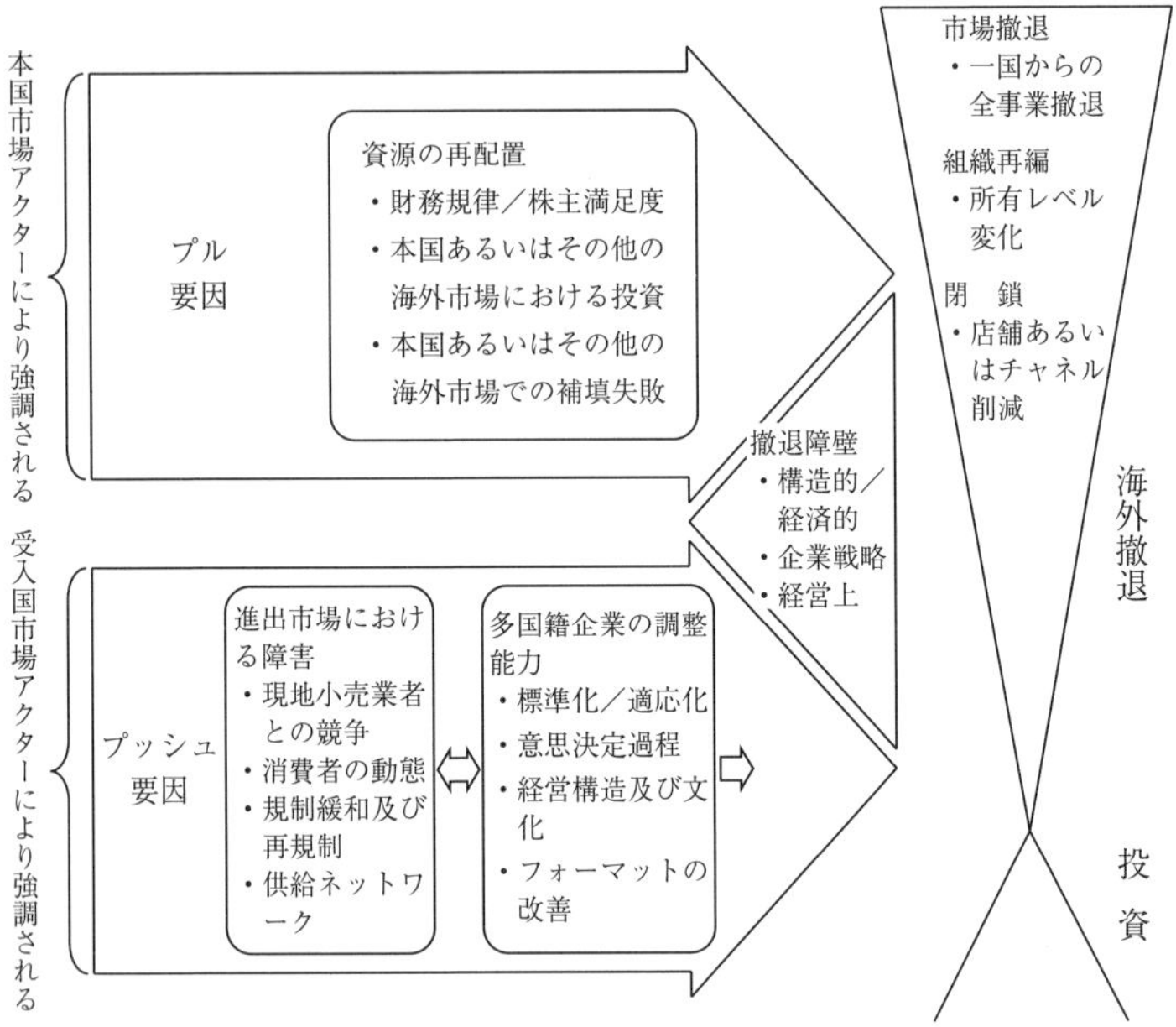

（出所）Gersch and Franz (2019), p. 96.

ウォルマートは既述のようにネット事業重視期に入り、市場選別を行っている。ウォルマートのライバル企業であるカルフールやテスコだけではなく、アマゾンなど新たなライバル企業も市場選別を行っており、従来の配置課題に加えて既に参入した市場からの撤退を含めて見直しも重要な意思決定となっている。配置課題である参入市場の選定に影響する諸要因はプッシュ要因とプル要因に区分されて整理する分析枠組みを用いて分析されてきた。この分析枠組みは小売産業の撤退戦略を分析する際にも用いることができる（図序－5参照）。

第1章 グローバル化を進めてきたウォルマート

1 小売企業のグローバル化の現状

(1) メーカーに比べて遅れている小売企業のグローバル化

小売企業の国際化はメーカーに比べかなり遅れて始まった。その理由は「物品を卸売から買い入れて、これを消費者に分けて売ること」という消費者への直接的な対応が不可欠であるという小売業の特性にある（鈴木（1976））。国際化するためには、現地市場の消費者が有する文化や習慣の相違への対応が不可欠となり、小売企業が接触する国数や国民の数が拡大すれば、その文化や習慣は多様性を帯びるようになるためである。

実際、日本においては、1960年代にメーカーの国際化は本格化し、1985年のプラザ合意以降安価な労働力を求めて、その動きが加速した。他方、小売の国際化は、1980年代以前には一部の限られた小売企業の動きと認識されており、1990年代以降の新興市場の台頭により加速した市場のグローバル化（丸谷（２０１２ａ））以降である。

もちろん、小売業の特性ゆえの困難さがなくなったわけではなく、コースジェンス・ラジブ（２０１２）で示されたように、企業全体の短期的収益貢献という意味では、小売企業の国際化は現在でも合理的な判断といい難い状況にある。とはいえ、いばらの道を突き進み成功する事例が一部であるが散見され始めた。

（2）小売企業のグローバル化の現状

１９９０年代以降、メーカーを中心に一部の企業の事業活動がグローバル化される中で（丸谷（２０１２ｂ））、先進諸国出身の一部の小売企業の事業活動が国際化され、こうした国際化を進める一部の企業のことを、グローバル・リテイラーと呼ぶようになった。

ラグマン・バーベク（２００４）によれば、グローバル化で先行するメーカーですら、グローバル事業活動を行っている企業は、ノキア、フィリップス、ＩＢＭ、ソニー、インテル、キヤノン、コカコーラ、フレクトロニクス、ＬＶＭＨと非常に限定された存在であり、小売企業に関しては、企業活動のグローバル化はおろか国際化もそれほど進んでいない(1)。

実際に確認してみると、グローバル・リテイラーすなわち地球規模あるいは世界的に事業を行っている小売企業はほとんど存在しない。世界小売売上高ランキング上位10社は、自国市場が巨大市場である米中出身8社（米国出身7社と中国1社）とドイツ出身2社で構成され（表１－１参照）、彼らの海外売上比率は低く、独2社は小売売上高における国外市場の割合が一見高く見えるが、欧州域内での売上高が多い。進出先市場も地理的距離が近い地域や心理的距離の近い先進諸国や旧植民地などであり、非

表1－1　2020年度世界の小売業ランキング

順位	ランク変動	企業名	出身国	小売売上高（100万ドル）	小売売上高成長率	売上高純利益率	総資本利益率	2014－2019会計年度小売売上高CAGR	事業国数	海外事業小売売上高%
1	▬ 0	ウォルマート	米　国	559,151	6.7%	2.5%	5.4%	3.0%	26	21.9%
2	▬ 0	アマゾン	米　国	213,573	34.8%	5.5%	6.6%	21.9%	21	31.7%
3	▬ 0	コストコ	米　国	166,761	9.2%	2.4%	7.3%	7.5%	12	26.8%
4	▬ 0	シュバルツ	ドイツ	144,254	10.0%	n/a	n/a	7.8%	33	72.0%
5	▲ 2	ホーム・デポ	米　国	132,110	19.9%	9.7%	18.2%	8.3%	3	7.5%
6	▼-1	ザ・クローガー	米　国	131,620	8.3%	2.0%	5.3%	3.7%	1	0%
7	▼-1	ウォルグリーンズ・ブーツ・アライアンス	米　国	117,705	1.5%	0.3%	0.5%	5.6%	9	8.5%
8	▬ 0	アルディ	ドイツ	117,047	8.1%	n/a	n/a	5.8%	19	73.3%
9	▲ 4	京　東	中　国	94,423	27.6%	6.6%	11.7%	31.2%	1	0%
10	▲ 1	ターゲット	米　国	92,400	19.8%	4.7%	8.5%	4.6%	1	0%

（注）アルディの小売売上高は推定値である。

（出所）Deloitte Touche Tohmatsu Limited (2018) Global Powers of Retailing 2018, p.16.の表を修正。

常に限定的な範囲である。米国出身7社のうち、第6位クローガーと第10位ターゲットと中国出身の第9位京東は海外に進出すらしていない。

10社のうち欧米日のトライアドに進出しているのは、ウォルマート、コストコ、アマゾンのみである。3社についてもウォルマートが旧宗主国英国と日本では株式の少数保有のみになった。コストコは少しずつ出店地域を拡大しているが、北米大陸のカナダ、メキシコ、欧州の英国、スペイン、アイスランド、フランス、東アジアの日本、韓国、台湾、中国であり、ほぼ先進諸国に限定されている。

なお、アマゾンに関しては、

ネット販売を中心に展開する企業であり別の議論を行う必要がある。同社は近年加速するＩＣＴを通じた国際的な取引の拡大を促進する象徴的な存在といえ、年々順位をあげ、２０１９年にはウォルマートに次ぐ第２位となり、２０２０年も第２位を維持した。現在展開する21カ国からどのように拡大していくのかに関しては今後も注視していく必要がある。

上位30位まで広げて自国以外に10カ国以上に進出している企業を検討しても、ドイツ出身で中東欧に食品スーパーを展開する第18位レーヴェ、フランス出身でカルフールに対抗して海外展開に積極的な第28位カジノと第29位オーシャン、スウェーデン出身で出身国において開発・デザインしていることを前面に出して30カ国に展開している第24位イケアとフランス出身で高級ブランドを80カ国で展開する第30位ＬＶＭＨが加わるに過ぎない。

日本出身では中国と東南アジアの11カ国にモールなどを展開する第14位イオンと子会社であった日本法人傘下に入り北中米、アジア（中国、中東、東南アジア）、オーストラリア、北欧の17カ国に幅広くコンビニエンスストアを展開する第19位セブン＆アイ・ホールディングスが国際展開に積極的であるといえる。

なお、31位以下にも国際化に積極的な企業は存在するが、その多くは自身が保有するブランドの店舗を展開しているにすぎず、本国と概ね同様の完全なる標準化志向であり、現地化の程度は小さい。ファストファッション業界を席巻してきたスペイン出身のザラなどのブランドを展開するインディテックス（第45位で２１６カ国）、スウェーデン出身Ｈ＆Ｍ（第54位で74カ国）、日本出身ファーストリテイリング（第55位で24カ国）、米国出身ギャップ（第74位で40カ国）や、自社スポーツブランドを販売する専門店を展開する米国出身ナイキ（第59位で76カ国）、フランス出身のルロイ・メルランなどのホームセンターを展開するアデオ（第41位で13カ国）、香港出身のドラッグストア・チェーンのワトソンズ（第53位で27カ国）、スポーツ専門店チェーンのフランス出身デカトロン（第82位で60カ国）などがあげられる（2）（3）。

なお、新興国出身で10カ国以上に展開する企業として最上位で唯一100位以内に入ったのは第100位で13カ国に店舗を展開する南アフリカ出身のショップライトのみである（詳細は第14章を参照）。

2　現地化段階を迎えるグローバル・リテイラーと呼ばれる小売企業

矢作（2007）によれば、小売国際化のプロセスは、初期参入、現地化、グローバル統合の3つの段階に整理できる。初期参入段階は、市場選択、参入方法、参入時期が主要な意思決定であり、現地化段階は、自社の小売事業モデルの現地適応化のための現地マネジメントチームの組織、小売事業モデルの修正が重要となり、グローバル統合段階は、本社、進出先市場子会社間の経営資源の移転が重要となる。

国際化の初期段階は、川端（2000）が日本企業のバブル経済崩壊以前のアジア進出事例を題材に示したように、国際経験もないので、進出先の出店要請に応じたり、人的関係をあてにしたりして、体系的な市場参入戦略を立案せずに進出している。

実際、本書で主に取り扱うウォルマートもメキシコ本格進出以前に進出し、すぐに撤退した経験があるし、既述の小売先進企業イケアも、1986年に日本から一度撤退した経験を持つ。図1－1は、そ

図１－１　参入段階期のグローバル，マクロ及びミクロレベルに関する
マッチングと進出企業の小売市場における地位を維持する方法

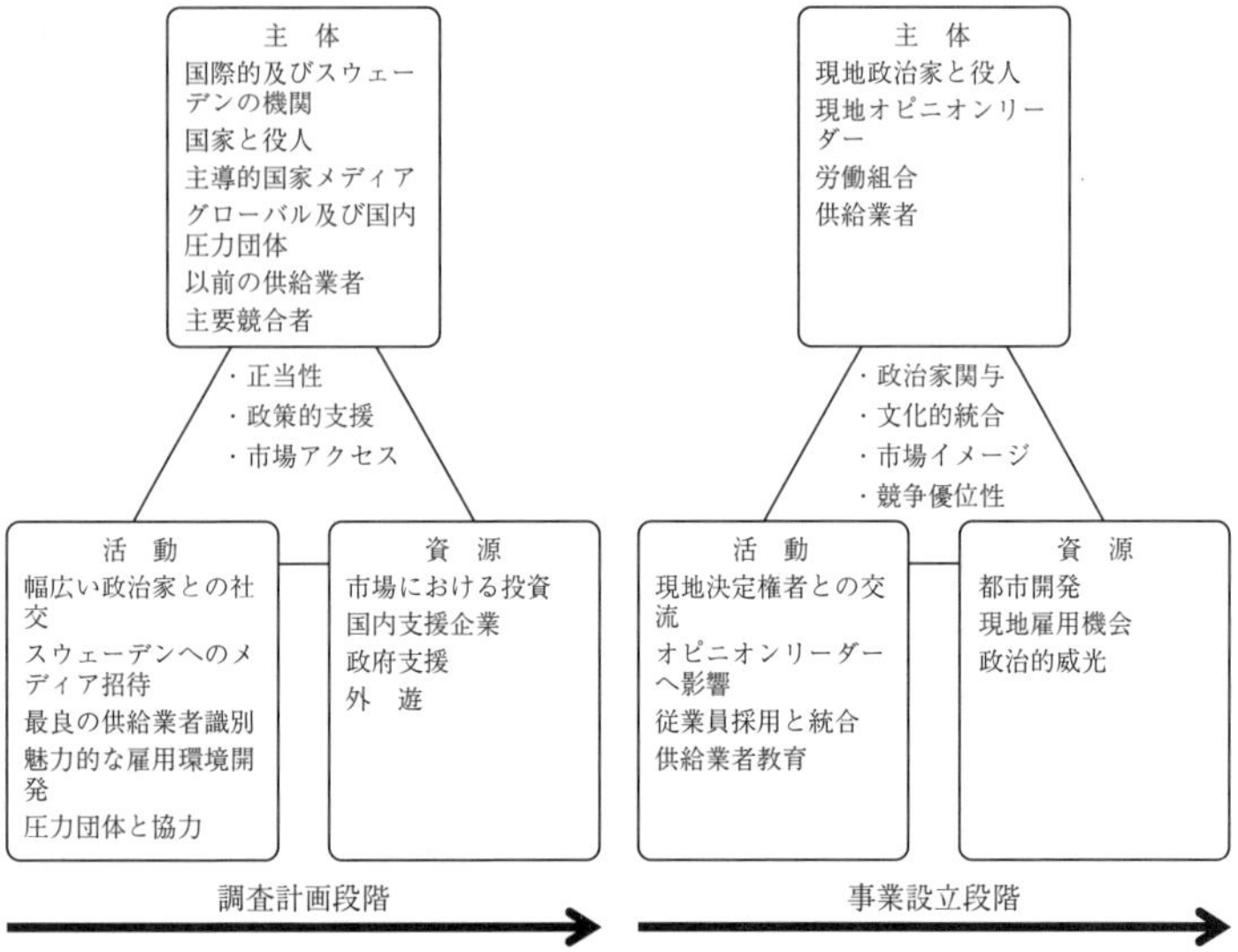

（出所）Elg, Ghauri and Tarnovskaya (2008), p.691.

のイケアが１９９８年中国、２０００年ロシア市場に参入した事例から作成されたものである。イケアは、現在では調査計画段階と事業設立段階においてそれぞれ異なる主体とネットワークを形成し、綿密な準備に基づいて進出していることがわかる。

もちろん、カルフール、テスコの２０００年以降の撤退劇にみられるように、体系的な市場参入戦略がある程度なされたとしても想定外の事情が発生することも多いが、かつての国際化は、現在の国際化に比べると非常に安易であったといわざるをえない。

カルフール、テスコ、ウォルマート、メトロなどグローバル・リテイラーと呼ばれる企業の一部は、事業活動がグローバルとまではいえないが、カルフールはフランスの隣国から東欧、旧宗

主国南欧から南米、台湾から中国、テスコは隣国撤退から東欧、東アジアへのシフト、ウォルマートのメキシコから中米、チリ、南アフリカから周辺といったように、国際経験から新興市場を中心とした自社事業が適応しやすい市場選択という体系的な市場参入戦略を構築してきていることがわかる。そして、参入後も厳選した市場に資源を集中的に投入し、市場の選別も頻繁に行うようになってきている。

3 グローバル化を進めてきたウォルマート

ウォルマートは、既述のように欧州が旧宗主国英国や日本において株式の少数保有のみになったとはいえ、トライアドに店舗展開する数少ない小売企業である。同社は小売先進諸国である米英日で蓄積した基盤をベースに新興市場での展開を積極的に行い、世界の主要小売企業の中でも国際化に注力してきた存在であることは明確である。

国際化の段階は、未だに初期参入段階にある市場も多いが、一定の時間経過がなされたメキシコなどでは、現地化段階を迎え、一部ではグローバル統合段階突入とまではいわないが、次の段階に向けた動きも垣間見られる。

詳細は次章以降に譲るが、1990年代初頭のメキシコ進出から、ドイツ、韓国からの撤退を経て、ウォルマートの国際化は新たな段階に入っており、新興市場シフトという明確な方針に基づいた市場参入戦略と、その後の現地化段階における小売事業モデルの移転が同時並行的になされた。

現地化段階において重視される自社の小売事業モデルの現地適応化のための現地マネジメントチームの組織、小売事業モデルの修正も行われるようになった。全世界の店舗の商品供給拠点としての中国、ジョージなどプライベート・ブランドの供給拠点としての英国、新興市場向け業態開発拠点としてのメキシコなど、国際経験を積んだマネジメントチームによる現地適応のための小売事業モデル修正が行われている。そして同時に、グローバル統合段階で行われる人材、商品、資金、情報、ノウハウなど経営資源の本社子会社間の移転が活発化している。

【注】

（1）エトガー・ラッチマンムーアは、小売国際化の小売売上規模への貢献の小ささをデータを用いて示しており注目に値する。詳細は、Etgar and Rachman-Moore（2007）を参照。

（2）例外的な企業としては、英国の伝統的百貨店マークスアンドスペンサー（第89位で100カ国）があるが、同社の国際化も商品力の高いPBを基盤とした展開であり、標準化の程度は相対的に高くはない。同社のPBや国際化に関しては多くの研究の蓄積がある。詳細は、戸田（2008）がわかりやすい。

（3）日本から撤退したメトロ（第44位で24カ国）とメトロから2017年分かれた家電専門店チェーンセコノミ（第46位で13カ国）も出店国数は10カ国を超えるが、メトロのアジアでの活動後退にみられるように、海外展開はドイツ周辺の欧州である。

第2章　米国ウォルマートの小売事業モデル

1　米国ウォルマートの成長経緯

ウォルマートは、1962年7月にアーカンソー州ロジャースに第1号店を開店している。創業者サム・ウォルトンは、1945年ベン・フランクリン（Ben Franklin）というバラエティストア・チェーンに、フランチャイジーとして加盟し、ウォルトンズ・ファイブ&ダイム・ストアを開業し、1960年にはトップ・フランチャイジーとなっていた（表2－1参照）。

しかし、彼は、5セントと10セントで販売可能な非食品という限られた商品カテゴリーを取り扱うバラエティストアという小売業態に限界を感じるようになった。1950年代には耐久消費財をセルフサービス方式で低価格販売し北東部に浸透し始めていたディスカウントストアという小売業態に注目するようになった(1)。彼はベン・フランクリンにディスカウントストア進出の資金援助を求めたが受け入れられず、1962年に自力でディスカウントストア1号店を開店した。ウォルマートの資金繰りは、1970年10月1日の株式店頭公開までは非常に厳しかった。

同社の拡大ペースは、1970年代までは比較的緩やかであり、1980年代に入り、飛躍的な成長を始めた。1981年にテネシー州ナッシュビルに本社を置くクーンズ・ビックKストアーズ社（Kuhns-

表2－1　ウォルマート発展の経緯

	年	出来事
ウォルマートの創業まで	1918	創業者サム・ウォルトン誕生
	1945	ベン・フランクリンに加盟
	1960	ベン・フランクリンのトップ・フランチャイジーになる
	1962	ウォルマート1号店開店
世界最大の小売チェーンに	1970	株式店頭公開
	1981	大型買収で全米第2位のディスカウントストア・チェーンになる
	1983	MWC（会員制ホールセールクラブ）1号店開店
	1988	デイヴィット・グラスCEO就任。スーパーセンター出店開始
	1991	世界最大の小売チェーンになる，メキシコへ本格海外進出開始
食品取扱業態全国展開を通じた更なる成長	1992	創業者サム・ウォルトン死去
	1998	ネイバーフッド・マーケット出店開始
	2000	ネット小売開始
	2015	ダグラス・マクミロンCEO就任
ネット小売普及への対応に向けて	2016	マーク・ロア氏米国Eコマース部門CEO就任
	2018	社名からストアーズを外す
	2019	スレシュ・クマール氏最高技術責任者（CIO）兼最高開発責任者（CDO）就任
	2021	マーク・ロア氏米国Eコマース部門CEO退任

（出所）吉田（2003），319－329頁の内容などに基づいて作成。

Big K Stores Corporation）を買収し、ディスカウントストア業態でKマートに次ぐ売上高第2位のチェーンとなった。その成長は、1983年に1号店を開店したMWC（会員制ホールセールクラブ）業態への進出により加速し、売上高は1991年に世界第1位となった。1992年の創業者サム・ウォルトンの死後は、1988年に出店を開始したスーパーセンターや1998年に出店を開始したネイバーフッド・マーケットといった食品取扱業態の出店や海外展開を通じて更なる成長をした。

　しかし、2015年ダグラス・マクミロンCEO就任時には、アマゾンなどのネット小売台頭により厳しい局面を迎え、２０１８年には社名から有店舗をイメージさせるストアーズを外す決断を下し、ネット事業を重視する姿勢を社内外に示した。ネット事業重視への急転換は功を奏し、世界第2位の売上高となったアマゾンが都市部では強い状況にはあるが、同社が発展の基盤としてきた地方においてはなんとか優位を維持し続けている。

２０２1年1月には、ウォルマート本社の米国Ｅコマース部門社長兼ＣＥＯを務め、ネット事業重視路線を牽引してきたマーク・ロア氏が退任した。ウォルマートのネット事業が社内に定着したことを示す象徴的な人事ともいえる。彼は米国の地方において多数有する店舗をうまく活用しつつ、ネット事業とスムーズに融合していくための取り組みであるオムニチャネル化を積極的に促進すると同時に、２０００年に開始した自社ウォルマート・ドットコムに加えて、自社がプラットフォーマーとして構築したデジタル市場空間で売り手と買い手が直接交換するプラットフォーム型オンライン事業の拡充を行うハイブリッド化も志向してきた（矢作（２０２１）、２８５頁）。

2　ウォルマートの小売事業モデルの概要

（1）経営目標

ウォルマートの経営目標は、創業者サム・ウォルトン自身が述べたように、「顧客の望むものを提供する」ということであり、言い換えれば「顧客満足の実現」である。この経営目標を実現するために、「自社の顧客は誰なのか」「その顧客が何を望んでいるのか」ということを明確にし、それを徹底して提供できるシステムを構築した。これをもう少し専門的な用語に置き換えると、「標的市場の選定」「標的顧客ニーズの明確化」「標的顧客ニーズに対応するシステムの構築」ということになる。

ウォルマート創業者サム・ウォルトンによる自伝の翻訳の監修を行った竹内宏氏は、彼の経営手法に関して以下のように述べている。「事業の根本的なアイデアはすべて他人から、あるいは競合相手から盗んだ（彼は「借りた」と言いたいようだが）ものである。彼のやったことはそれを実行に移すこと、そしてもともとのアイデアをいっそう洗練させ、効率よくすることだけである。」筆書も竹内氏の指摘に全く同感であり、ウォルマート成功の最大の要因は、顧客満足という経営目標のためには常識やこれまでの方法にとらわれなかったことにあるといえる。

(2) 小売事業モデルの概要

ウォルマートは、サム・ウォルトン一代で米国最大の小売企業となり、死後、後継者たちによって小売事業モデルは世界に展開され、常識やこれまでの方法にとらわれないウォルマート流の柔軟さによってアレンジされ強化され続けている。

以下では、国際化された米国内の小売事業モデルについてまず検討していく。小売とは「物品を卸売から買い入れて、これを消費者に分けて売ること」であるが、小売を事業化し、規模拡大を図っていくためには、直接的に商品・サービスを提供する小売業務だけではなく、小売業務を後方で支える商品調達と商品供給も重要な要素である。

ウォルマートも、常識やこれまでの方法にとらわれないからといって、借用するアイデアの多くは競合を含むその他の小売企業からのものであり、矢作（2007）が小売国際化のうち現地化段階の分析

図２－１　ウォルマートの米国内における小売事業モデル

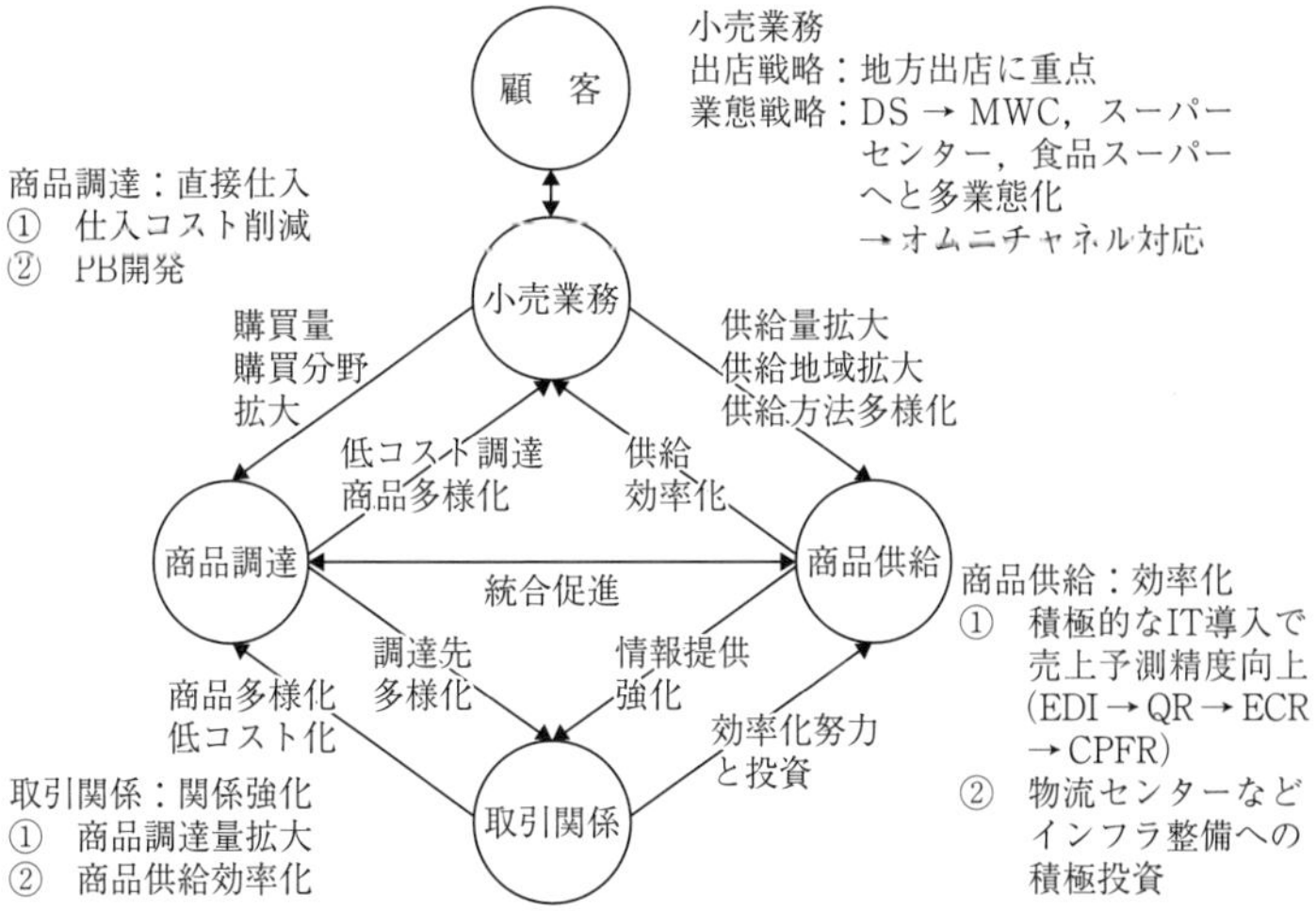

（注）DSはディスカウントストア，MWCは会員制ホールセールクラブ，EDIは電子データ交換，QRはクイックレスポンス，ECRは効率的顧客対応，CPFRは協力的計画予測補充である。
（出所）矢作（2007，34頁）の枠組みに基づいて，筆者が作成。

において用いた小売事業モデルの枠組みで論じることが可能である。

図２－１は同枠組みを用いてウォルマートの小売事業モデルをまとめたものである。ウォルマートの小売事業モデルは田舎での出店戦略が前提となっており、田舎出店ゆえの仕方なしの商品調達や商品供給の独自の取り組みが同社の強みとなり、他社の小売業務を借用する際にも、アイデアの元である他社を上回る成功を収める結果につながっていったことがわかる。以下では、小売事業モデルを構成するサブシステムについて検討していく。

(3) 小売事業モデルの具体的な内容

① 小売業務システム

A. 出店戦略

出店戦略は、創業当初、他チェーンとは異なる唯一の独自性を発揮した分野であるといえる。ディスカウントストアは、耐久消費財をセルフサービス方式で低価格販売する小売業態である。低価格販売を実現するためには、低価格を好む中間以下の所得階層が多く住む大都市に出店するのが常識であった。しかし、ウォルマートはこの業態において後発企業であり、大都市は他社に既に押さえられていた。そのため、自身の創業前のバラエティストアのホームグラウンドであるアーカンソー州のような田舎に多い人口5、000－25、000人の中小都市、特に人口10、000人以下の小都市に出店地域を絞ったのである。

地方への積極的な出店というウォルマートの唯一ともいえる独自性は、出店上の制約を逆手に取った才によって実現されたといえる。ウォルマートの出店した米国の当時の地方には、創業前に展開していたバラエティストアと呼ばれる日本の中規模百円均一店に近い品揃えの雑貨店しかライバルがいなかった。同社は競合他社が意識しないうちに小商圏を独占することによって確実に店舗を増やした。結果として、自分の町に買い物場所の選択肢がない場合にのみ、顧客は他の町に出掛けるということを、この出店戦略を用いることで実証したのである。

地方の中小都市への出店が一段落すると、出店地域を都市部に拡大していった。同社にとって都市部は本来魅力的な出店場所ではない。地方都市での出店で獲得した規模の経済性と後述の業態多角化によって、２０００年代前半までは既存店の売上を新店舗が共食いするカニバリといった状況による収益性の低下の問題は表面化してこなかった。むしろ、カニバリを意識的に行い、独占市場への他社の参入を回避してきた。

しかし、２００６年頃からは新店舗による既存店舗のカニバリが激しくなり、２０１１～２０１５年の全店舗の年平均売上高成長率が２・７％に落ち込んだ。２０１６年１月31日までの事業年度（以下各年度の１月31日までの年度を会計年度として示す）で創業以来初の売上高減少に転じ、明らかに成熟期に入った(２)。

こうした傾向は出店数、閉店数にも表れている。出店数は２０１５年度の３１６店舗以降、２１６店舗、１１１店舗と２年連続減少し、２０１８年度は１１５店舗と若干もりかえしたが、今後も大幅な増加はなされないとみられる。閉店数は２０１６年度の１５８店舗の大量閉店（スーパーセンター16店舗、ディスカウントストア９店舗、ネイバーフッド・マーケット及びその他の小型フォーマット１３３店舗）程ではないが、２０１７年度13店舗、２０１８年度26店舗と一定数の閉店を継続している。２０１８年度には２０１７年度には６６０店舗となっていたサムズクラブの１割以上にあたる67店舗という大量閉店にも踏み切り、２０１９年度以降オンライン購入の配送料無料などの特典が付与される年会費１００ドルプラス会員（通常会費は45ドル）の追加を発表し、ネット事業も含めた展開を重視する姿勢を明確にし、米国国内の出店は、既述のオムニチャネル化を意識してなされるようになっている(３)。

B．業態戦略

ウォルマートの主要小売業態は当初ディスカウントストアであった。ディスカウントストアは既述の通り、耐久消費財をセルフサービス方式で低価格販売する小売業態である。しかし、１９８０年代以降小売業態を段階的に増やし、MWC（会員制ホールセールクラブ）、非食品に加えて食品も取り扱うスーパーセンター、食品を中心に取り扱う食品スーパーであるネイバーフッド・マーケットというように追加してきた。

MWCは有料会員に対して商品アイテムを定番に絞り、販売単位を大きくして販売することによって、低価格を実現する小売業態であり、コストコの前身であるプライスクラブを模倣したものである。

スーパーセンターは、ディスカウントストアで取り扱う耐久消費財に食品を加えた究極のワンストップショッピング業態である(4)。従来のディスカウントストアは、短期的に安く仕入れられた商品を売上の数パーセントをかけたチラシなどの集客手段を用いて主に販売してきた。同社は、機能、用途、顧客世代、趣向といったように需要面から商品品揃えを絞り込み、絞り込むことで低価格を実現し、なおかつITを用いた商品供給システムを用いて、欠品を少なく継続的に提供していくという方法を採用した。

例えば、ノートなら機能が学習用かメモ用かによって異なるし、用途ならビジネス用かプライベート用かによって異なるし、世代別ならデザインや色も異なるし、趣向別ならシックか派手かなどで異なるので（吉田（2003））、各需要にはしっかりと対応する。

さらに、商品品揃えだけではなく、あらゆる日常的なサービスニーズに対応し、24時間営業を行い、返品など顧客第一主義を貫き、商品供給効率を改善しつつ、不便を解消する田舎立地を埋める新規出店を積極的に行うことによって、地域の競合他社での購買可能性をつぶし、ハレの日の買物以外はスーパーセンターによって全てまかなうというビジネスモデルを確立したのである。

ネイバーフッド・マーケットは、非食品が多い約2、300～6、500㎡のディスカウント型食品スーパーであり、スーパーセンター普及とともに蓄積したノウハウを活かした小売業態である。なお、ウウォルマートは2011年6月に手薄だった都市部進出を踏まえた新機軸として13年ぶりの新業態ともいわれる小型食品スーパー「ウォルマート・エクスプレス」1号店をアーカンソー州ジェントリーに開店し、都市部進出のために多様な試みを行った。しかし、成功したとはいえず、2016年1月にウォルマート・エクスプレス102店舗の閉鎖を発表した。

同社は2016年8月には、ネットベンチャーのジェット・ドット・コムを買収し、ホールフーズを買収したアマゾン・ドット・コムに対抗するために、ネット販売を重視する姿勢を鮮明にした。ジェット・ドット・コムの創業者兼CEOであったマーク・ロア氏は、ウォルマートの米国ネット事業部門CEOに就任し、その他のネット企業（男性向け衣料販売ボノボス、靴販売シューバイ、スポーツ衣料品ムース・ジョー、女性衣料品モド・クロス）を次々と買収し、品揃えサービスを充実させた。2017年8月には、グーグル・ホームでの音声注文を導入し、アマゾン・ドット・コムに対抗するグーグルとも提携した。2020年9月にはアマゾンプライムに対抗する有料のメンバーシッププログラムとして、ウォルマートプラス（Walmart＋）も開始し、開始後もサービス水準を改善し続け、消費者不在時も配達員が専用アプリを用い、自宅のキッチンやガレージの冷蔵庫に直接商品を届ける置き配の「インホーム・デリバリー」も拡大した。

さらに、ウォルマートはアメリカ人の90％がウォルマートの10マイル以内に住んでいる状況を活用したオムニチャネル化を促進している（表2－2参照）。グロサリー受け取り専門店舗（ウォルマート・ピックアップ・グロサリー）を設置し、店からの出荷（シップ・フロム・ストア）、店での受け取り（ストア・ピックアップ）（図2－2参照）といった店舗網を活用したネット・サービスの拡充も行った。2018年1月には63店舗のサムズクラブの閉鎖を発表したが、12店舗はネット取引に対応した商品配

表２－２　ウォルマートのオムニチャネル対応

	消費者の購買行動				
空　間	選　択	購　入	決　済	受　取	使　用
オフライン	店舗ならではの展示	スキャン端末	セルフレジ	店頭受取	
オンライン	ショールーミングに対応したサイト	充実したサイト	多様な決済方法	物流整備	利用後のコミュニケーション
ウォルマートの対応	店内オンライン化 ウォルマート・コネクト	スキャンアンドゴー ウォルマート・マーケットプレイス	セルフレジ	ピックアウト・ディスカウント 店内ロッカー ピックアップ・グロサリー ストア・ピックアップ シップ・フロム・ストア サムズクラブ倉庫に転換 ドアダッシュ等への外注 スパークデリバリー ウォルマート・ゴーローカル（配送サービス） ウォルマートプラス	
アマゾンの対応	アマゾンダッシュボタン アマゾンエコー アマゾン・ゴー アマゾン・ブックス アマゾン・4スター アマゾンゴー・グローサリー（アマゾン・フレッシュ） アマゾン・ポップアップ	アマゾン・ブックス	アマゾンペイ	アマゾン・ロッカー フルフィルメントセンターと配送センターのリンク強化 自社便のためのハブ空港開設 自動運転のスタートアップ企業ズークス買収	アマゾンPB
その他企業の対応	フィッティング（ボノボス）		アリペイ（アリババ）		

（注）アマゾンは2022年３月に英米のアマゾン・ブックス，アマゾン・４スター，アマゾン・ポップアップ68店舗閉店を発表した。

（出所）ベルら（2014），牧田（2017），奥谷・岩井（2018），後藤（2022）を参考に，筆者が作成。

図２－２　ウォルマート・ストア・ピックアップ

送センターに転換することを発表した。
　コロナ禍となって以降、顧客のＢＯＰＩＳ（オンライン購買店店頭受取）の高まりに対応し、カーブサイド・ピックアップの強化、既存店舗に自動化したフルフィルメントセンターの開設、１日当たり数百件の注文を処理し、注文から１時間以内での受け取りを可能にする試みも行うなど、高度なオムニチャネル化を促進している。
　２０２１年９月にはウォルマート・ゴーローカル（Walmart Golocal）と呼ばれる配送サービスを開始した。翌10月にはホームセンター最大手のホーム・デポが顧客となった。ホーム・デポの受注サービスとウォルマートの配送サービスを連携し、ネット注文品をホーム・デポの店舗からウォルマートが同社で展開するスパーク・デリバリーというネットスーパーの即配サービスを用いて当日から翌日に顧客に宅配するＢＯＤＦＳ（Buy Online Deliver From Store）を実施するようになった(５)。

②　商品調達システム

　ウォルマートは都市ではなく地方の立地を特徴としたため、都市部で他社が利用できた卸売業者やブローカーの利用が難しかった。こうした制約が商品調達においても革新を生んだ。同社は、卸売業者やブローカーを排除してメーカーから直接仕入れを行うことにより、コスト削減を行っていった。

ウォルマート本社は非常に質素であり同社のコスト削減の象徴となっている。大手メーカーはウォルマートとの取引交渉を行うために、ベントンビル本社周辺に事務所を構えている。ウォルマートはコスト削減を継続的に求めるため、メーカーは安価な労働力を求めて、中国を中心とする海外に生産を移してきたともいわれる。

また、ウォルマートは、店舗拡大に伴って競争の差異化や粗利益率向上のために、プライベート・ブランド育成にも注力している。その代表的ブランドが創業者サム・ウォルトンのサムという名称を冠したサムズ・チョイスと廉価ブランドであるグレート・バリューである。サムズ・チョイスは1991年にサムズ・アメリカン・チョイスとして導入され、食品とハードウエアの一部も含む上位ブランドであり、グレート・バリューは1993年に導入され廉価ということもあり、ウォルマートが世界中で店舗を拡大するにつれて、世界中に広がり、最大売り上げを誇る。廉価ブランドとしては2013年により廉価なブランドとしてプライス・ファーストが導入されている。

その他にもカテゴリーごとにブランドが開発され、サムの愛犬の名称を冠した1983年導入の米国ナンバーワン・ペットフード・ブランドとなったオルロイや、グレート・バリューと並んで西友にも導入された住居用品メインステイズ、買収した英国アズダのアパレル・ブランドのジョージなどがある。

1997年に進出した中国では、経済特区深圳にスーパーセンター1号店を出店すると同時にグローバル調達本部を設置し、中国からの仕入れを拡大した。2005年には同社を通じた中国からの商品調達額は2兆円弱となり(6)、集中リスクが高まったため、インドへの進出は調達網の多様化を意識したものともいわれる。

③ 商品供給システム

ウォルマートの商品供給を考える上で欠かせないのが、ITを用いたメーカーとの新たな関係の構築であった。サム自身は、IT導入に当初、乗り気ではなかったようである。しかし、1980年にPOSを試験的に導入し、その有効性がわかると、翌年、本格導入を開始し、1984年までに全店に導入した。

ウォルマートのPOSデータの利用方法は、他社と全く異なっていた。Kマートなど当時のライバルであった小売企業はPOSデータを1つの収入源として扱っていた。大手メーカーは市場分析に有効なPOSデータを彼らから購入し、自社の生産計画や商品販売計画に役立てていた。

ウォルマートはこの商慣習に反して、POSデータと商品補充計画を当時普及してきていたEDI（電子データ交換）を用いて供給業者と共有したのである。店頭情報の共有は、メーカーとの関係を、商品を販売する取引相手から消費者へ商品を届けるパートナーに段階的に変えていった。

ウォルマートは1987年には莫大なデータを扱うために民間企業最大の衛星ネットワークを完成させた。1988年には全店の99％においてバーコードによるスキャンを可能とした。同社はITによって獲得できた莫大なデータをメーカーに渡すことによって、需要に即座に対応するQR、効率的に消費者に対応するECRを実現していった。

こうした関係の基盤を築いたのが世界的消費財メーカーP&Gとの戦略的提携であった。P&Gもこの提携以降、取引先との関係を変化させた（図2－3参照）。契機は、1987年夏の社長サムとP&G社副社長ルー・プレチェットとの戦略的提携の合意であった。翌年6月から両社はサプライチェーンマネジメントの共同実験を開始し、P&G食品事業部の全国販売部長であったトム・ムッシオ率いる中

図2－3　P&Gと取引先との関係の変化

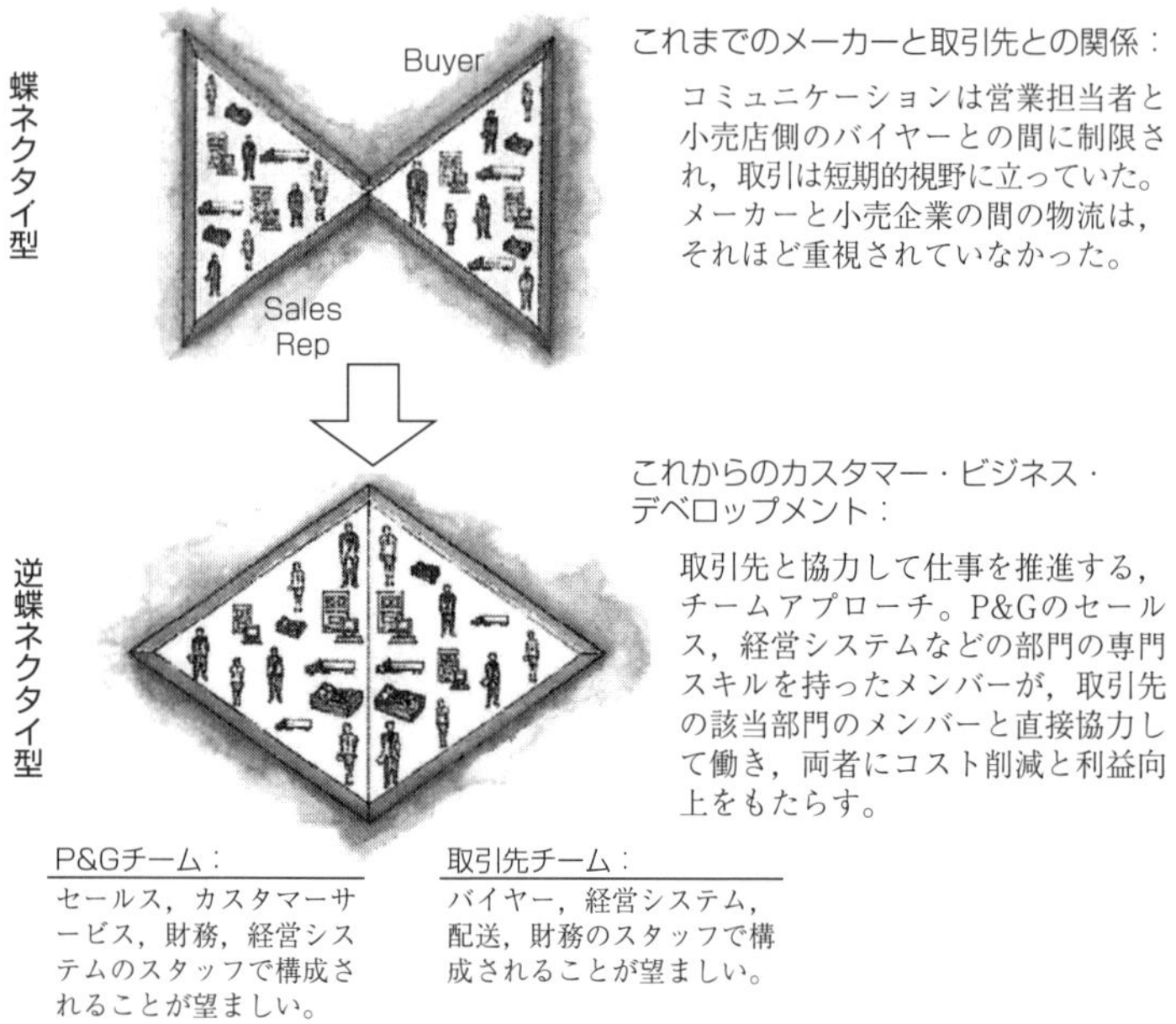
蝶ネクタイ型
Buyer
Sales Rep
これまでのメーカーと取引先との関係：
コミュニケーションは営業担当者と小売店側のバイヤーとの間に制限され，取引は短期的視野に立っていた。メーカーと小売企業の間の物流は，それほど重視されていなかった。
逆蝶ネクタイ型
これからのカスタマー・ビジネス・デベロップメント：
取引先と協力して仕事を推進する，チームアプローチ。P&Gのセールス，経営システムなどの部門の専門スキルを持ったメンバーが，取引先の該当部門のメンバーと直接協力して働き，両者にコスト削減と利益向上をもたらす。
P&Gチーム：
セールス，カスタマーサービス，財務，経営システムのスタッフで構成されることが望ましい。
取引先チーム：
バイヤー，経営システム，配送，財務のスタッフで構成されることが望ましい。

（出所）Dyer, Dalzell and Olegario (2004), p.321.（足立・前平訳（2013），277頁）の図を，加筆修正。

間管理者の多機能チームがウォルマートの本社ベントンビル近くのファイアットビルに拠点を構えた。両社は共通作業の概要を作成し、両社のデータの共有を行い、共有されたデータに基づいてサプライチェーンが構築された。

P&Gの取り組みを踏まえて、ウォルマートは他社とのITを用いた情報共有に基づく商品供給システムの改善にも取り組み、1991年には他の供給業者と店舗をつなぐ情報システムである「リテイルリンク」を構築した。

1996年にはCPFR（協力的計画予測補充）実験が開始された。CPFRは、小売企業とメーカーが共同で（Collaborative）、商品計画（Planning）から予測

図２－４　CPFRのフロー

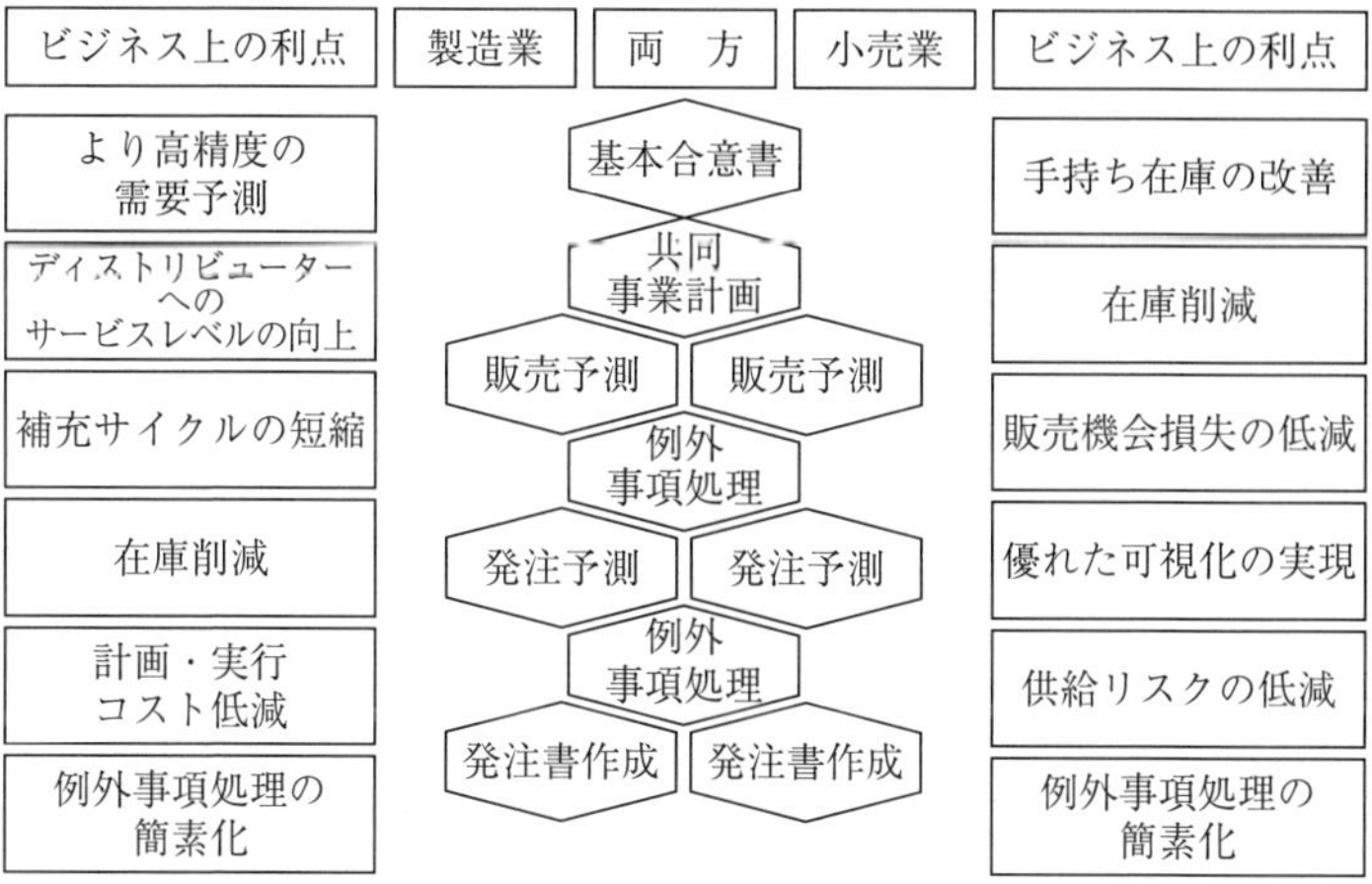

（出所）Ireland and Crum (2005), p.112.（樋地監訳（2008），142頁。）

（Forecasting）、補充（Replenishment）までを行う統合的事業プロセスである。ＣＰＦＲ以前のＱＲなどでは、品切れへの即座な対応といった部分最適を目的としたため、両社の協力に関するガイドラインは策定されず、共有情報は限定されていた。

　ＣＰＦＲはサプライチェーン全体の最適化を目的とするため、両者の協力に関してガイドラインが策定され、店頭での売上実績、販促計画、在庫、生産計画など需要予測に関係する情報の共有がなされた。結果として、品切れ防止のために小売企業とメーカー双方が有していた中間在庫が大幅に縮小される効果があった（図２－４参照）(7)。

　さらに、情報共有を促進するために、１９９８年にはイントラネット化、１９９９年には電子商取引を開始し、２０００年にはＸＭＬ（Extensible Markup Language）化がなされた(8)。２００５年には自動読み取りを容易にするＩＣタグの普及によって注目されているＲＦＩＤ（Radio Frequency Identification）(9)が本格稼働した。

図２－５　ウォルマート店鋪のRFIDリーダー設定のイメージ

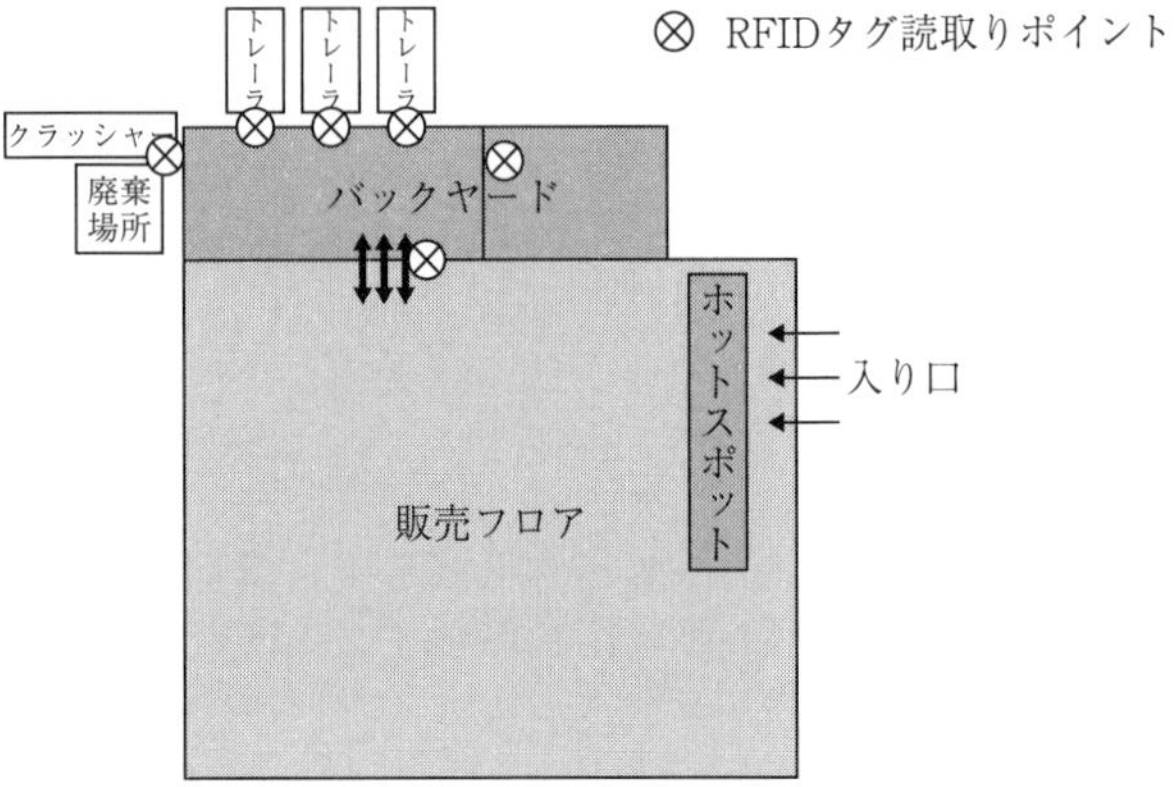

（出所）菊田（2008），189頁。

ＲＦＩＤは、２００８年時点で６００社が対象商品を絞っているとはいえ導入していたが（図２－５参照）(10)、タグ自体やタグの貼り付けコスト問題、ケースタグの多数同時読み取り率の低さや商品ごとの格差問題（11）などにより、本格的普及は想定よりも遅れた(12)。しかし、近年ではタグの単価が下がり、読み取り精度の向上がなされるなど導入に向けた環境が大幅に改善されており(13)、Ｅコマースの比重が高まりスピードがより求められる中で、今後更なる普及がなされていくとみられる。

上記のＲＦＩＤ技術の導入に加えて、ウォルマートは商品供給に関する新たな取り組みとして、２０１６年10月にはＩＢＭとともに、中国の清華大学と連携し、中国市場における豚肉トレーサビリティーの実証実験を開始した。当時、中国では豚肉不足により、豚肉の密輸入と偽装問題が発生していた。中間所得者層が急増した中国社会において食の品質管理は一般消費者の強い関心となり、偽装問題は小売企業の喫緊の課題であった。ブロックチェーン技術を活用した食品サプライチェーンは、畜産農家、処理業者、物流業者、小売業者間というサプライチェーンの各プロセスの食品情報をブロックチェーンプラットフォーム上にデジタルに記録して共有し、トレーサビリティーを高めるというものである(14)。商品調達先がグローバル化し、トレーサビリティーを消費者が強く意識するようになる中で、こうした試みは今後さらに進められていくとみられる。

【注】

(1) ディスカウントストアの当時大手チェーン・コーベットは、既に全米で約2,000店舗を出店しており、ウォルマートは後発といえる。当時の状況に関して詳細は、白石(2010)を参照。なお、コーベットは1966年に倒産している。

(2) フィッシャー・ガウル・クラインバーガー(2017)、68–69頁(倉田訳(2018)、71–72頁)。

(3) ウォルマートの2018年度アニュアルレポートには、冒頭に近いCEOレターの部分に毎月ネット小売に対応した取り組みを行っていることが示され、12月にウォルマートの名称からストアーズを外し、名称変更したことが示されるなど、ネット小売重視の姿勢がかなり広範に示されている。

(4) ウォルマートは2014年度まではディスカウントストアをスーパーセンターへ改装することによって対応してきたが、ネット小売重視という方針を踏まえて、2015年以降改装数を減らし、2016年度以降は一定数の閉店も行っている。改装数と閉店数は2014年度改装のみ57店舗、2015年度改装のみ40店舗、2016年度改装19店舗、閉店9店舗、2017年度改装21店舗、閉店6店舗、2018年度改装9店舗、閉店6店舗である。なお、島田(2018)はアマゾンに代表されるネット流通業が店舗をネットにかえ、出店という不動産投資を抜きにして、業態品揃えを超える無制限の品揃えを実現したと述べているが、筆者もこの指摘や島田が示す考察には同感である。同社がスーパーセンター業態によって米国の地方において実現した究極のワンストップショッピングを通じて獲得したマージン決定権がアマゾンなどネット小売によって揺らぎつつあり、同社はこうした状況の深刻さをようやく受けとめ、全社レベルの対応を開始したといえる。

（5）ウォルマートとアマゾンのオムニチャネルでの戦いに関して詳細は、Jindala, Gaurib, Lic and Ma (2021) 及び後藤（2022）を参照。アマゾンの米国における流通網と物流デジタル化の歩みに関して詳細は、Rodrigue, Jean-Paul. (2020) を参照。上記論文で示されたアマゾンの北米拠点ネットワークを示した図9－14はウォルマートとアマゾンの北米市場における競争の実態の一端を示しており有用である。なお、上記論文を翻訳再構成した日本語版（LOGI-BIZ編集部（2021）「米アマゾンの流通網と物流デジタル化の歩み」『LOGI-BIZ』第21巻第6号、22－31頁）がある。

（6）ウォルマート2005年株主総会で報告された内容による。詳細は、野村総合研究所のホームページ（http://www.nri.co.jp/opinion/m_review/2005/pdf/nmr11-7.pdf）を参照。

（7）P&Gとの戦略的提携とCPFRに関して詳細は、Ireland and Crum (2005)（樋地監訳（2008））を参照。

（8）XMLは多様な情報を「情報の意味」と「情報の内容」に分けてテキストで記述する言語である。HTMLが表示に特化した言語であるのに対して、XMLは「情報の意味」を判別できるので、コンピュータが特定データを取り出したり集計したりするのが容易となるメリットがある。

（9）Radio Frequency Identificationは、電波を用いた個別識別のことである。

（10）RFID本格稼働後の状況について詳細は、菊田（2008）などを参照。

（11）全体としては、パレットレベルの導入シナリオよりもメリットは非常に大きくなるが、メリットの程度がウォルマート側には大きく、メーカー側には費用負担の大幅な拡大に比べて小さいという問題である。そのため、RFID導入は現状ではパレットレベルに留まっており、ケースレベルでは導入できていない。

（12）ウォルマートはRFID導入を促進したが、アパレル産業などこの技術と相性がよい商品では導入が進んでいるのに対して、ウォルマートが主に取り扱う日用品における導入の困難さも明確になりつつある。日用品におけるRFIDの導入の困難さに関して詳細は、Balocco, Miragliotta, Perego and Tumino (2011) を参照。

(13) ウォルマートは、流通業界を中心としたバーコードの国際標準化を推進するGS1における活動などを通じて、RFIDのグローバルな普及に努めている。なお、流通システム開発センターがGS1の日本支部の役割を果たしており、RFIDを含めた流通システムに関する新技術の普及に努めている。

(14) ウォルマートのブロックチェーン技術導入の取り組みについて詳細は、IBMのホームページ(https://www.ibm.com/think/jp-ja/business/food-trust/)を参照。

第3章 ウォルマートのグローバル・マーケティング戦略の概要

1 ウォルマートのグローバル化の経緯

(1) ウォルマートのグローバル化の概要

ウォルマートについて語る際、サム・ウォルトン以外の人物について言及する人は非常に少ない。サム・ウォルトンは偉大な創業者であり、常識やこれまでの方法にとらわれないという企業文化の礎を築き、国際化の前提条件となる巨大母国市場での絶対的な市場地位の構築に最大の貢献を果たしたことに議論の余地はない。

しかし、私は、サムから代替わりして30年以上を経て、ウォルマートの成功が世界的規模になった現状においても、彼を支え引き継いだ元経営者達、引退後外部から入社し登用された元経営者達に関して論じられてこなかったことに強い違和感を抱いてきた。

ウォルマートのグローバル化に関して詳細に検討してみると、その疑問がより強くなる。ウォルマートの海外展開が本格化したのはサムが亡くなってからのことである。後継CEOのデイビッド・グラス以下の歴代CEOや、彼が国際部門強化のために招聘したボブ・マーチン以下の国際部門の担当者、さらに、多くの社外からの招聘者を含む国際部門で実績をあげた多くの幹部によるところが大きい。

バート・スパークス（2006）(1) は、ウォルマートの国際化に関して2005年までを、初期参入期、世界市場集中期、戦略視点期の3期に区分している。この分析自体は、ウォルマートの当初15年間の海外展開を区分するものとしては概ね妥当といえる。ウォルマートの海外展開は当初、サムの後継のデイビッドらによって開始され、国際部門設立とともに国際部門担当者による影響が強まったとみられる。国際部門の社内での重要性が高まった結果、2009年には国際部門のトップが全社のCEOに就任することになったとみられる。

以下では、2005年以降の国際部門重視の流れを踏まえて、デイビッドらによる参入初期、国際部門創設後、初代担当者となったボブ・マーチン氏による店舗網拡大期、リー・スコット氏に代替わりするタイミングで後継となったジョン・メンツァー氏による試行錯誤期、マイケル・デューク氏がメンツァー氏の後継に就任し新興市場重視を打ち出した新興市場重視期、デューク氏が初の国際部門出身の全社CEOとなり、現CEOであるマクミロン氏が国際部門の後継に就任し、組織再編を行った組織再編期、マクミロン氏がウォルマートの全社CEOに就任しネット重視を鮮明にした2016年以降をネット小売事業重視期に区分し（表3－1参照）、各時期に関して検討していく。

表３－１　ウォルマートの国際化の経緯

時　期	年	出来事
①　参入初期（1991－1994）	1991	メキシコ進出
	1993	国際部門創設，部門CEOボブ・マーチン氏招聘
②　店舗網拡大期（1994－1999）	1994	カナダ進出
	1995	アルゼンチン，ブラジル進出
	1996	中国進出
	1997	ドイツ進出
	1998	韓国進出
③　試行錯誤期（1999－2006）	1999	イギリス進出
	2002	日本進出
	2004	ブラジル買収による店舗網拡大
	2005	中米地峡諸国5カ国進出
	2006	韓国，ドイツ撤退
④　新興市場重視期（2006－2010）	2007	中国買収による店舗網拡大
	2008	アジア地域本社香港に設立
	2009	マイケル・デューク氏国際部門CEO出身初の全社CEO就任
	2009	チリ進出
	2010	インド進出（卸売のみ）
⑤　組織再編期（2010－2016）	2010	ラテンアメリカ地域事務所フロリダに設立
	2011	アフリカ進出
	2011	地域マネジメントチーム（現ウォルマートEMEA）設置
⑥　ネット小売事業重視期（2016－）	2016	国際部門リストラ策発表し実施
	2018	ジュディス・マッケンナ氏女性初の国際部門CEO就任
	2018	ブラジル少数保有に切り替え，インド大手ネット企業買収
	2020	イギリス少数保有に切り替え
	2020	アルゼンチン撤退
	2021	日本少数保有に切り替え
	2021	西アフリカ及び東アフリカ５カ国からの撤退に向けた正式な売却プロセス開始を発表

（出所）Burt and Sparks (2006) 及びウォルマートが提供する情報に基づいて作成。

（2）ウォルマートのグローバル化の経緯

① 参入初期（1991年～1994年）

サムの後継CEOデイビッド・グラスは、創業当初の混乱の際にサムに事業を辞めるように助言した人物である。サムの説得で入社した後はCFOとして財務を統括した。サムが興味を示さなかった情報化を促進し、サムを裏方で支えた。CEO就任当時、ディスカウントストアの国内展開は限界が近づいており、事業モデルの転換が急務となっていった。

彼はスーパーセンター導入により食品取扱を拡大すると同時に、NAFTA締結といった動向も踏まえて国際進出の可能性も模索した。1991年シフラとの合弁によるメキシコ進出以降、1993年には国際部門を創設し、部門CEOとしてボブ・マーチン氏を招聘し、カナダ進出に向けた準備を行った。

② 店舗網拡大期（1994年～1999年）

ボブ・マーチン氏は同社の店舗網の拡大に力を注いだ。1994年カナダのウールコ買収による進出、1995年アルゼンチンのゼロからの進出とブラジルのロジャス・アメリカーナスとの合弁による進出(2)、1996年現地企業との合弁による中国進出、1997年ドイツのベルトカウフ買収による進出(3)、1998年韓国のマクロの合弁事業買収による進出、1999年英国のアズダ買収による進出と出店地域を急激に拡大した（表3－2参照）。

NAFTAを締結したメキシコ（丸谷（2003））とカナダ（フリーマン他（2011））では試行

表３－２　ウォルマートの参入国及び店舗数の推移（注５）

参入国	1994	1995	1996	1997	1998	1999	2000	2001	2002	2003	2004	2005	2006	2007	2008	2009	2010	2011	2012	2013	2014	2015	2016	2017	2018	2019	2020	2021
メキシコ	24	97	126	152	402	416	458	499	551	597	623	679	774	889	1,023	1,197	1,469	1,730	2,088	2,353	2,199	2,290	2,360	2,411	2,358	2,442	2,408	2,755
カナダ		123	131	136	144	153	166	174	196	213	235	256	278	289	305	318	317	325	333	379	389	394	400	410	410	411	408	408
ブラジル				5	8	14	14	20	22	22	25	149	295	299	313	345	434	479	512	558	556	557	499	498	465	0	0	0
アルゼンチン				6	9	13	13	11	11	11	11	11	11	13	21	28	43	63	88	94	104	105	108	107	106	92	92	0
中　国				2	3	5	6	11	19	26	34	43	56	73	202	243	279	328	370	393	405	411	432	439	443	443	438	397
ドイツ					21	95	95	94	95	94	92	91	88	0	0	0	0	0	0	0	0	0	0	0	0	0	0	0
韓　国						4	5	6	9	15	15	16	16	0	0	0	0	0	0	0	0	0	0	0	0	0	0	0
英　国（注１）							232	241	250	258	267	282	315	335	352	358	371	385	541	565	576	592	621	631	642	633	631	0
日　本													398	392	394	371	371	414	419	438	438	431	346	341	336	332	333	0
中米５カ国（注２）														413	457	502	519	549	622	642	661	690	709	731	778	811	836	864
チ　リ																197	252	279	316	329	380	404	395	363	378	371	367	384
インド（注３）																	1	5	15	20	20	20	21	20	20	20	28	29
南アフリカ他（注4）																			347	377	379	396	408	412	424	436	442	414

（注１）英国は，2011年にデンマークのダンスク社より英国内の小型店舗を買収したため，2012年の数値が急増している。
（注２）中米５カ国は，５カ国合計の数値である。
（注３）インドは，卸のみである。
（注４）南アフリカ他は南アフリカ364店舗とその他諸国50店舗の合計である。
（注５）2011年第２四半期より，国際部門からプエルトリコは国内部門に統合された。なお，統合された2011年度のプエルトリコの55店舗の内訳は，スーパーセンター９，ディスカウントストア７，ネイバーフッドマーケット29，サムズクラブ10であった。
（出所）ウォルマートの各年度年次報告書及び2012年の数値については，同社プレスリリースの内容に基づいて，筆者が作成。

錯誤もあったが、5年、3年で黒字化し、業界首位に立つ成功を収めた。英国では、アズダがウォルマートのスーパーセンターに近い業態を展開し成功していた企業であったため、一定の成果をあげた。アルゼンチンではゼロから、ブラジルでもほぼゼロからの出店であったため苦労し、中国では出店規制による制約により伸び悩み、ドイツと韓国では苦戦し続けた。

③ 試行錯誤期（1999年~2006年）

2000年に物流部門を歩んできたリー・スコット氏がCEOになったこの時期、同社の国際化は試行錯誤の時期を迎えた。1999年に国際部門CEOとなったジョン・メンツァー氏は、1995年に外部からCFOとして入社した人物であった。彼は1999年の英国アズダや2002年の西友買収を主導し、拡大路線を継承し、2005年の撤退するアホールドの現地合弁会社の持ち分の買収による中米進出につながっていった。

他方、この期間に韓国、ドイツでは試行錯誤がなされたが、十分な成果は出せなかった。メンツァー氏の後任の国際部門CEOに、マイケル・デューク氏が2005年に就任した翌年には撤退した。両国進出失敗の主因は、買収した企業にあった。韓国は買収対象が、店舗数の少ない成功できなかった外資の店舗であり、地元の有力小売業者に対抗できなかった。ドイツでは巨大市場にしては規模が小さすぎたので、参入時に買収したベルトカウフに加えて、74店舗のハイパーマーケットを有するスパー（Spar Handels AG）を買収した。しかし、スパーは多様な形態の店舗の寄せ集めであり、店舗の多くの立地は悪く、リースの店舗が多かった。米国から導入しようとした無料のレジ袋、袋詰めサービス、長時間営業、クレジットカード使用、店員のホスピタリティなどのウォルマート流の手法は、環境意識の高い消費者、小売営業時間に対する規制、現金利用、国民性の相違によって全てが現地にうまく適応できず、ウォルマートのサービスに対する評価は中間に留まった(4)。

④ 新興市場重視期(2006年~2010年)

韓国、ドイツでの試行錯誤の末の失敗と日本市場での苦戦などの結果、相対的に好調であったBRICsなど新興市場重視路線が決定的となった。中国では2001年のWTO加盟までは年間数店舗の出店であったが、2004年の加盟3年後の出店の地域制限や出資制限の撤廃などの更なる規制緩和に合わせて、出店ペースが加速し、2007年のトラストマート買収により3倍弱の202店舗となった。中国ではネット通販市場への出資も進めた。2010年12月の家電ネット通販大手の京東商城(360buy.com)へのマイナー出資を皮切りに、2012年2月には、2011年に出資していた中国インターネット通販企業「1号店」(www.yihaodian.com)への51%出資を行った。ブラジルでは2004年地元小売チェーンボンプレッソ、2005年ポルトガル資本の小売チェーンソナエの店舗を買収し、店舗数が10倍以上の295店舗となった。

2009年には、国際部門担当副会長であったマイケル・デューク氏が国際部門出身として初のCEOに就任し、国際部門CEOにはダグラス・マクミロン氏が就任した。

ウォルマートのサムの後継2代のCEOは、米国国内事業を陰で支えた金融物流といった部門からの登用であった。国際部門は1990年代以降、社内での位置づけを高め、サムズクラブ部門を抜き第2位の売上を有するに至った。全社CEOへの国際部門からの就任は、国際部門重視を内外に示す象徴的な人事であった。とはいえ、社内では米国市場の位置づけも未だ強かったため、地元アーカンソー州大学出身で1984年に夏期アルバイトで物流センターでの経験もあり、1990年に隣のオクラハマ州のタルサ大学のMBA課程で学びながらアシスタントマネージャーとして入社し、2005年から米国国内のサムズクラブ部門を率いて飽和状態である同業態で着実な実績をあげた地元のホープを、国際部門のトップに据えた。国際部門CEO就任を将来の後継候補である彼の全社CEOへの準備というようにみせることによって、国内部門にも配慮したとみられる。

この人事の結果、国際部門担当であったデューク氏の国際事業における影響力は維持され、これまでの路線継承が明確となった。マクミロン国際部門CEOはデューク氏の路線を当初継承し、2009年チリのD&S買収による進出、2010年インドのバルディとの合弁による卸売進出、2011年マスマートへの51%出資によるアフリカ進出と、進出地域拡大を続けた。

⑤　組織再編期（2010〜2016年）

マクミロン氏は新興市場進出と同時にアジア地域から2008年以降開始されていた組織再編を本格化し、2011年までに国際部門の下に、アジアを統括するウォルマート・アジアを香港に、ウォルマート・ラテンアメリカをフロリダに、その他地域を統括する地域マネジメント・チーム（現ウォルマートEMEA）を英国に設置し、世界3極体制を確立した（図3－1参照）。これら地域本部は、米国本社、国際部門と連携し、中米、サブサハラ・アフリカといったサブ地域、各国といった多階層化された組織間での連携を促進した。

マクミロン氏は2014年にCEOに就任し、上記の組織再編後に地域本部の1つである現ウォルマートEMEAの長としてマクミロン氏を支えたデイビッド・チーズライト氏が国際部門CEOに就任し

図3－1　ウォルマートの組織体制

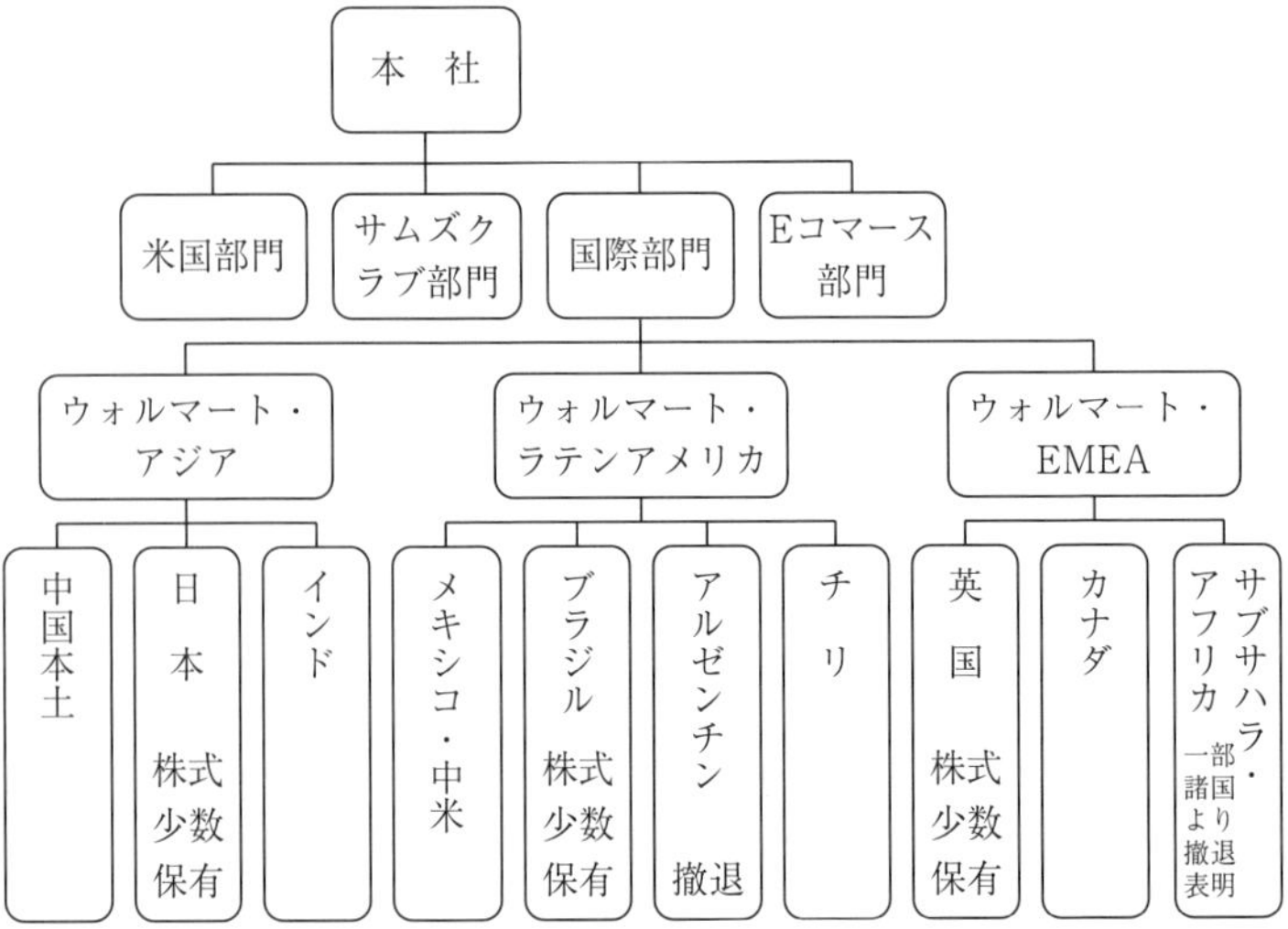

（出所）ウォルマートが提供する情報に基づいて，筆者が作成。

た。なお、マクミロン氏は、その他の主要3部門CEOに自身が国際部門CEO時代に活躍した2人（米国事業CEOには中国部門トップとして彼を支えたグレッグ・フォラン氏、サムズクラブ部門CEOにはフォラン氏を中国事業担当者として支えたジョン・ファーナー（John Furner）氏）を登用し、自身肝いりのネット小売事業買収により獲得した人材マーク・ロア氏を米国Eコマース部門のCEOとし、自身をしっかりと支える体制を構築した。

⑥　ネット小売事業重視期（2016～）

マクミロン氏は2016年1月には同社がクレイトン・クリステンセンのいうところの「イノベーションのジレンマ（業界トップになった企業が顧客の意見に耳を傾け、さらに高品質の製品サービスを提供することがイノベーションに立ち後れ、失敗を招くという考え方）」に陥っていたことを認め、従来の業態の改善や店舗拡大といった戦略を転換し、ネット小売事業重視を鮮明にした。

マーク・ロア米国ＥコマースＣＥＯとともにネット小売事業の強化に必要な経営資源の拡充を行うために男性向けアパレルのボノボス（Bonobos）、女性向けアパレルのモドクロス（Modcloth）、アウトドア小売のムースジョー（Moosejaw）など関連事業買収を積極的に行うと同時に、２０１６年にはスーパーセンターに続く国内での成長の糧として出店を強化してきた小型店舗ウォルマート・エクスレス１０２店舗を閉鎖した。２０１７年以降ウォルマート米国部門への新規出店等へのコストを２０１７年の27・４％から２０２０年の１％以下まで削減し、Ｅコマース、テクノロジー、サプライチェーンその他へのコストを２０１７年の52・５％から２０２０年の71・４％まで増加させた。２０１８年には当時好調であったサムズクラブ63店舗も閉鎖し、閉鎖店舗のうち12店舗はＥコマースの物流拠点とした。

２０１９年にはスレシュ・クマール（Suresh Kumar）氏が新たに最高技術責任者（ＣＩＯ）兼最高開発責任者（ＣＤＯ）という役職に就任した。前任ＣＩＯは米国ＥコマースＣＥＯのマーク・ロア氏直属であったが、クマール氏はアマゾン、マイクロソフト、グーグルといったＧＡＦＡＭで経験を積んだ人物であり、グーグルでは全社ＣＥＯのマクミロン氏直属となり、サムズクラブや海外のテクノロジーも統括することになり、全社的な技術開発の重要性が高まったことが示された。２０２１年１月にはネット小売事業重視の定着のための改革を行ったマーク・ロア氏が退任した。ある意味異端であった彼の退任はウォルマートの米国本国社内においてネット小売事業が定着したことを示した象徴的な出来事といえる。

世代交代も進め２０１９年には国際部門ＣＥＯ時代からマクミロン氏を支えてきたマクミロン氏と同

様に地元アーカンソー州出身のたたき上げの、ジョン・ファーナー氏をサムズクラブCEOから社内ナンバー2のウォルマート米国CEOとした。後任のサムズクラブCEOには2015年にウォルマートに米国財務及び戦略担当副社長として入社したオーストラリア出身の女性キャサリン・マクレー(Kathryn McLay)氏を登用し多様性も確保した。

こうしたネット小売事業重視への方針転換と世代交代は取締役会にも表れている。2015年6月には創業者サム・ウォルトンから会長の座を引き継ぎあまり経営の前面には出ずに、23年間ウォルマートのグローバル展開を支えてきたサムの息子ロブ・ウォルトン氏が70歳で義理の息子(長女の夫)であるグレッグ・ペナー氏に取締役会会長の座を譲った。

ペナー氏はウォルマートの地元アーカンソー州知事を務めた元クリントン大統領夫妻と同じワシントンDCの名門ジョージタウン大学からスタンフォード大学MBAを経てゴールドマン・サックス社財務アナリストとなった王道の経営者エリートであり、アルバイトからたたき上げをアピールするCEOとは対照的な経歴である。財界エリートとなったウォルトン家は経営者エリートの後継をトップに据えつつも前面には出さず、地方出身のディスカウントストアであるウォルマートのCEOはあくまでも地元出身のたたき上げにするというバランスが絶妙ともいえる。

ペナー氏はウォルマート会長就任当時45歳と従来のCEOに比べてかなり若いのが話題となったマクミロン氏よりもさらに3歳若い。彼はウォルマート入社後、本格参入した後の日本でのCFOを経て、2011年以降同社のテクノロジー及びEコマース委員会(Technology and eCommerce Committee)を会長として主導し、同社のネット小売事業重視への転換の基盤を固め、2014年に副会長となった。会長就任後もインドでのフリップカート買収における主導的な役割が指摘されており、中国のIT

大手バイドゥ取締役にもなっていることを踏まえても、ネット小売事業重視期に入った同社のグローバル配置戦略に関して今後強い影響を与えていくとみられる。

国際部門もこうした路線転換に影響を受けた。２０１８年2月には国際部門ＣＥＯとして英国アズダ出身のジュディス・マッケンナ（Judith McKenna）氏が就任した。彼女はマクミロン氏と同じ51歳の初の女性国際部門ＣＥＯであり、サムズクラブＣＥＯ登用と同様に、同社の若返りと多様性を示す人事となった。国際部門が統括する海外においてもネット小売は台頭し、コロナ禍で世界中を席巻しつつある。国際部門においても、ネット小売普及が先行している米国での店舗とネットの融合の取り組みや、ネット小売先進国中国やインドでの知見を、今後国際部門にも拡大していくとみられる。

２０１８年5月には潜在性が高いが有店舗での展開が規制により自由にできないインドにおいて大手ネット小売フリップカートの株式の77％を取得したことを発表した。マクミロン氏は同会見においてインドとともに、中国、中南米が優先地域であることを示した上で、投資先候補は見つかっており、精査し取り組みを行っているとしている。

同時に国際部門の成長を牽引してきたラテンアメリカ部門を含めた全社的なリストラが実行された。２０１６年にブラジルで58店舗、２０１７年にチリにおいて32店舗を減らした。２０１８年4月にはブラジルでは同社が統合後に株式の42％の保有は継続するが主導権をライバルに握られる形での経営統合を発表した(5)。アルゼンチンからは２０２０年11月に完全撤退した。２０２１年9月には南アフリカとアフリカ諸国での店舗展開を担う子会社マスマートは、西アフリカや東アフリカに展開してきたディスカウントストアのゲーム14店舗（ナイジェリア5店舗、ガーナ4店舗、ケニア3店舗、ウガンダ1店舗、タンザニア1店舗）の正式な売却プロセスを開始することを発表した。２０２２年1月には中米地峡市場のうち、ホンジュラス、エルサルバドル及びニカラグアの事業に関して合弁事業、戦略的パートナーシップや提携、売却、その他の取引などが含まれる可能性を検討していることを示した。

2 ウォルマートのグローバル・マーケティング戦略の概要

(1) グローバル配置

① 参入市場の選定

ウォルマートの本格的な海外進出は、1991年から本格的に開始された。初期の香港(1995年)、インドネシア(1997年)の撤退、試行錯誤期の韓国、ドイツ(2006年)の撤退、アルゼンチン(2020年)の撤退を経て、現在の出店国は北米のカナダ、メキシコ、中米5カ国、中南米のブラジル、チリ、アジアの中国、日本、インド(卸のみ)、欧州の英国、アフリカ8カ国である(表3－3参照)。

進出国の中では、ウォルマートの新興市場モデルのプロトタイプとなりつつあるメキシコの成功は他国を圧倒した。2012年の南アフリカを中心としたサブサハラ・アフリカ諸国でのマスマート社の買収のように、大型買収がなされた数年を除いて、店舗数増加の過半数は概ねメキシコの増加分が占めてきた。その他の市場では、適切な追加買収によって現地におけるポジションの向上を果たしたブラジルと中国の成長が2010年代初めまでは目立ってきたが、英国、カナダ、中米5カ国、アフリカといった市場も安定的に成長してきた。

しかし、ウォルマートのグローバル配置戦略は新興市場重視期からネット小売事業重視期となるにつ

表３－３　ウォルマートのグローバル市場参入戦略

参入モード	参入時期	参入国	参入経緯
買　収	1994年	カナダ	ウールコを買収
	1998年	韓　国	マクロの合弁事業を買収（撤退済み）
	1998年	ドイツ	ベルトカウフを買収（撤退済み）
	1999年	英　国	アズダを買収
	2009年	チ　リ	D&Sを買収
合　弁	1991年	メキシコ	シフラと合弁
	1995年	ブラジル	ロハス・アメリカーナと合弁
	1996年	中　国	現地資本と合弁
	2002年	日　本	西友に資本参加
	2005年	中　米	CARHCOと合弁
	2009年	インド	バルティ・グループと合弁
	2011年	アフリカ	マスマートに資本参加
ゼロからの進出	1995年	アルゼンチン	撤退済み

れてより戦略的な撤退を含めた方向へと転換がなされた。こうした状況をアンゾフの製品・市場マトリックスの枠組みを用いて示すと、表３－４の通りである。

ネット小売事業への投資を積極化すると同時に(6)、２０１０年代半ばまで重視してきた新興市場を含めて市場の選別を開始した。先進国市場では英国と日本が選別される対象となり、少数保有となった。新興市場では国家要素が強く、ネット小売の発展が見込まれる中国、インドに重点を移した。

国家要素は強いが、ネット小売の発展が相対的に遅いブラジルでは少数保有となり、国家要素は相対的に弱く長期的にも市場としての可能性が低いアルゼンチンからは完全撤退した。国家要素は強いが、ネット小売事業の発展の可能性もある南アフリカではリストラを進め、南アフリカの周辺諸国以外の西アフリカのナイジェリアとガーナ、東アフリカのケニア(7)、ウガンダ及びタンザニアでも撤退手続きを開始し、南アフリカ周辺の南部アフリカ地域以外から撤退することになった。

表3－4　アンゾフの製品・市場マトリックスを用いて分析したウォルマートの全社戦略

市場＼小売フォーマット	国内 地方 → 都市	国外（新興国選択）⇒ 新興国を選別 先進国 →	 一般新興国	 国家要素中心の国
食品取扱	DS→SC NM	カナダ，英国，日本 ⇒英国，日本経営関与度縮小	中南米諸国 ⇒ブラジル経営関与度縮小，アルゼンチン撤退 アフリカ諸国 ⇒西アフリカと東アフリカ5カ国からの撤退に向けた正式な売却プロセス開始を発表	中国，インド
MWC	MWC			
倉庫型DS	倉庫型DS	なし	都市 → 地方	なし
ネット小売 ⇩ オムニチャネル化	ネット小売 ⇩ オムニチャネル化	ネット小売 ⇩ オムニチャネル化	ネット小売大都市のみ普及	ネット小売 ⇩ 中国オムニチャネル化に向けて京東と連携強化 インドネット小売大手買収

（注1）DSはディスカウントストア，SCはスーパーセンター，NMはネイバーフッド・マーケット，MWCは会員制ホールセールクラブである。
（注2）→は新興市場重視期，⇒⇩はネット小売重視期の戦略である。
（注3）国家要素中心の国のうち，インドは出店規制により卸中心での展開であったが，小売は規制が相対的に緩いネット小売のみ展開している。

②　参入モードの選定

ウォルマートが国際市場参入に際して採用してきたモードは3つある（表3－3参照）。第1は現地企業の買収による進出である。この参入モードは、カナダ、韓国、ドイツ、イギリス、チリで採用された。これらの諸国は参入時に相対的に小売産業が成熟していた諸国である。既にライバルが多数存在し、彼らが多くの有望立地を押さえていたため、ある程度競争力を持った企業を買収することによって対抗可能な基盤を迅速に確保するために、このモードが採用されたとみられる。

第2は合弁による進出であ

る。このモードは、メキシコ、ブラジル、中国、韓国、日本、中米、インド、アフリカで利用された。この方法は当初、進出先に規制や独特の慣習がある場合に利用されてきた。

第3はグリーンフィールド型とも呼ばれるゼロからの進出である。現地に適当なパートナーが見つけられなかった既に撤退したアルゼンチンのみで採用された。

ウォルマートは、以上の3つのモードを利用して市場参入を行ってきたわけであるが、これまで以下の理由から、合弁後買収というメキシコ方式の比重が高まると予測されてきた。第1に、BRICSやポストBRICS諸国など有力新興市場では、規制緩和を待って参入したのでは、出遅れる可能性が高かったからである。

第2に、BRICSほどでないとしても進出候補先となりうる新興市場においては、ゼロからの出店を促していた要因である、現地に適当なパートナーがいないという可能性は低くなっていったからである。ウォルマートが2000年代半ば以降に進出した中米、インド、アフリカにおいても、中米ではアホールドが既に進出済みであったし、インド、アフリカでも同社のパートナーとなりうる経営資源を有する地元有力企業が既に存在していた。グローバル化が進み、少しでも機会がある市場を探索する傾向が強まる状況下において、ウォルマートが進出候補先とするような新興市場では、有力パートナーのライバルとの争奪戦が生じることはあるにしても、候補自体が存在しないということは考えづらくなっていったのである。ネット小売事業が新興市場でも浸透していく中で今後は従来の店舗展開を前提とした参入モードの選定に加えて異なる要素を検討することが必要になるのかもしれない。

（2）グローバル調整

グローバル配置の意思決定は当初第2章で示した母国市場である米国の小売事業モデルの他国へのスムーズな移転を目指したものであったが、グローバル配置に向けた試行錯誤の経験を経て、進出先市場で獲得したノウハウの他国への移転を強く意識するものに変化し、組織体制も整備されていった。

ウォルマートの米国本国での小売事業モデルは、地方から都市へシフトしつつある出店戦略、一定程度の多業態化をした業態戦略で構成される小売業務、取引関係が重要となる商品調達及び商品供給で構成される。

ウォルマートは、小売事業モデルの移転に際して、成熟市場である本国と新興市場の相違と、進出市場での成長の基盤となる現地パートナーの資産を踏まえて、現在では新興市場への小売事業モデル移転に関するセオリーを構築しつつあった（図3－2参照）。

出店戦略は本国である米国市場とは異なり、大都市から地方へと出店地域を拡大していく戦略を採用している。その理由は進出の際に合弁後買収するパートナーの店舗の立地に原因がある。パートナーとなる大手小売企業は、新興市場での都市への人口集中に対応して都市中間層を主要標的としていることが多いので、店舗の立地は大都市中心となる。当初はパートナーの既存店舗を活かした出店を進め、段階的に標的階層を中の下ないし下の上に拡大するために、大都市郊外や地方の中小都市へと出店地域を拡大していくのである。

業態戦略も本国である米国市場とは異なり、本国開発業態と現地開発業態の並存からかなり時間をかけて絞り込みを行っている。その理由は現地既存業態を維持したまま、内部のオペレーションの改善を

図３－２　ウォルマートの小売事業モデルの国際移転

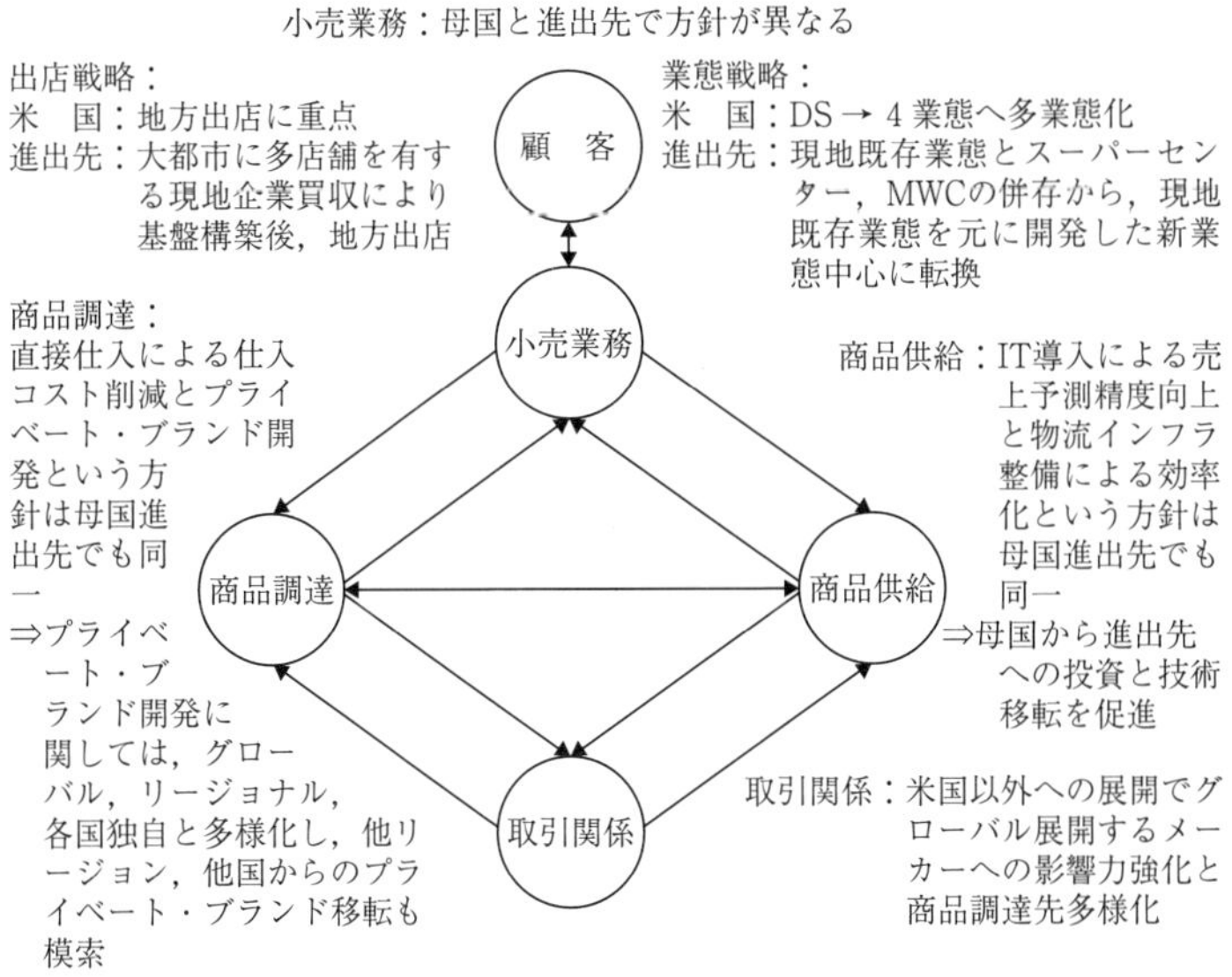
小売業務：母国と進出先で方針が異なる
出店戦略：
米　国：地方出店に重点
進出先：大都市に多店舗を有する現地企業買収により基盤構築後，地方出店
顧　客
業態戦略：
米　国：DS → 4 業態へ多業態化
進出先：現地既存業態とスーパーセンター，MWCの併存から，現地既存業態を元に開発した新業態中心に転換
小売業務
商品調達：
直接仕入による仕入コスト削減とプライベート・ブランド開発という方針は母国進出先でも同一
⇒プライベート・ブランド開発に関しては，グローバル，リージョナル，各国独自と多様化し，他リージョン，他国からのプライベート・ブランド移転も模索
商品調達
商品供給
商品供給：IT導入による売上予測精度向上と物流インフラ整備による効率化という方針は母国進出先でも同一
⇒母国から進出先への投資と技術移転を促進
取引関係
取引関係：米国以外への展開でグローバル展開するメーカーへの影響力強化と商品調達先多様化

（出所）矢作（2007，34頁）の枠組みに基づいて，筆者が作成。

図る方が現地化を進めやすいからである。当初はメキシコにみられたように、既存業態を活かしつつ段階的にウォルマートが獲得してきたノウハウを導入し、スーパーセンターやサムズクラブに名称変更を含めて転換していた。しかし、近年では名称変更へのこだわりは捨てられ、パートナーがこれまで築いてきたブランド名を維持しつつ、ノウハウの移転によって実質的にはスーパーセンターやサムズクラブへの転換を進める傾向が強まりつつある。

他方、標的の下方へのシフトを進めるためには、メキシコのボデーガに象徴される新興市場向け業態のノウハウをより積極的に導入し、現地での更なるアレンジも行い、新規業態開発を含む、ダイナミックな戦略を採用している。

商品調達は、現地パートナーの既存チ

ャネルの活用を前提としつつ、出店地域の拡大や業態のアレンジや新興市場向け業態導入が進むと、プライベート・ブランドの割合を高めていく。ここでいうプライベート・ブランドは、グレート・バリューなどの全社的なプライベート・ブランドだけではなく、現地パートナーが開発してきたプライベート・ブランドや、中米にみられるように近隣諸国で開発されたプライベート・ブランドも含んでいる。

商品供給は、低コスト化を目指したITや配送センターなどインフラに対する設備投資資金を惜しまず積極的に行いながらも、新興市場の特徴である人件費の安さなども考慮したアレンジを加えている。そして、出店地域の拡大や業態アレンジが進むにつれて、プライベート・ブランドの提供を行うパートナーを含めた取引相手への働きかけを強めている。

【注】

(1) バート・スパークスの区分に関して詳細は、Burt and Sparks (2006) を参照。
(2) 1997年にはロジャス・アメリカーナスは、合弁企業の保有株式の4割を全てウォルマートに売却している。
(3) 1997年インドネシアの合弁による進出は、パートナーとの対立で早期に撤退している。詳細は、Slater (2003), p.136 (鬼沢訳 (2003)、190頁) を参照。
(4) ウォルマートのドイツにおける撤退に関して詳細は、Fernie, Hahn, Gerhard, Pioch, and Arnold (2006) を参照。
(5) 日経速報ニュース2018年4月30日付。
(6) ウォルマートのネット重視への転換に関して詳細は、マクミロン氏へのインタビューをまとめたIgnatius (2017) (高橋訳 (2018)) を参照。
(7) ケニアに関してはビルダーズウエアハウスに関しては営業を継続することになっており、完全撤退ではない。詳細は補章3を参照。

第4章　2度の試行錯誤期を経て整理対象となったウォルマート・ジャパン

1　日本市場参入後の苦戦を経ての完全所有子会社化後の試行錯誤期の戦略

（1）日本市場参入後の苦戦

①　ウォルマートの日本市場参入の経緯

日本参入は1997年のドイツ、1999年英国といった先進諸国市場参入ならびに、1996年の中国、1998年の韓国といったアジア進出という当時の積極的な海外進出方針に沿ったものであった。日本国内の規制緩和、経済低迷に伴う豊富な買収物件の存在、地価下落といった要因やカルフール、コストコなどその他のグローバル・リテイラーの参入という要因も進出を後押ししたとみられる。

ウォルマートの日本市場参入は、２００２年５月に、経営再建中であった西友との包括的業務提携に伴う６・12％の出資により開始された。この提携は２００５年までに50・１％、２００７年までに66・７％まで出資比率を高める新株予約権を取得することを含んだ内容であった。ウォルマートはこの段階で見込みなしという判断を行えば、途中で出資を中止することは可能であった。

しかし、西友の金融子会社であった東京シティーファイナンス（１）が２００２年11月末に米国の投資ファンドのローンスター・グループ（２）に売却され、連結利子負債が１、５００億円減少したこともあり、２００２年12月27日という相対的に早い時期に33・４％までの増資に踏み切った。２００５年12月には出資比率を50・９％に引き上げ連結子会社化し、２００７年10月にはＴＯＢにより西友の全株式を取得し、２００８年４月19日には完全子会社化することを発表した。

②　日本市場参入後の苦戦

同社は日本市場参入において、参入モードは当時同社においてセオリーとなりつつあったメキシコ方式、すなわち合弁で参入し、その後に出資比率を引き上げるというパターンを採用した。メキシコとの相違はメキシコで買収したシフラと日本で買収した西友が置かれていた状況にあった。シフラは金融危機下で一時的に業績が低迷していたのに対して、西友は経営再建中であり、こうした状況の相違は苦戦の要因となった。

実際、日本におけるウォルマートの当初の業績は改善が見られず、苦戦は株価や決算などあらゆる数値に明確に表れた。西友の株価は２００２年５月に出資を行った時点の約６００円をピークに下降を続けた（図４－１参照）。完全子会社化発表の直前の２００７年９月には１９７４年の上場来安値74円を

図４―１　ウォルマート日本参入の経緯と西友の株価

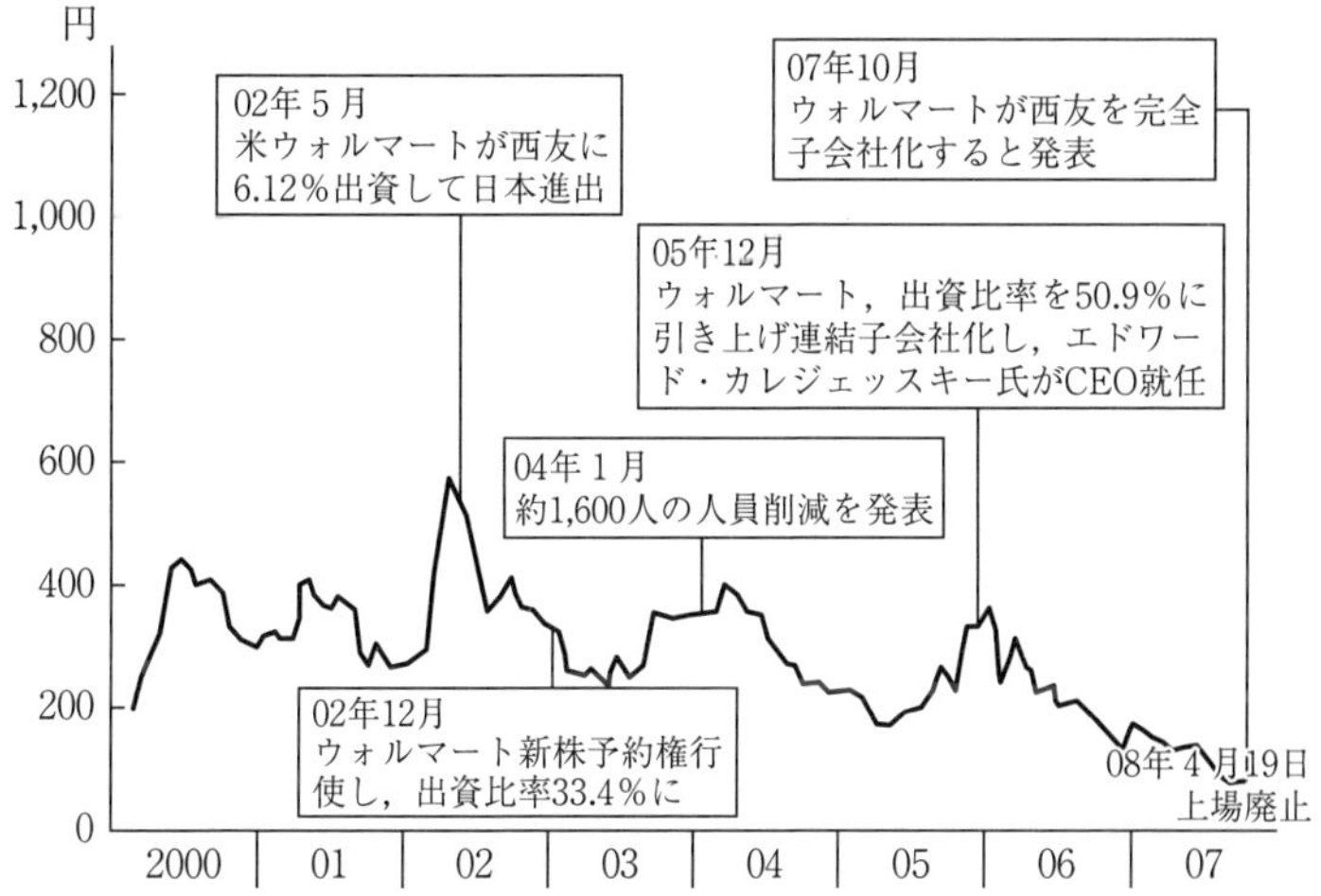

（出所）日本経済新聞2007年10月24日付の記事に用いられた図表で提示された枠組みに基づいて作成。

つけ、売上高も一貫して下降を続けていた。営業利益も２００６年度には若干回復したものの、２００７年度には再び減少し、最終損益は２０９億３、０００万円の赤字となった。２００７年度の店舗ごとの損益も、既存店舗３９１店舗のうち、黒字店舗は１６２店舗と全体の41%にすぎず、前年比20店舗減となった。主要業態のうちＧＭＳの状況は最悪であり、59億円の営業赤字となり、かつて「西武」の百貨店業態であった「リヴィン」部門も14億円の赤字となった。唯一、食品スーパーがなんとかプラスマイナスゼロを維持している状況にあった(3)。

当初の苦戦の要因を考察するには、ウォルマートの２年前にハイパーマートで参入し、約５年で撤退したカルフールの事例について考察した分析が参考になる(4)。この分析は、カルフールの撤退原因として、主体側の要因としての商品調達の失敗、環境要因としての直接取引を困難にする商慣行、総合型業態（GMS）の低迷、業態適応化の失敗、本社主導型組織の導入による弊害、競争の激化をあげている。

ウォルマートとカルフールの事例は、100％子会社設立というグリーンフィールド型の参入モードか、買収方式かということによる相違がある。商品調達の失敗、直接取引を困難にする商慣行に関しては、多くの店舗を有する西友買収を通じて参入したウォルマートが有利な状況にあるので、必ずしも当てはまらないといえる。

しかし、総合型業態（GMS）の低迷、業態適応化の失敗、本社主導型組織の導入による弊害、競争の激化(5)といったその他の要因は、ウォルマートの苦戦を生み出している状況と非常に類似していたとみられ、参入当初の状況を考察するのに有用であるといえる。

(2) 日本市場参入後の苦戦を経ての完全所有子会社化後の試行錯誤期の戦略

① 日本市場参入後の苦戦を経ての完全所有子会社化後の試行錯誤期の戦略概要

ウォルマートは日本市場参入後の苦戦を経て西友の完全所有子会社化を行って以降、A. リストラと店舗効率の改善による自社の体質改善と同時に、B. 低価格イメージの定着を図り、C. 日本市場におけるウォルマートの定着を図った。

② 日本市場参入後の苦戦を経ての完全所有子会社化後の試行錯誤期の戦略

A. リストラと店舗効率の改善による自社の体質改善

ウォルマートは2002年の資本参加以降、同社のEDLP戦略導入の前提となる高コスト体質解消のために徹底したリストラを行った（表4－1参照）。

西友は、ウォルマートの資本参加以前の1995年に既に約1、500人のリストラを行っていた。しかし、2004年にパート比率を上昇させると同時に約1、600人、2007年に本部勤務社員削減を目的とした450人をリストラした。2007年12月時点で連結ベースでの社員数を、2003年2月時点での約10、800人から約5、700人にまで低下させ、パート比率も83％まで高めた。2008年6月の完全子会社化以降も、2008年10月には不採算店20店の閉鎖と更なる店舗運営の省力化を目的とした非管理職の350人のリストラを発表した。

リストラと並行して、チラシ回数減少、作業標準化などの店舗作業効率の向上の条件を整えた。2008年以降、商品部門を越えての品出しなど部門横断的な組織への転換、レジ打ち、陳列など複数業務をこなせる従業員育成によって、2年間で4割の店舗生産性の向上を図り、高コスト体質の是正に一定のめどをつけた。

表4－1　西友の高コスト体質解消のための徹底したリストラ

年	リストラの具体的内容
1995年	約1,500人のリストラ
2002年	ウォルマート西友へ資本参加
2004年	パート比率上昇と約1,600人のリストラ
2007年	本部勤務社員削減を目的とした450人のリストラ
2008年	ウォルマート西友を完全子会社化 不採算店20店舗閉鎖と非管理職350人のリストラ

B．低価格イメージの定着

同社は完全子会社化直後のリーマン・ショック後の消費者の低価格志向の強まりを機会として捉え、これ以降、低価格をアピールする戦略を次々に導入し、ディスカウント・リテイラーとしてのイメージを定着させた（表4－2参照）。

具体的には、2008年11月13日の新聞広告掲載を皮切りに「KYでい

表４−２　リーマン・ショック後の低価格イメージの確立に向けた取り組み

年	月	具体的取り組み
2008年	11月	「KYでいこう」キャンペーン開始
	12月	最低価格保証制度一部商品除き導入 衣料品，住関連品3,000品目値下げ
2009年	４月	298円弁当導入
2010年	３月	冷凍食品のチラシでの割引表示やめる
2011年	９月	従来型チラシからタブロイド版新聞風に変更 サゲリク・キャンペーン実施
2012年	３月	サゲリク・キャンペーン第２弾実施
2013年	７月	KYすぎる85円キャンペーン実施
2014年	６月	ウォルマートカード割引率３％に変更
	10月	野菜果物の他店チラシ持参で同額保証プログラム
2015年	３月	プライスロックプログラム開始
2017年	３月	ウォルマート調達網活用し米国産牛肉EDLP化
	８月	みなさまのお墨付きプライス・キャンペーン開始

（出所）各種報道ならびに西友のプレスリリースの内容に基づいて作成。

こう」キャンペーン、家電量販店では一般的であった最低価格保証制度の価格比較が困難な一部商品を除いた衣食住にかかわるほぼ全商品への対象拡大、２９８円弁当導入、メーカー主導の概念自体を否定するための冷凍食品のチラシでの割引表示の中止、ハイロー・プライシングの象徴であった従来のチラシのタブロイド版新聞風KY TIMESへの切り替えである。

C. 日本市場におけるウォルマート方式の定着

ウォルマート方式の低価格アピールも積極的に行うようになった。２００８年12月には、ウォルマートの英国子会社アズダの低価格ワインのＰＢエクストラスペシャルを導入した。２００９年11月のリヴィンよこすか店の改装など、２００６年以降始めた既存店の改装もより積極的に行い、ウォルマート流の量感陳列を積極的に導入することで店内でも安さをアピールするようになった。２０１０年９月には、買い物代金を常時１％割り引く入会金年会費無料のクレジットカードである「ウォルマートカード」を導入し、２０１４年６月には割引率を３％に変更し、毎月５日、20日は

5％オフとなるようにもした。2014年10月には他店チラシ持参で野菜や果物を同額保証するプログラムを、2015年3月にはプライスロックプログラムを導入し、2017年3月にはウォルマート調達網を活用し、米国産牛肉をEDLP化した。

2012年10月には欧州からの加工食品や青果商品の発注窓口を、従来の約30社との個別方式からIPL社への加工食品や青果輸入一元化方式に変更することを発表した。12月にはアズダで行っていたPBの高品質を確保するための消費者テストを日本流にアレンジして導入した(6)。新ブランド「みなさまのお墨付き」と一定の品質の商品を最安値で打ち出した「きほんのき」ブランドを、米国発のPBブランドグレート・バリューを廃止して導入した。そして、新ブランドの大好評を受けて、2013年4月には「みなさまのお墨付き」の販売品目計画を、当初の予定の400品目から500品目に拡大し、2017年9月には約950品目となり、8月の第1弾と合わせると844品目を値下げするプライス・キャンペーン第2弾も行った。なお、店舗密度が高い日本の消費者の厳しい目という日本の特徴を反映した西友の日本発PBは2016年3月より中国でも販売が開始された。

ウォルマート主導の組織体制の強化も行ってきた。2009年ウォルマート・ジャパン・ホールディングスを、取締役会や株主総会の開催を省略することで、株式会社から意思決定の迅速化が可能な合同会社（日本版LLC）に切り替えた。2010年2月元三菱商事の野田亨氏に西友CEOとウォルマート・ジャパン・ホールディングスCEOとを兼務させた。野田氏は自身が執筆した博士論文の中で、ウォルマートによる西友再建過程におけるEDLP実践の流れを整理している（図4－2参照）。

図4－2　ウォルマートによる西友再建過程におけるEDLP実践の流れ

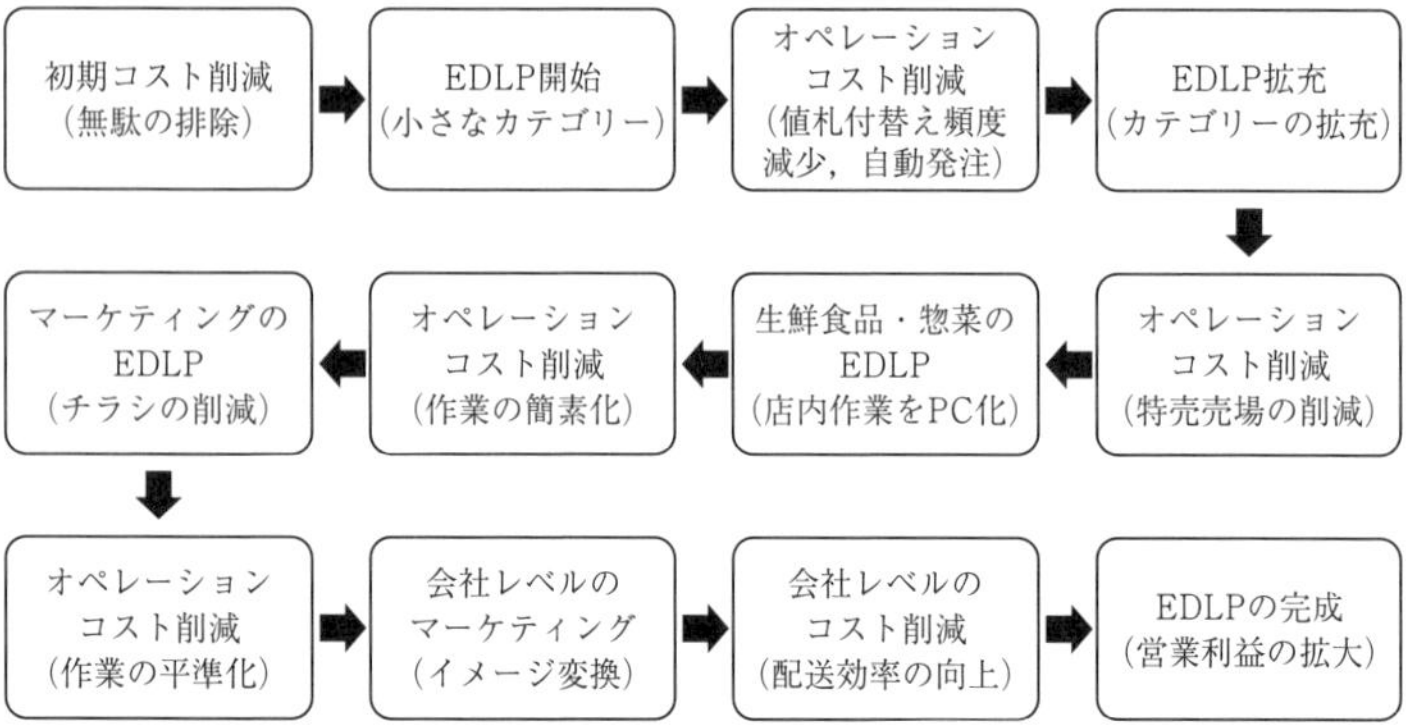

（出所）野田（2020），143頁の図の名称を図の提示する内容を踏まえて，筆者が一部加筆。

2　2度の試行錯誤期を経て整理対象となったウォルマート・ジャパン

ウォルマート・ジャパンが日本参入後の苦戦を経ての完全所有子会社化後の試行錯誤期を経た2014年2月1日に、ウォルマート本社のCEOに当時47歳のマクミロン氏が就任した。このCEO交代を契機に、本社の戦略は新興市場重視からネット小売事業重視へ転換し、2016年1月頃からその姿勢が明確となった。

本国でのアマゾンへの対抗戦略と同時に、国際部門の整理と可能な地域でのネット小売重視戦略が打ち出された。日本市場も例外ではなく、2度目の試行錯誤がなされるようになる（表4－3参照）。

2011年6月より前CEO野田氏より経営を引き継ぎ日本市場におけるウォルマート方式の定着を進めてきたスティーブ・デイカス氏が、ウォルマート・ジャパン・ホールディングスCEO兼西友CEOを2015年

表４－３　２度目の試行錯誤前後の西友の経営体制の概要

年　月	出来事
2008年４月	西友上場廃止，ウォルマートが完全子会社化
2009年３月	持ち株会社ウォルマート・ジャパン・ホールディングス設立
2009年９月	西友の会社形態を株式会社から合同会社に変更
2010年２月	三菱商事出身野田亨氏がCEO就任
2011年６月	スティーブ・デイカスCEO就任
2015年５月	現ユニリーバジャパン出身上垣内毅氏CEO就任，ミッチェル・スリープ氏COO就任
2016年６月	ネットスーパーの専用倉庫と売り場を一体化した新型店西友豊玉南店出店
2018年１月	楽天と提携し，ネットスーパー事業共同展開を発表
2018年２月	上垣内毅氏CEO退任，ミッチェル・スリープ氏CEO代行に
2018年３月	ネット通販大手の楽天と共同出資で新会社設立
2018年８月	楽天西友ネットスーパー営業開始
2019年３月	現アホールド・デレーズ・グループ出身リオネル・デスクリー氏CEO就任
2021年３月	米投資ファンドKKRと楽天による西友株式取得完了，現セブンアンドアイ出身大久保恒夫氏CEO就任

（出所）各種報道ならびに西友のプレスリリースの内容に基づいて作成。

5月に退任した。デイカス氏の後任には２０１２年に執行役員シニア・バイス・プレジデントに就任した日本リーバ（現ユニリーバ・ジャパン）元社長であった上垣内猛氏が就任した。２０１５年11月にはウォルマート・ジャパン・ホールディングスに本部管理機能を集約した。なお、ＣＯＯには「ドットコム事業本部」「店舗運営本部」「お客様相談室」「アセットプロテクション」「マーケティング本部」「業態戦略推進部」の顧客サービス関連6部門の一元管理、特に店舗とネットの融合推進のためにミッチェル・スレープ氏を招聘した。

スレープ氏は本社の全社戦略に沿って、２０１６年6月にはウォルマート・グループ初となるネットとリアル店舗を掛け合わせたハイブリッド型の西友豊玉南店を開店し、10月にはハイブリッド型店舗2号店を東京都東久留米市に西友滝山店として開店し、２０１７年9月には3号店として東大和店を開店した。

2018年2月には上垣内猛CEOが退任し、COOのスレープ氏がCEO代行となり、翌3月にはネット通販大手の楽天と共同出資で新会社を設立し、8月には「楽天西友ネットスーパー」の営業を開始した。2021年1月には両社は神奈川県横浜市の三井不動産ロジスティクスパーク（MFLP）横浜港北で最大3万～4万アイテムの取り扱いが可能な専用物流センターの稼働を開始し、自動車設備を導入し、通常のオペレーションとの比較で60％の省人化を実現した。2021年中には、大和ハウス工業が開発する大型物流施設「DPL茨木」（大阪府茨木市）の全フロアを賃借し、専用物流センターを2021年内に新設することを発表し、関西でも同様の取り組みが推進されるとみられた。

2019年3月にはベルギー発世界的小売デレーズ（現アホールド・デレーズ）・グループ出身のリオネル・デスクリー氏がCEOに就任した。リオネル氏は就任後のインタビューの中で、中期経営計画のスパークス22に言及し、西友を、「『バリュー・リテイラー』にしたい」と述べ、ウォルマート方式の定着での正の側面である効率性を向上し、EDLPのためにさらに生産性を上げていく投資と前CEO以来強化してきたオムニ戦略を継続すると同時に、カスタマー・バリュー・プロポジション（CVP）の向上、すなわちお客様に商品や買い物体験で高い価値を感じてもらうことと生鮮食品と総菜の強化を示した。

スパークス22は、ウォルマート・ジャパンが1度目の試行錯誤の末ある程度定着させた日本市場におけるウォルマート方式を踏まえつつも、本社戦略のネット小売事業重視という路線も並走させようとした取り組みであったといえる。実際、日本市場でもアマゾンが生鮮宅配を2017年4月に開始し、11月にセブン&アイ・ホールディングスがアスクルと提携するなど、ネット小売の食品小売への浸透が進みつつあったが、ネット小売企業の影響力の浸透が日本より先行した米英中印での経験を蓄積しているウォルマート本部との空気の差はあり、スパークス22という中期経営計画自体は日本市場の状況を踏まえると理解できる部分は多いが、2度目の試行錯誤に関して、本社はタイムオーバーであると判断し整理対象となったとみられる。

2021年3月に西友は米投資ファンドのコールバーグ・クラビス・ロバーツ（KKR）と楽天による西友株式の取得が完了したと発表した。ウォルマートはKKRに西友株式のうち65%を、楽天子会社の楽天DXソリューションに20%を売却し、ウォルマートは15%の株式を引き続き保有する少数保有へと転換した。上記の発表と合わせて、3月1日付で新CEOに大久保恒夫氏が就任したことを発表した。

大久保氏はイトーヨーカ堂出身であり、1980年代現セブン&アイホールディングスにおいて鈴木敏文前会長のもとで業務改革委員会のメンバーとして活躍した後、食品スーパーの成城石井社長やセブン&アイ・ホールディングスの常務執行役員などを歴任した経歴を持つ人物である。大久保新CEOは「ネットショッピングを充実させながら全国の実店舗の運営も強化し、西友を新たな成長軌道に乗せる」と就任に当たってコメントしており（7）、2度目の試行錯誤の際に示されていた中期経営計画スパークス22を、楽天を中心とした今回の3社の座組とコロナ禍で日本でも進んだネット小売の浸透も踏まえた形で進めようとしつつある姿勢の一端が見て取れる。就任後3カ月後のインタビューにおいても、同氏はEDLPを基本軸としつつ低価格訴求する一方、新CEOが成城石井で取り組んできた価値ある商品の価格引き下げと同じ方向性を提示し、PBを活用しつつNBをディスカウントする、商品部と販売部の連携を重視し売り込みを図る商品（ヒーローアイテム）のフェースを拡大し商品の量販体制を築く、地域商品を拡充する（8）、商品を売り込むための売り場の人作成のPOPを拡充する（9）といった方法も提示している。
西友は2022年4月以降楽天主導での連携も本格化させた。2022年3月31日にはクレディセゾンとの提携を解消しウォルマートの名称を入れて発行していたクレジットカード（ウォルマートカードセゾン・アメリカン・エキスプレス・カード）による提携に伴うサービス提供を終了し、4月1日よりクレジットカード機能と楽天Ｅｄｙ機能が付いた楽天カードの募集を始め、4月26日に楽天西友ネットスーパーのアプリに、店舗でも使える機能を追加して「楽天西友アプリ」としてリリースした。今後更なるＯＭＯ（Online Merges with Offline）すなわちオンラインとオフラインの統合の動きが活発化するとみられる。

【注】

（1）東京シティーファイナンスとは、西友の元子会社のノンバンクであり、消費者金融・モーゲージローンなどを積極的に行った結果、1999年頃から多額の不良債権が発生し、経営が行き詰まり、親会社西友の決算大赤字の発端となった。

（2）ローンスター・グループとは、1995年にテキサス州ダラスで設立された投資ファンドである。1997年より日本に進出し、2001年に東京スター銀行を設立した。

（3）日経ＭＪ2008年2月18日付。

（4）この分析を行った鳥羽は、国境を越える小売企業の「撤退」に関する研究の重要性を指摘し、実際に試みており非常に有用である。筆者も小売企業に限らず、国境を越える企業の撤退に関する研究の困難さを理解しつつも、その困難さを踏まえても研究することの重要性への指摘には全く同感である。丸谷（2008）においても撤退についてその他のテキストに比べ相対的に多く取り上げている。鳥羽の主張及び撤退に関する具体的な検討に関して詳細は、鳥羽（2006）を参照。

(5)日本での小売市場での競争の実態を示した宮崎(2010)の主張は有用である。彼は日本のイトーヨーカ堂及びヤオコーと米国のウォルマートを比較検討し、前者がマーチャンダイジングにおける効果が先にあり、後者はマーチャンダイジングにまで踏み込んだロジスティックスであるとはいえ、店頭の品揃えそのものが効率的なロジスティックスの出発点となっていると述べている。詳細は宮崎(2010)224-225頁を参照。

(6)日本では機動的な価格変更が求められることも考慮し、品質維持のための再テストの期間を英国の2~4年より短い1年半~2年に設定している。詳細は、「新ブランド「お墨付き」「きほんのき」西友「カカクヤス」進化」日経MJ2013年2月13日付。

(7)販売革新編集部(2021)5-8頁。

(8)栗田(2021)120頁。

(9)下田(2021)、57頁。

第5章 国家要素中心のネット先進市場中国において善戦するウォルマート中国

1 新興国市場としては閉鎖期を迎えネット小売が支配する中国小売市場の現状

(1) 新興国市場としては閉鎖期を迎えた中国小売市場

中国小売市場は外資が段階的に受け入れられ、彼らが主体となって近代化が促進された。表5－1に示すように外資への規制緩和は1978年の改革開放以降の市場経済転換段階を経て、1992年7月に国務院が「商業小売分野における外資利用問題についての返答（国務院82号通達）」を公布して以降条件緩和が段階的になされ、2001年12月のWTO加盟の公約となった加盟3年以内での外資参入の出資比率制限や地理的制限などの廃止が2004年12月に実行され、全面的開放段階に入った(1)。

全面的開放段階までの準備期間の3年間も含めて、中国市場全面的開放段階に向けた外資のM&Aと国内資本の組織再編が進み（表5－2参照）、中国小売市場は完全に成熟し、従来のサイクルを終えつつある。ATカーニーは20年間にわたりグローバル小売発展インデックス（GRDI）を公表し、新興

表5－1　中国小売市場開放の経緯

開放段階	期　間	政策の変化	小売市場の変化	注目企業
市場経済転換段階	1978年12月～	計画配給システムを廃止し，開放型の流通システム構築	伝統的自由市場復活と個人経営の拡大	
漸進的開放段階	1992年7月～	外資へ条件付き開放，一部地方政府による外資積極受入	制度の不透明な中での日系・東南アジア系百貨店参入	ヤオハン
整理整頓と開放拡大段階	1997年5月～	中央政府による外資受入制度の統一と更なる開放推進	欧米のグローバル小売参入	カルフール
全面的開放段階	2004年12月～	WTO加盟の公約であった外資開放が実現	東南アジア，台湾系小売急激に浸透 国内専門店チェーンの成長と国内大規模小売集約 ネット小売急進	大潤発 ヴァンガード アリババ

（出所）馮（2011），35－61頁の内容などに基づいて作成。

表5－2　中国市場全面的開放段階に向けた外資のM&Aと国内資本の組織再編

時　期	出来事
2001年2月	西単上海華聯超市北京有限公司に再編
2001年7月	華潤集団（香港）深圳万佳百貨股份有限公司買収
2001年9月	華潤集団（香港）江蘇蘇果超市股份有限公司買収
2001年11月	首都商業連鎖集団股份公司に再編
2001年12月	北京超市発天客隆連鎖股份公司に再編
2002年7月	聯華華商集団に再編
2002年11月	カルフール（フランス）勧業超市買収
2003年9月	上海百聯集団に再編
2004年4月	北京物美商業集団北京超市発連鎖股份公司買収
2004年7月	テスコ（イギリス）楽購買収

（出所）馮（2011），114頁の2つの表を1つに集約。

図５－１　グローバルマーケティング発展インデックス（GRDI）にみる市場機会

	開放期	成長期	成熟期	衰退期
国　名	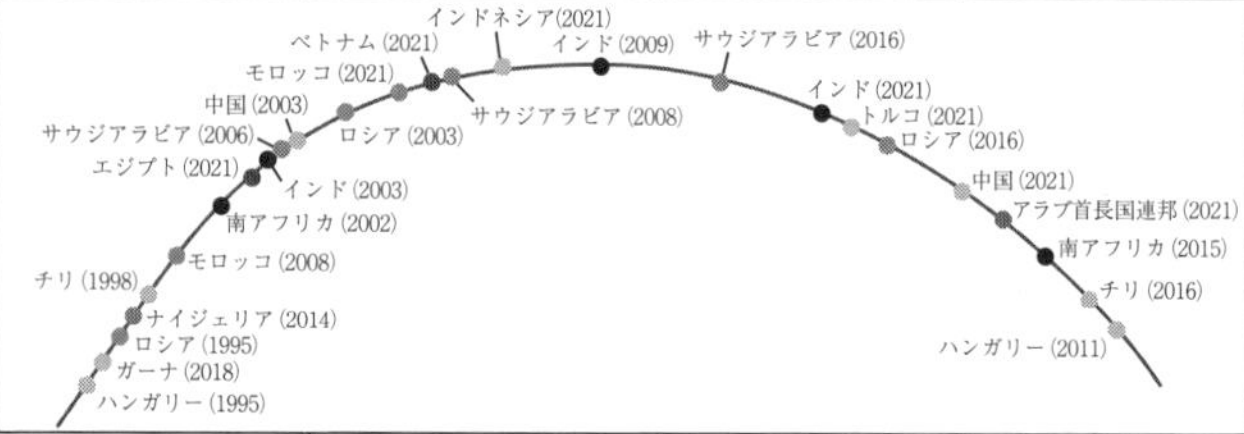			
定　義	中間層が増加していく。消費者は組織化されたフォーマットを求めるようになり，政府は規制を緩和していく。	消費者が組織化されたフォーマットを求め，グローバルブランドを強く求める。小売ショッピング地区が開発された，不動産が手軽に利用可能になる。	消費者支出がかなり拡大し，魅力的な不動産の取得が困難となり，現地での競争が洗練されてくる。	消費者が近代的小売に慣れ，自由裁量支出が高まり，競争は現地及び外資小売業者の双方に対し激化し，不動産は高騰，容易に利用できなくなる。
参　入モード	現地小売業者への少数投資。	直営店を通じてのようにゼロからの投資。	主にゼロからの投資だが，２級あるいは３級都市に注力。	買　収
労　務戦　略	現地熟練労働者を管理職に。	現地人材を雇用訓練し，駐在員とのミックスを。	駐在員から現地人材へ比重を変更。	主に現地人材を利用。

（出所）Atkearney（2021）Leapfrogging into the future of retail The 2021 Global Retail Development Index（https://www.kearney.com/global-retail-development-index/2021）を参照。

市場の小売市場に関して検討を行ってきた。同インデックスによれば、中国小売市場は２０２１年においても発展途上国の中で投資対象として世界第１位ではあるが、２００３年には開放期であった市場は前回改定時の成熟期から２０２１年には閉鎖期（Closing）に入ったとしている（図５－１）。

　ＧＲＤＩを示した報告書による閉鎖期の定義は、消費者が近代的小売に慣れ、自由裁量支出が高まり、競争は現地及び外資小売業に対し激化し、不動産は高騰し、容易に取得できなくなると定義されるとしており、中国小売市場はこの定義に当てはまる局面に来ているといえ、参入モードは買収となり、中国は新興市場としては閉鎖期を迎えたといえる。

(2) 新興国市場としては閉鎖期を迎えネット小売が支配する中国小売市場の現状

閉鎖期を迎えた中国市場においても、ネット小売の台頭は依然として凄まじい(2)。従来のネット2強(天猫と京東)に拼多多が猛追し、ネット3強が4位以下に大きく溝をあけており(表5−3参照)、中国においてネット小売が支配する実態を反映している。

第1位の天猫(Tモール)は今やあまりの影響力の強さから中国政府から厳しく警戒される存在となったカリスマジャック・マーが創業したアリババが運営するネット小売である。第2位の京東(ジンドン)はテンセントが2014年に約15%を出資した企業である。中国のネット事業は、頭文字をとってBAT(Baidu(百度)、Aribaba(阿里巴巴)、Tencent(騰訊))と呼ばれる3社の出資する企業が牽引してきた。しかし、Eコマースにおいては、アリババの天猫がテンセントの騰訊ECを圧倒していたので、テンセントは自社サイトを上回る売上高を有していた京東に出資し攻勢をかけ、2017年には厳しい状況において高所得階層向けの高級スーパーの新業態開発などによって業績を伸ばしている永輝超市(ヨンフイ・スーパーストアーズ)に出資した。2018年には中国小売近代化を牽引してきたが近年不調であり、かつて家電量販チェーンのフナック・ダルティのトップを務めていた新CEOアレクサンドル・ボンバー氏がEコマース重視を中国でも打ち出したカルフールとも資本・業務提携を行った。

天猫は楽天同様基本的には電子空間上の場所貸し方式である。それに対して、京東は自社店舗を開いて

表５－３　中国小売100強のうち上位10強（単位：億元）

順位	企業名	2020年販売額	2019年販売額
1	天　猫	32,020	26,120
2	京　東	26,000	20,854
3	拼多多	16,676	10,066
4	蘇寧易購集団	4,163	3,787
5	大商集団	3,289	3,280
6	唯品会	1,650	930
7	国美零售	1,408	1,276
8	永輝超市	1,045	932
9	高鑫零售	955	1,019
10	華潤万家	878	951

（注）第９位はSun Art Retailの中国語名である。本部は香港にあり，傘下に「大潤発」(RT-Mart) と「欧尚」(Auchan) の２つの小売店舗ブランドを持つ。

（出所）中国商業聯合会（CGCC）と中華全国商業信息センター（CNCIC）で共同で公布した「2020年小売100強」による。

運営していく契約方式と、在庫を預けて販売していく契約形式の２つを選択できるアマゾンに類似した方式である。ユーロモニターによれば、両形式とも売上自体は伸ばしているが、２０１４年までは前者が後者を上回っていたが、２０１５年には後者の割合が若干ではあるが上回った(3)。

天猫はアリババが２００３年に設立したＣ２Ｃ（消費者間取引）ネット通販を行っていたタオバオ（淘宝網）の一部を２００８年にＢtoＣの「淘宝商城」として立ち上げたサイトを、２０１２年1月に「天猫T-mall」としたものである。Ｅコマースを含む中国商業連合会（ＣＧＣＣ）の中国流通業ランキングでは、天猫は２０１２年に中国小売チェーンランキングでは1位であった蘇寧に次ぐ2位となり、２０１３年には蘇寧電器を追い抜きトップとなり、２０１４年には7、６００億元と2位蘇寧電器の2、736億元の3倍弱となり圧倒していた。タオバオと天猫といったアリババが運営する消費者向けＥＣサイトの年間総取引額は２０１５年にはスマートフォンでの決済の急激な増加により、世界最大の売上高を誇るウォルマートの売上高を上回る3兆９２０億元の取引高を記録した。もちろん自前で商品を仕入れ、自らの店舗で商品を売るウォルマートの売上高と、様々な販売店が集まるモール形式を採用しているアリババの総取引額を単純に比較することはできないが、中国におけるネット小売の急激な成長を示す象徴的な出来事であったといえる(4)。

２０１５年2月には農村淘宝事業部が設立され、農村への本格的な進出が開始された。この事業は国家の戦略とも合致しており、国家の援助、地元政府との綿密な連携、電子商取引プラットフォームを通じて、郡、村レベルのサービスネットワークを構築した。同社は後述のウォルマートが未進出の新疆ウイグル自治区や海南省まで２０１６年3月末までに農村淘宝サービスステーション１４、０００箇所を設置し、3年間で10万箇所を目指して１００億元を投資し展開することを目指した(5)。

京東も天猫を猛追しており、２００４年のＳＡＲＳ（重症急性呼吸器症候群）をきっかけに参入後同社のＥＣ事業は電化製品販売を中心に成長し、２００９年に食品などの取り扱いを開始し総合化を図り、２０１３年のテンセント出資前も中国流通ランキングでは5位を誇っていたが、２０１４年には蘇寧電器に次ぐ3位となった(6)。２０１４年には米国ナスダック市場に上場し、２０１５年にはさらに売上高を大幅に伸ばし、蘇寧電器を抜いて天猫に次ぐ存在となり、ＥＣ3位の唯品会(7)に8億6、３００万ドル（約９７０億円）を出資し、２０１８年1月には出資を受けているテンセントらとともに中国全土に商業不動産を展開する最大手大連万達集団（ワンダ・グループ）の中核子会社への出資も発表した。２０１７年上半期時点の消費者向けＥＣシェアでも、アリババの50・2％に対して、24・5％と半分のシェアまで追い上げた。

同社は即日配達などの配送サービスの強化のために、自社の宅配サービス部門である「京東到家」と地方を中心に37都市の宅配網やネットを使った配送管理システムに強みを持つ達達を合併させたり(8)、ネット通販需要が広がる内陸部の中心都市、重慶市において2017年秋の全面稼働を目指して巨大物流施設を建設したりした(9)。

さらに、アリババと競うように、リアル店舗へも積極的に参入し、京東之家（パソコン、携帯電話及びデジタル商品を大都市で販売する店舗）、京東専売店（京東之家の中小都市向け縮小版）、京東母嬰（ベビー&マタニティ）体験店、京東幇服務店（農村部開設の家電販売サービス店）、京東家電専売店（小型都市と農村部開設の中小型家電店）、京東便利店（コンビニ）などのリアル店舗を出店した(10)。

アリババが2021年4月に規制当局から独占禁止法違反で過去最大の182億元（約3、100億円）の罰金を科されたことも今後同社にとって追い風になるとみられる。当局はアリババが出店者である取引先に対して「長年、京東などの競合企業と取引をしないよう圧力をかけていた」と認定した。多くの業者がアリババの圧力から解き放たれ、米スターバックスや仏LVMH傘下のブランドなどがこぞって京東のネット通販に進出し、アリババ独占商品の購入が可能となった(11)。

なお、ウォルマートは、アリババと2強を形成している中国の大手eコマース企業である京東商城（JD．com：以下、JDドットコム）と戦略的提携を結んでいる。

ネット2強を猛追する3位の拼多多（Pinduoduo、ピンドゥオドゥオ）は共同購入のシステムを持つ中国のECプラットフォームであり、黄崢が上海尋夢信息技術有限公司（Shanghai Dream Information Technology Co., Ltd.）として2015年の9月に設立した。同社はネット2強が既に浸透した大都市ではなく、「三線」、「四線」と呼ばれる中小都市や農村部に注力し、彼らが求める少しでも低価格という欲求に対応することでネット2強を猛追し、コロナ禍でも小売シェアを伸ばした。ユーロモニター社によれば、2019年小売シェア1・0%から2021年に3・0%とし、1位アリババ12・6%、2位JDドットコム9・9%と2強にはかなり差はあるが、第3位の地位を強化した。

2　中国小売市場におけるウォルマートの現地適応化戦略

(1) 中国市場参入の経緯

ウォルマートの中国参入はメキシコ、カナダ、ブラジル、アルゼンチンという近隣諸国や米国の裏庭と呼ばれる南米以外での最初の進出であり、アジア初の進出国となった。参入モードは当時100%出資での参入は認められていなかったため、現地企業深圳国際信託投資公司との合弁による進出であった。

整理整頓と開放拡大段階の期間に、最初に開店した深圳湖景店から2001年までに広州、大連、福州、スワトーへと店舗網を地道に拡大した。2003年に23店舗目として北京出店が実現し、全面規制開放後の2006年上海南浦大橋店出店を契機に全国出店を加速した。当時の中国は安価な商品の調達先としての機能が大きかった。2002年には当時海外調達商品の2/3を占める40億ドル（間接調達含めれば100億ドル以上）に至った中国製品の購買機能を有していた香港にあったアジア購買本部を深圳に移し、台湾にあった購買機能も段階的に深圳に統合した(12)。

図５－２　中国外資小売チェーンストアの2014年及び2015年の開店数及び閉店数

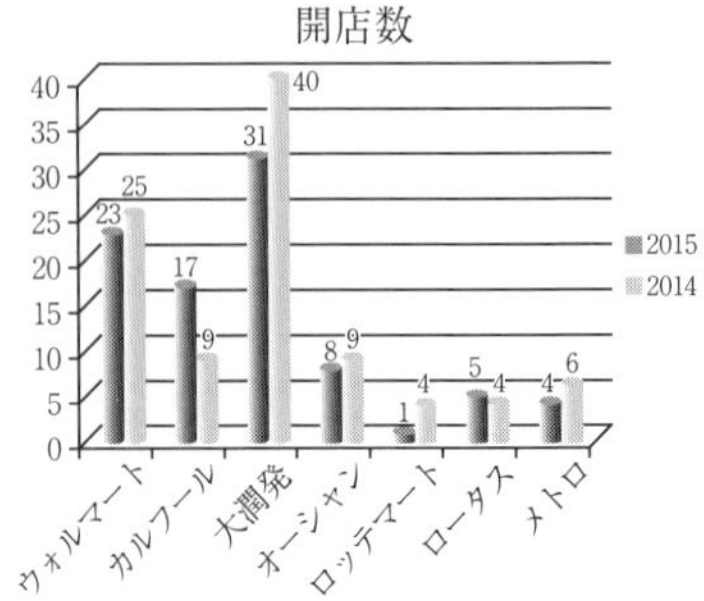

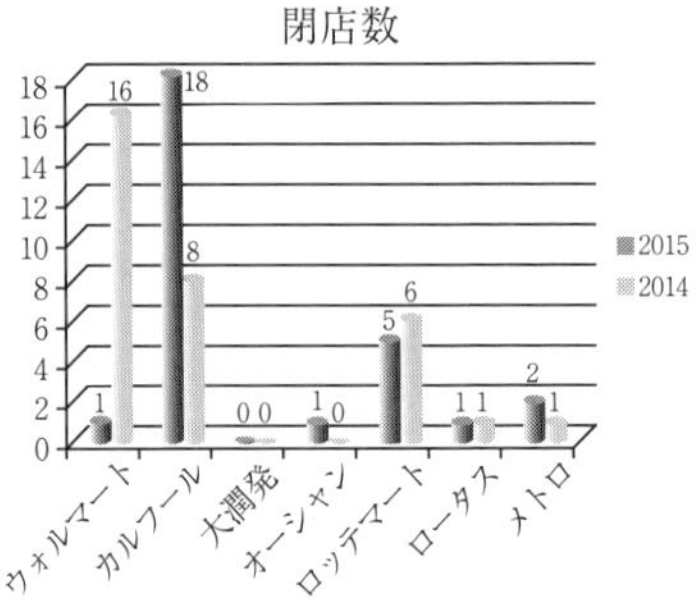

（出所）联商网のホームページ（http://www.linkshop.com.cn/web/archives/2016/349141.shtml?sf=wd_search）で示された内容を一部修正。

(2) ウォルマートの中国市場参入戦略

ウォルマートの中国市場参入戦略のうち、業態戦略は米国で展開していたスーパーセンターとサムズ・クラブによって自前で店舗網を70程度まで拡大した。２００７年には当時ウォルマートより小型ではあるが１００店舗程度を展開していた台湾系のＧＭＳである好又多（トラスト・マート）の株式35％を取得し、その後買い増して買収し、ウォルマート方式を段階的に導入していった。

立地も全面開放後急激に拡大し、店舗密度も拡大していった。中国の都市は商業的魅力により、１級都市から５級都市に区分される(13)。同社は成長する１－２級都市と呼ばれる大都市への出店を加速した。

しかし、１－２級都市は既述の通り内外資本間での競争激化もあり急速に成熟化し、既述のネット小売の普及もあり、多くの不採算店を生み出し、２０１３年以降不採算店の閉鎖を行った（図５－２参照）。

(3) ネット小売が店舗小売に先行して普及する中国小売市場における現地適応化戦略

① ウォルマートの地方都市への出店領域の拡大

地方都市への出店領域の移行は同社にとってある程度想定内の事態であったと考えられる。同社の外国市場での成功の成否は地方での展開の成否によって左右されてきたからである。同社は不採算店閉鎖と同時に、本来の強さを発揮する予定の3－4級都市への出店を拡大し、2015年9月には初めて5級都市である畢節市（毕节市、ひっせつし）への出店を果たした（表5－4参照）(14)。

ウォルマートが初めて出店した5級都市の畢節市は、発展から取り残されてきた内陸の貴州省の北部に位置する。貴州省のGDP成長率は2003年以降二桁成長を続け、リーマンショック後も中央政府による内陸への投資の恩恵を受け、国内平均を大きく上回る成長を遂げた（表5－5参照）。近年ではビッグデータの先進地域として注目を集めるようになった(15)。

なお、2015年に現地トップである中国共産党貴州省委員会の書記に就任した陳敏爾（ちんびんじ）氏は、習近平国家主席の浙江省党委書記時代に宣伝部長として仕えた元側近である。習近平閥の中でも、2017年の第19回党大会において共産党常務委員7人（チャイナセブン）に入るのではないかといわれた程の権力者である。結果的に常務委員とはならなかったが、ニューリーダーの筆頭であるとみられている人物である。彼が中央政府の意向が強く影響する中国において、大事な時期に貴州省を任されていることは同省が格差縮小の象徴として重要視されている表れともみられる。

畢節市は格差縮小政策の象徴である貴州省の中でも最も発展が遅れた地域である。人口は省都貴陽市を上回って最大であるにもかかわらず、一人当たり域内総生産（GRP）は貴陽の半分以下であり、一

表5－4　中国外資小売チェーンストア2015年の出店地域

						大潤発	ウォルマート	カルフール	オーシャン	ロータス	メトロ	ロッテマート
					全都市合計	31	23	17	8	5	4	1
		地区	省市自治区	都市属性				2				
一級都市	北京市	東部	北京市	中央直轄市／省都				6				
	上海市	東部	上海市	中央直轄市／省都			1	1	1		1	
	広州市	東部	広東省	副省級都市／省都		2	1			5		
	深圳市	東部	広東省	副省級都市			1					
					一級都市合計	2	3	9	1	5	1	0
新一級都市	成都市	西部	四川省	副省級都市／省都			1	2	1			
	武漢市	中部	湖北省	副省級都市／省都			1		1			
	長沙市	中部	湖南省	省都		1					1	
	大連市	東北部	遼寧省	副省級都市				1	1			
	青島市	東部	山東省	副省級都市		2						
	蘇州市	東部	江蘇省			2						
	無錫市	東部	江蘇省			3						
					新一級都市合計	8	2	3	3	0	1	0
二級都市	福州市	東部	福建省	省都		1						
	合肥市	中部	安徽省	省都		1		1				
	南寧市	西部	広西壮族自治区	首府			1					
	昆明市	西部	雲南省	省都		1						
	東莞市	東部	広東省				1		1			
	恵州市	東部	広東省			1						
	温州市	東部	浙江省				3					
	常州市	東部	江蘇省			2	1					
	徐州市	東部	江蘇省			1						
	南通市	東部	江蘇省			1			1			
					二級都市合計	8	6	1	2	0	0	0
三級都市	呼和浩特市	西部	内蒙古自治区	首府				1				
	赤峰市	西部	内蒙古自治区				1					
	麗江市	西部	雲南省				1					
	遵義市	西部	貴州省			1						
	綿陽市	西部	四川省				1					
	徳陽市	西部	四川省								1	
	西寧市	西部	青梅省			1						
	荊州市	中部	湖北省				1					
	株洲市	中部	湖南省			1						
	蕪湖市	中部	安徽省					1				
	大慶市	東北部	黒竜江省			1						
	済寧市	東部	山東省				1					
	衢州市	東部	浙江省			1						
	紹興市	東部	浙江省									
	台州市	東部	浙江省						1			
	湖州市	東部	浙江省				1					
	淮安市	東部	江蘇省			1						
	泰州市	東部	江蘇省									1
	鎮江市	東部	江蘇省						1			
					三級都市合計	6	6	2	2	0	1	1

（次ページにつづく）

（前ページから）

						大潤発	ウォルマート	カルフール	オーシャン	ロータス	メトロ	ロッテマート
		地区	省市自治区	都市属性								
四級都市	南丘市	中部	河南省			1						
	大同市	中部	山西省			1						
	安慶市	中部	安徽省			1						
	滁洲市	中部	安徽省			1						
	阜陽市	中部	安徽省			1						
	嚢陽市	中部	湖北省					1				
	黄岡市	中部	湖北省			1	1					
	黄石市	中部	湖北省				1					
	九江市	東部	江蘇省								1	
	宿遷市	東部	江蘇省			1						
	寧徳市	東部	福建省				1					
	河源市	東部	広東省				2					
					四級都市合計	7	5	1	0	0	1	0
五級都市	畢節市	西部	貴州省				1					
	亳州市	中部	安徽省					1				
					五級都市合計	0	1	1	0	0	0	0

（出所）联商网のホームページ（http://www.linkshop.com.cn/web/archives/2016/349141.shtml?sf=wd_search）で示された内容を，筆者が一部修正。

表5－5　貴州省と中国全体の経済成長率の推移

（単位：％）

	01	02	03	04	05	06	07	08	09	10	11	12	13	14	15
貴州省の成長率	8.8	9.1	10.1	11.4	12.7	12.8	14.8	11.3	11.4	12.8	15.0	13.6	12.5	10.8	10.7
中国全体の成長率	8.3	9.1	10.0	10.1	11.3	12.7	14.2	9.6	9.2	10.6	9.5	7.7	7.7	7.3	6.9

（注）中国統計年鑑【各年版】，貴州統計年鑑【各年版】，2015年全国国民経済・社会発展統計公報，2015年貴州省国民経済・社会発展統計公報による。

（出所）JETROが「貴州省概要（2016年10月作成）」として発表した資料による。

表5－6　貴州省の都市別人口・1人当たりGRP・1人当たり社会消費品小売総額ランキング

都　市	常住人口（万人）	都　市	1人当たりGRP（ドル）	都　市	1人当たり社会消費品小売総額（万元）
畢節(ひっせつ)市	654.1	貴陽市	8,834	貴陽市	2.09
遵義市	615.5	六盤水市	5,817	遵義市	0.93
貴陽市	455.6	遵義市	4,894	六盤水市	0.91
黔東南ミャオ族トン族自治州	347.8	黔南プイ族ミャオ族自治州	3,980	黔東南ミャオ族トン族自治州	0.66
黔南プイ族ミャオ族自治州	323.3	黔西南プイ族ミャオ族自治州	3,825	黔西南プイ族ミャオ族自治州	0.61
銅仁市	311.7	安順市	3,624	黔南プイ族ミャオ族自治州	0.61
六盤水市	288.2	銅仁市	3,344	安順市	0.60
黔西南プイ族ミャオ族自治州	281.1	黔東南ミャオ族トン族自治州	3,237	銅仁市	0.48
安順市	230.8	畢節(ひっせつ)市	3,110	畢節(ひっせつ)市	0.41

（注）2015年貴州省統計年鑑による。
（出所）JETROが「貴州省概要（2016年10月作成）」として発表した資料による。

人当たり社会消費品小売総額も5分の1以下である（表5－6参照）。筆者が現地官僚に行ったインタビューによれば、貴州省全土において計画される高速道路整備計画においても、畢節市の優先順位は高く、高速道路整備が相対的に早期になされ、高速道路整備以前には、省都貴陽市へは半日以上かかる行程であったそうだが、高速道路が整備され、筆者が訪れた2017年3月には貴陽市中心部からのアクセスが3時間程度となっていた。さらに、現在既に開通した高速道路と並行して2本目が整備中であった。

貴陽市からウォルマート畢節店（沃尔玛毕节店）までの行程の車窓は、少数民族が農業を行う田園風景が広がり、筆者が訪れた3月初旬にはほぼすべて山岳地帯を通るルート沿いに油を採取するための菜の花畑が広がり、黄色い花が咲きみだれていた。

3時間の行程を経て到達したウォルマート

畢節店の周辺は、マンション開発が行われており、開発されたマンション自体は現代的であった（図5−3参照）。筆者は数年にわたり中国国内ウォルマートとその周辺を現地調査したが、ウォルマート中国の本部が立地する深圳の開発地区とほとんど変わらない光景が広がっていた。しかし、よく観察してみると、マンションの2階までに整備された商店はネット販売の京東のサービスセンターや外資の有名ブランドを取り扱うスポーツショップ、かなりおしゃれな独立系のパン屋さんが出店するのと同時に、昔ながらの現地の麺のお店、微妙な品揃えの衣料品店、野菜を店内の什器から出し外に並べて売る地元資本のコンビニエンスストア、2階の階段がある横の空きスペースで簡易コンロを使って炒め物をして販売する店舗があり、過去と現在が融合する風景が広がっていた。

図5−3　貴州省畢節市のウォルマートの外観

　ウォルマート畢節店は当時建設中であったマンション群の中に立地するショッピングモールである招商花園城旁の核テナントとして入居していた。モール内には貴陽市に多く展開するスターバックス、ケンタッキーなどの出店はなかったが、現地シネコン、現地ファッションブランド、中国全土に展開する台湾や香港系のスイーツショップ、現地ファストフード店が入居していた。中国の大都市のウォルマートは元トラストマートを買収した小型店舗も含めて店舗は2階層に分かれることが多いが、ウォルマート畢節店では1階のみに全て売

図５－４　ウォルマートの中国における出店地域

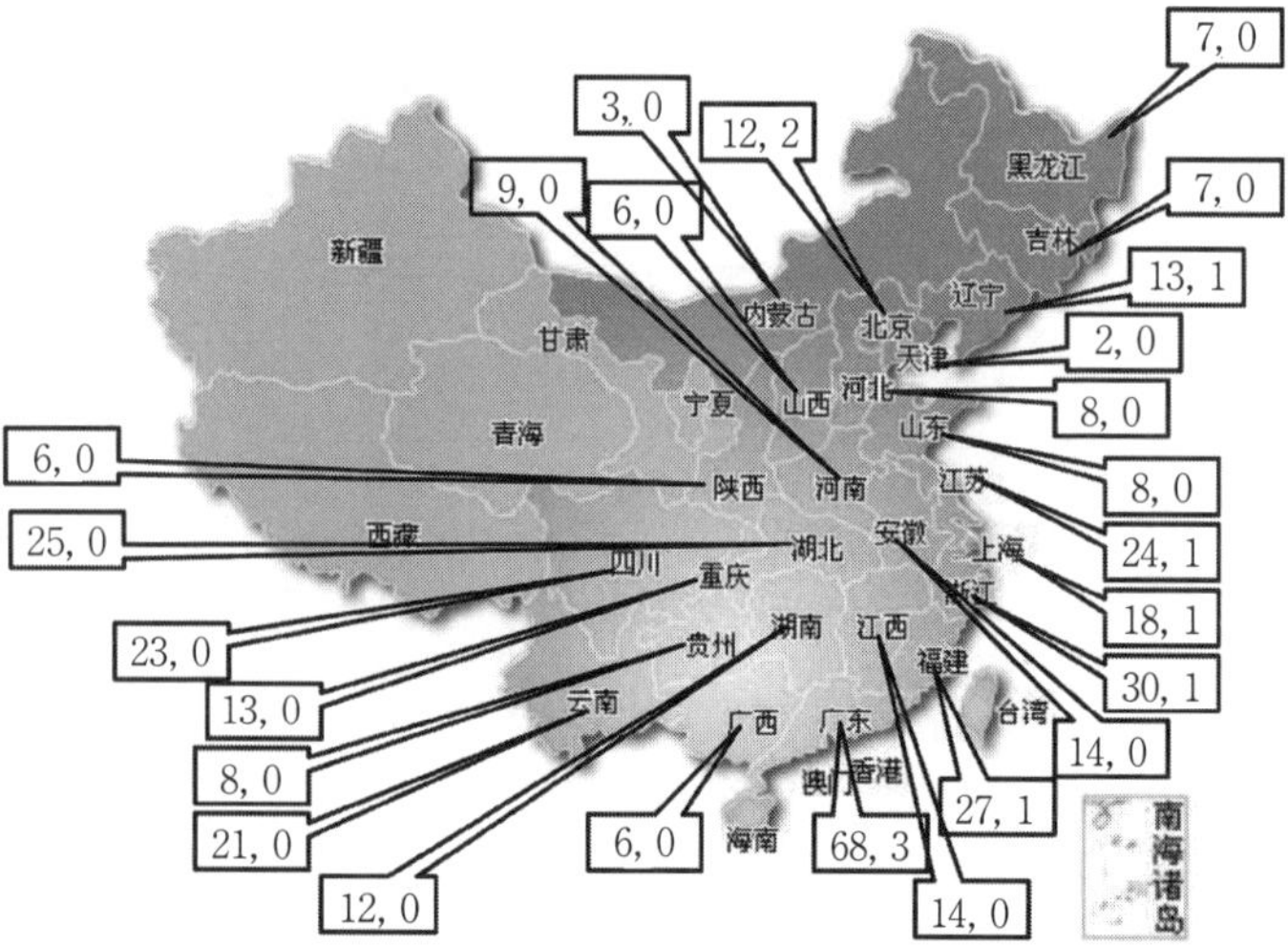

（注）吹き出しの前の数字がスーパーセンターの店舗数，後ろの数字がサムズクラブの店舗数である。

（出所）ウォルマート中国のホームページ（http://www.wal-martchina.com/walmart/wminchina map.htm）で提供した内容を，筆者が一部修正。

り場が配置され、通路も貴陽市の店舗に比べても広く整備されていた。品揃えはウォルマートのサプライチェーンによって世界から集めた日本の西友のPB「みなさまのお墨付き」を含む輸入品、国内外のナショナルブランド商品、香辛料など現地特産品など、貴陽市のウォルマートの店舗とほぼ変わらないラインナップであった。周辺へは4路線のウォルマート行きの周遊バスが整備されていた。

ウォルマートはしばらくの間は多く存在する3－4級都市を中心に展開すると同時に、5級都市の中でも現地調査した畢節店のように、特別な開発がなされている地区への出店を進めるとみられた。

ウォルマートの未出店地区は内陸に位置する西北区域のうち、最も東に位置する陝西省を除いた、甘粛省、青海省、宁夏回族自治区、新疆ウイグル自治区と西南区域のうち最西に位置する西藏自治区、最南端の海南省のみとなっていたが（図5－4参照）、この地区に関しても同社の行政の政策に対する柔軟な対応を鑑みれば、出店する可能性は十分にあるとみられた。

② ウォルマートの中国における ネット小売への対応

ウォルマートの中国ネット小売への対応は相対的に早く、外資によるネット販売規制が緩和された2010年8月以降当初サムズ・クラブにおいてネット小売を開始し、2011年5月には現地ネット通販の新興企業1号店を戦略提携した後に、2012年2月には51％の出資を行い買収した。なお、中国政府はウォルマートによるネット通販寡占化を危惧して、この買収に条件を付け、ウォルマートが同通販を利用して商品を販売することを禁じ(16)、2015年7月にようやく100％子会社化した。

しかし、ネット小売の普及はあまりにも早く、2013年に中国の小売業売上高ランキングを発表している中国全国商業情報センターが初めてネット小売を統計に含めると、2012年のランキングでアリババが蘇寧電器に次ぐ2位となり、ウォルマートは6位であったので既に上回っていた。ウォルマートも手をこまねいていたわけではないが、急激な展開は1号店買収への対応をみると難しかったとみられる。

ウォルマートは中国地元資本によるネット通販の支配がある程度確立された2016年6月に中国ネット通販2位の京東集団（JDドットコム）と包括提携すると発表した。同社は京東に1号店の事業を売却する見返りとして、同社株5％を取得し、京東が発行する新株約1億4，495万株を引き受けた。両社の連携は急速に進み、ウォルマート傘下の「ウォルマート旗艦店」「ウォルマート全球店」「サムズ・クラブ旗艦店」など5つのショップを、京東の通販サイトに開設し、ウォルマートが展開するこれらのショップは京東の通販サイトで品揃えが最も豊富なネット店舗となり、2018年8月と9月の総売上高は前年10月の8倍、30倍にまで増加した。物流に関してもネットとリアルにおける顧客、商品及び在庫情報を統合し、中国全土に209ある京東の倉庫や物流網を生かし、商品は注文を受けた当日か翌日に自宅に届けられるようになり、ウォルマートの実店舗の活用が適切な場合には店舗をうまく活用し、京東のネット通販を通じて注文から2時間程度で商品を宅配できるようになった。

こうしたネットとリアル店舗の融合の取り組みは2018年4月深圳で開業した「恵選」という住宅地密集エリア向け小型スーパーの新業態にも表れている。恵選は、野菜、果物及び冷凍食品コーナーを店舗の入り口近くに設置し、入店後すぐに食材をまとめ買いできる。店内では従業員がその場で調理した料理を食べられるイートインコーナーを設置するなど実店舗ならではの利便性を確保した。ネット店舗も同時に開店し、顧客はネット店舗において実店舗で取り扱う商品の9割を購入でき、店舗周辺2キロ以内なら29分以内で配達品を届けるという住宅密集地ならではのサービスも開始している。同社は2017年に5、000㎡程度の中型スーパーを開店するなど立地に応じて常に業態革新を行ってきたが、今後の業態革新はネット店舗との融合をより強く意識してなされるとみられる。

京東はウォルマートが未出店の地域にも既に膨大な顧客を有しており、ネット小売において未出店地域へ実店舗より先行的に「90日以内の商品と交換の返品」、「生鮮食品は14日以内ならば返品自由」、「果実野菜の農薬残留基準値保証」といったサービスを提供することによる、信頼や支持を獲得する取り組みの将来への波及効果も大きいとみられる(17)。

なお、同社は京東買収を2011年に試みて半年にわたる交渉の後破断している。中国政府の1号店買収への対応を見ると、難しかっただろうが、もしこの時に京東が買収できていたら状況は変わっていた可能性もあるといえるだろう(18)。

③ ネット小売が店舗小売に先行して普及する中国小売市場における現地化戦略

ウォルマートの地方都市への出店は中国という巨大国家の内陸開発という想定内の事態への対応であり、格差を上手く利用する同社の戦略に沿った動きであった。しかし、ネット小売のあまりの急激な普及は想定以上であったのだろう。ネット販売の想定以上の普及は、行政が相対的に発展が遅れている地方へのネット小売事業の普及と普及に向けたインフラ整備に対してダイナミックなチャレンジをしていることが背景にある。

行政が行う政策への対応に関して、ウォルマートは当初カルフールなどに対して出遅れていたが、既述のように近年立地戦略などにおいてその他の欧米外資に対して相対的にうまく対応してきたようにみえる。現在行政が行う政策はそのウォルマートにとってもダイナミックであり、想定以上の事態が生じつつあるといえ、地方への先行的なネット小売の普及のダイナミズムは成熟期に入り、地方へ細かい出店を行って成功の果実を獲得するという同社の戦略を覆す可能性がある。

3 国家要素中心のネット先進市場中国において善戦するウォルマート中国

ウォルマートにとって中国市場は今やメキシコに次ぐ重要な市場であり、同社はこの市場において一定の成果を上げてきたといえる。店舗数は400を超え、大都市のハイパーマーケットの一部を閉鎖すると同時に、2021年にはサムズクラブの33号店を広州に開店し、オムニチャネル化と相性がいい同業態の旗艦店を上海、武漢及び杭州に開店し、2022年末までに中国国内で40～45店舗まで開業あるいは建設する計画を発表している。

大都市において一定の基盤を築き、本稿でも取り上げたように、ウォルマートが強みを発揮しやすい地方市場への進出を先行的に進め、中国市場が独自の要素が強く働かない従来の新興市場であれば、従来の勝ちパターンが作動する状況が近づきつつある局面を迎えているはずである。

しかし、中国はダグラス・クレイグ（2011）のいうところの国家要素中心の国であり、彼らが従来成功を収めてきたメキシコのようなポストBRICS諸国のように、自社の戦略だけでは勝利できない市場である。彼らは世界市場を5タイプの市場に分類し、国家要素中心の国の重要課題としてローカル競争、経済的及び文化的ナショナリズムの拡大、消費者の嗜好及び市場成長パターンの急激な変化への対応をあげている。ネット小売普及はローカル競争にネット通販の地方への先行的かつ急激な普及という独自の要素を付け加え、成長期から成熟期に入った中国経済におけるナショナリズムの高まりに伴ってネット通販普及に関する国内資本に有利であり外資には厳しい政策導入の可能性を促し、上記の競争と政策によって生み出される、中国発の独自決済システムや物流システムといった中国独自の市場成長パターンへの対応を求められるとみられる(19)。

ウォルマートは日本政府が高度経済成長期に行ってきた以上に強力に影響力を行使する中国当局に対して、従来から1号店という準大手をいち早く買収し、2016年には2位の京東と包括提携するなど、打てる手は打ち、他の外資に比べればうまく対処しているようにみえる。実際、表5－3の2020年小売100強でも874億元で10位とほとんど差がない11位に位置しており、欧米外資ではトップである。

ウォルマートにとって国家要素中心のネット先進市場中国におけるこうした厳しい試練は次なるフロンティアといえるインド市場だけではなく、その他市場でも生じつつあるネット小売事業の台頭への学習機会ともなっている。先進的かつダイナミックに変化する中国消費者のニーズに的確に適応していくことは同社の今後のグローバル展開においても有用なのである。

【注】

（1）中国小売市場の外資開放と外資参入に関しては、馮睿（2011）35-61頁などを参照。

（2）中国小売市場の近年の概況に関しては、西島（2014）、神谷（2010）、神谷（2011）などを参照。

（3）Euromonitor International (2016), p.11.

（4）アリババによるウォルマート超えに関して詳細は、小平和良「アリババ、ウォルマート超え世界一の流通企業に」（日経ビジネスオンライン2016年3月23日）（http://business.nikkeibp.co.jp/atcl/report/16/031700021/032200002/）を参照。

（5）農村淘宝に関して詳細は、アリババのホームページで提供されている農村淘宝の説明動画（http://www.alibabagroup.com/en/news/video?clip=9）アリババのアニュアルレポート（http://www.alibabagroup.com/en/news/press_pdf/p160505.pdf）及び農村淘宝のホームページ（https://cun.taobao.com/）を詳細。

（6）郷（2015）204-207頁及び小平（2018）62-65頁。

（7）唯品会は中国広州市に本社を置き、人気ブランドメーカーと提携し、女性向けフラッシュセール（短期間で特定条件を満たしたブランド商品などを50~80％OFFなど大幅な値引きを行って販売する手法）を行うことによって偽物品が多く流通するといわれるネット小売市場において成長してきた企業である。
（8）『日経産業新聞』2016年4月20日。
（9）『日本経済新聞』2016年6月2日。
（10）金（2017）、82頁。
（11）『日本経済新聞』2021年8月27日。
（12）『日経MJ』2002年10月17日。
（13）中国大手経済誌を発行する第一財経が中国の地級市（省と県の中間にある行政単位）以上の都市の商業的魅力を分析し発表してきた区分であり、2016年には338都市の商業的魅力を分析し各都市ランキングを発表している。
（14）中国の地方都市の情報に関して詳細は、21世紀中国総研（2014）が詳しい。
（15）貴州省がビッグデータ先進省となれた理由に関して詳細は、陳言「中国最貧だった貴州省がビッグデータ先進地域になれた理由」『ダイヤモンド・オンライン』(http://diamond.jp/articles/-/92730)を参照。
（16）『日本経済新聞』2012年8月15日。
（17）ウォルマートと京東の提携及びネット小売と実店舗の融合に関して詳細は、金（2018）、116－119頁を参照。
（18）『日本経済新聞』2011年5月19日。
（19）コロナ禍でも「即時小売」と呼ばれる店舗をベースに、位置情報サービスを利用し、通常半径3キロ商圏の顧客を対象に、注文してから30分から1時間で届けられるサービスが普及したが、ウォルマートはこの分野で提携する京東との関係を活かした京東到家を用いて対応していたため大手の中ではスムーズに対応できた。コロナ禍の大手小売チェーンの対応について詳細は、李（2022）、28－33頁を参照。

第6章 巨大潜在小売市場で規制緩和後の準備を進めるウォルマートインド

1　規制緩和が進まないインドの小売市場

（1）独立後のインドの経済政策

ＢＲＩＣＳの一角を占めるインド小売市場の潜在性に関して議論の余地はない。インドはガンディーの流れを汲む国民会議派が長期にわたって政権をほぼ独占してきた（表6－1参照）。

しかし、１９９０年代初頭のインド経済は湾岸戦争による原油価格の高騰や友好国ソ連の崩壊などで破たんの危機に直面していた。国民会議派は１９８９年に選挙で敗北し下野していた。

１９９１年の選挙運動時にガンディー家の長男ラジーヴ・ガンディー氏が暗殺された緊急事態後に政権を担ったのが、国民会議派の長老であったナラシマ・ラオ政権であった。彼は元大学教授で元インド中央銀行総裁であったマンモハン・シン氏を財務相に起用し、経済自由化路線の改革を行った。その路線は１９９８年にインド人民党（ＢＪＰ）のバジパイ政権にも引き継がれ（1）、２００４年に改革を主導したマンモハン・シン氏が首相になった頃には、インドは中国に続く将来の経済大国としてみられる

表6－1　インド独立以降の経済のあゆみ

年	出来事
1947年	英国から独立，ネルー政権発足
49年	インド準備銀行を国有化
51年	第一次五カ年計画開始，以後5年ごとに新計画を策定し，インフラ整備などを進める
53年	11の航空会社などを国有化
66年	インディラ・ガンディー政権発足
69年	14の商業銀行を国有化
75年	産業許認可制度を一部緩和
81年	国民車メーカーのマルチ・ウドヨグ設立
82年	スズキがマルチ社に資本参加
84年	ラジブ・ガンディー政権発足
85年	公営企業に対する排他的な輸入割当品目を削減，大企業による投資規制を緩和
91年	ナラシマ・ラオ政権発足，経済自由化発表，外資による株式の51％以上の出資が可能に
96年	デベ・ゴウダ政権発足，経済自由化政策の継続・加速を発表
98年	インド人民党バジパイ政権発足，経済自由化政策は継続
2004年	国民会議派シン政権発足，経済自由化政策は継続
06年	シン政権外資単一ブランド専門店への51％までの出資を可能にする規制緩和
14年	インド人民党ナレンドラ・モディ政権発足，メイク・イン・インディア政策提唱

（出所）日本経済新聞1996年12月9日付で示された表に，それ以降の状況を踏まえて加筆修正。

ようになっていた。

シン政権は不動産開発の外資開放、航空金融分野などの外資出資制限緩和、所得税の非課税枠拡大と矢継ぎ早に改革を進め、２００６年2月には外資が単一ブランドの専門店への51％までの出資を可能にする規制緩和に踏み切った。２０１０年にはこの動きにいち早くザラなどのブランドを展開するインディテックス社が対応し、資本規制に対応した合弁企業を地元財閥のタタ・グループをパートナーとして設立している。

（2）規制緩和が進まないインドの小売市場

２００６年の規制緩和以降、

表6－2　マルチブランド小売業のインド小売市場への外資参入条件

(1)	投資上限は51％であること
(2)	果物，野菜，穀物，豆，生きた家禽（かきん）類，魚介類，その他肉製品を含む農水産品は固有のブランド名のないものであること
(3)	農産物の調達は政府が優先権を有すること
(4)	最低投資額は１億USドルであること
(5)	最初の投資から３年以内に，投資額の最低50％を土地の購入や賃貸費用以外のインフラ整備（製造，包装，流通，倉庫の整備など）に投入すること
(6)	製品調達額の30％をインド国内の小規模産業（工場，設備への投資額が100万USドル以下）から調達すること 初めの５年間は製品調達総額の平均で達成すればよいが，その後は１年ごとに達成すること
(7)	店舗は人口100万人以上の都市に立地すること

（注１）実際の施行については各州や連邦直轄地の判断に任せられている。
（注２）上記に該当するマルチブランド小売業が電子商取引による小売販売をすることは認められていない。
（注３）外国投資促進委員会（FIPB）による認可検討に先立って，商工省産業政策促進局（DIPP）が条件を満たす投資か否かを確認する。
（出所）横井（2014），145頁。

小売市場の更なる規制緩和がなされることが期待され、２０１１年９月には当時の第２次シン政権が大型スーパーやコンビニエンスストアなど複数ブランドの商品を取り扱う総合小売業に、外資出資を大都市圏で最大51％まで認めることを決定したとの報道が流れた(２)。しかし、決定は与野党の反対で12月に先送りされ、２０１２年９月になってようやく厳しい条件付きでの外資による最大51％までの出資が可能となった(表６－２参照)(３)。

さらに、地方自治体でも複数ブランド小売に外資が直接投資を行うことに反対する動きが広まり、２０１３年12月には、デリー首都圏では新興政党のアーム・アードミ党が、西部ラジャスタン州では当時野党であったＢＪＰといういずれも規制緩和に反対する政党が首長の座を獲得した(4)。

2014年5月には、BJPは国政でも与党となり、成立したモディ新政権は積極的な外資誘致を目指すとし、2018年1月には政府は外国直接投資規制緩和を発表し、単一ブランドで事業展開をする小売業について、49%を超える場合の個別での政府認可取得義務をなくし、外資出資比率を100%まで自動認可とすることを決めた。しかし、複数ブランドの商品を取り扱う総合小売業の外資参入には反対している。卸売で事業を行っていたカルフールは2014年7月には撤退を表明し、2015年6月には政府はスーパーやコンビニエンスストアなど複数のブランドを取り扱う小売業について外国直接投資を認めない方針を明らかにし(5)、外資参入を積極化する動きは見えていない。むしろ後述するように、従来後発ゆえに規制対象外であった外資が牛耳るネット小売を規制対象に拡大する動きが強まるなど、外資規制はむしろ強化されつつある。

2 規制が厳しいインド小売市場におけるウォルマートの参入動機

(1) 小売国際化動機研究

インド小売市場の規制は厳しく、ウォルマートのように主に複数ブランドを取り扱う小売業態を展開する小売企業にとっては、本格的参入ができない市場である。本格的市場参入以前の状況について分析する研究として、小売国際化研究では、1980年代前半以前という初期段階から小売国際化動機研究

表6－3　アレクサンダーによる海外進出要因の分類

	プッシュ要因	プル要因
政治的要因	・不安定な政治機構 ・厳しい規制環境 ・反商業振興的な政治風土の支配 ・消費者金融の制限	・安定的な政治機構 ・ゆるやかな規制環境 ・商業振興的な政治風土の支配 ・ゆるやかな消費者金融の規制
経済的要因	・経済状況の低迷 ・低い潜在成長性 ・高いオペレーションコスト ・市場の成熟 ・国内市場規模の小ささ	・経済状況の良好さ ・高い潜在成長性 ・低いオペレーションコスト ・発展途上の市場 ・資産投資先としての潜在性 ・巨大市場 ・好ましい為替レート ・株価低下
社会的要因	・ネガティブな社会環境 ・ネガティブな人口統計上の傾向 ・人口停滞及び減少	・ポジティブな社会環境 ・ポジティブな人口統計上の傾向 ・人口増加
文化的要因	・排他的な文化風土 ・異質な文化環境	・文化的共通点によるなじみやすさ ・魅力的な文化的組織構造 ・革新的なビジネス小売文化 ・企業気質 ・同質的な文化環境
小売構造要因	・厳しい競争環境 ・高い市場集中度 ・業態の飽和 ・好ましくない経営環境	・ニッチ機会の存在 ・自社保有設備の存在 ・追随的拡張 ・好ましい経営環境

（出所）Alexander and Doherty (2009), p.220.

がなされてきた。

小売国際化動機研究によれば、小売企業の国際化動機は国内要因であるプッシュ要因、国外要因であるプル要因として捉えられてきた（表6－3参照）。以下では、上記の枠組みに準拠して、ウォルマートがインド小売市場を規制が厳しいにもかかわらず巨大潜在小売市場として重視し、規制緩和後の準備を進めている根拠について示していく（表6－4参照）。

（2）規制が厳しいインド小売市場におけるウォルマートの参入動機

①　政治的要因

政治的要因は政治機構の安定性、規制環境の厳しさ、政治風土が商業振興的であるかどうかの程度、消費者金融への規

表6－4　インド小売市場を規定する環境要因

環境要因	具体的内容	展　望	ウォルマートの対応
政治的要因	国及び地方政府の小売規制	規制緩和は緩やか	高い調整コストを踏まえた対応
経済的要因	モディ政権の経済政策により改善傾向	改善傾向継続	改善傾向に合わせた準備
社会的要因	都市農村格差に加えて地域間格差存在	拡大傾向継続	格差対応準備
文化的要因	文化の多様性を尊重する風土	今後も維持の方向	尊重するための慎重な準備
小売構造的要因	近代化の遅れ，財閥の進出	進展緩やか，ネット要注目	進展に貢献，積極的ネット対応

制の厳しさなどがあげられるが、これらは参入モードや参入の際に用いた業態を規定する要因となっている。

インドについては、ウォルマート、カルフール及びメトロといった国際展開に積極的な小売企業が現地企業との合弁によるC&C業態を通じた進出を行ったことからも強く影響を及ぼす要因であることは明らかである。

インドの地方政府は与党BJP（インド人民党）が政権を担う州が連立3州を含めると10州と最多であるが、前与党INC（国民会議派）が政権を担う州も9州ある他（図6－1参照）、2015年2月に行った視察の際に訪問した主要都市コルカタのある西ベンガル州において30年以上インド共産党（CPI－M）が政権を担ったように、多くの有力政党が地方に存在している。

西ベンガル州自体は2011年5月に国民会議派との連立を組む地方政党トリナムル・コングレス党(草の根会議派略称TMC)が政権を維持しているが、TMC政権の維持はママタ・バナジー州首相の個人的な人気によるところが大きく(6)、政策は庶民の流動的な意向を踏まえた半ば一貫性のない状況になっている。

インドにおいてロジスティックスの発展を阻害する要因ともなっている州により非常に多様性を有する州境税にみられるよう

図6－1　インドの地方州政府を担う政党の状況（2015年2月現在）

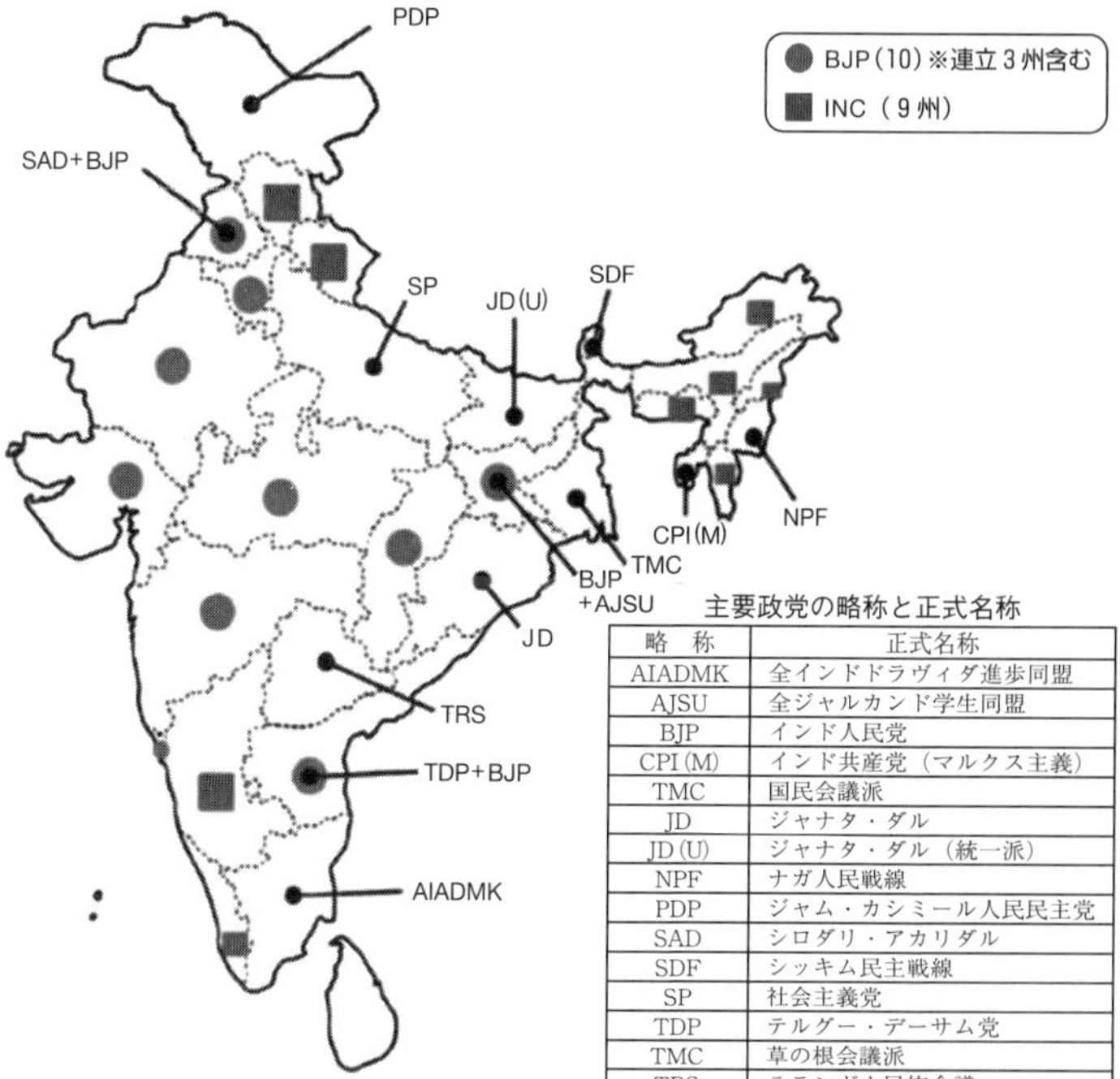

主要政党の略称と正式名称

略　称	正式名称
AIADMK	全インドドラヴィダ進歩同盟
AJSU	全ジャルカンド学生同盟
BJP	インド人民党
CPI(M)	インド共産党（マルクス主義）
TMC	国民会議派
JD	ジャナタ・ダル
JD(U)	ジャナタ・ダル（統一派）
NPF	ナガ人民戦線
PDP	ジャム・カシミール人民民主党
SAD	シロダリ・アカリダル
SDF	シッキム民主戦線
SP	社会主義党
TDP	テルグー・デーサム党
TMC	草の根会議派
TRS	テランガナ民族会議

（出所）日本貿易振興機構ニューデリー事務所に提供いただいた情報を一部修正。

に、1990年代までのメキシコや日本のように一党による長期政権や中国のような強力な中央政府が存在せず、地方政府に多くの政党が関与し政権交代も比較的頻繁に生じている状況において、インドの地方政府の権限はウォルマートがこれまで進出してきた諸国に比しても相対的に強いと考えられる。

　中央政府は既述のように外資小売出店解禁の方針を打ち出したが、実際の出店には州政府の同意が必要であり、2015年2月現在同意が得られたのは28州中11州に留まっており、その後10州に後退した（近江（2015））ことを踏まえると、法制度の施行自体も各州や各地区に委ねられているため、票田となっている莫大な生業的な小売業者の存在が今後も各地の政策に大きな影響を与えることを考慮すれば、小売業者の出店やその後の事業活動に際しても、地方政府の政策に左右されるとみられる。

② 経済的要因

経済状況、潜在成長性、オペレーションコストの大きさ、市場成熟度、市場規模などがあげられるが、1991年の新経済政策への転換後の外資によるインドへの関心の高まりを強く促進した要因といえる（丸谷（2015））。

インド経済はリーマン・ショック後の影響で2008年に3・89％と一時期落ち込んだがすぐに回復し、BRICsとしてもてはやされた2000年代以降は高成長率を維持してきた。IMFの統計によると、2010年の10・26％の成長以降、成長率は2011年6・64％、2012年5・46％と減速したが、2013年には6・39％と回復し、2014年7・51％、2015年8・00％、2016年8・26％と好調を維持した。2017年以降は減速し2017年6・80％、2018年6・53％、2019年4・04％となり、2020年はコロナ禍で▲7・25％となった。2021年10月時点の推定ではあるが、2021年は9・5％と反動による回復がなされるとみられる。

製造業の低成長が懸念材料であるといわれるが、モディ新政権はメイク・イン・インディア（MAKE IN INDIA）キャンペーンを行い、防衛分野での外資出資可能比率の26％から49％への引き上げ、鉄道インフラの100％開放や建設要件（面積、投資金額等）の緩和を行うなど、製造業への外資呼び込みにも積極的である。製造業の成長の前提となり、オペレーションコストをも左右する労働改革

図６－２　インド小売市場規模の推移

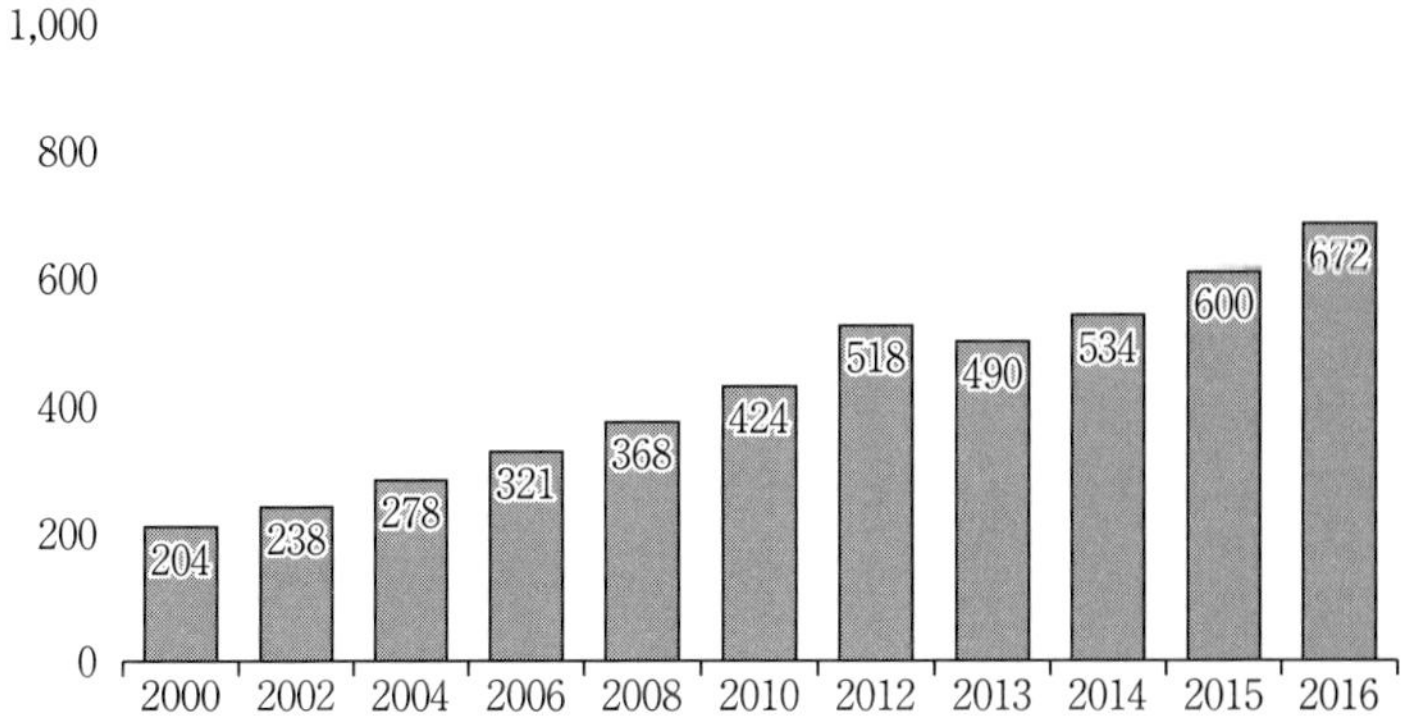

（出所）IBEF (2018), Retail Report 2018, p.11 (https://www.ibef.org/download/Retail-Report-2018.pdf)

にも積極的である。

各種許認可申請のオンライン化、工場査察プロセスの透明化、従業員積立基金（ＥＰＦ）の統一番号化などを既に行い、今後も労働法の改正を目指す方針である。上下院のねじれへの対応や既述の強く権限を有する地方政府の状況にも注視する必要があるが、中長期的には経済状況は改善していくとみられる。インド小売市場はＧＤＰの成長とそれに伴う消費支出の増加に伴って成長を続け、２０１１年の２、０４０億ドルから２０１６年には６、７２０億ドルとなり、コロナ禍になるまで順調に成長してきた（図６－２参照）。

③　社会的要因

現地の社会環境、人口統計上の傾向、人口増減などがあげられるが、経済的要因と並んで外資によるインドへの関心の高まりを強く促進した要因となっている。インドは中国と並んで10億超の人口を有する市場であるが、中国が一人っ子政策という人口抑制政策を長期間維持したのに対して、インドはそういった政策は導入していない。国連人口基金によれば2021年の人口は13億9,340万人で第1位中国の14億4,420万人に次ぐ世界第2位である。2015－2020年までの平均増加率が中国0・5％であるのに対して、インドが1・0％であることを考えると、いずれ中国を追い抜いて世界第1位の人口となると予測され、今後もしばらくは人口ボーナスが継続する状況にある。

インドは階層内の熾烈な競争と自由放任主義によって各州間の所得格差が拡大し、都市部と農村間の地域間格差も拡大し、州内の都市・農村格差よりも州間の農村格差及び都市格差が大きい。中国においても改革開放政策によって、沿岸都市部と農村内陸部の地域格差は拡大したが、中国が沿岸都市部と農村内陸部といった中央政府の政策に沿った明確な格差の傾向がみられるのとは対照的である(7)。

④ 文化的要因

文化風土、文化の多様性、文化の受容度などがあげられるが、インドでの進出に際して成否を左右する要因である。現地調査においても文化の多様性を意識することは多く、食事一つをとっても、過半数を占めるヒンズー教は殺生を禁じているので、利用したエアインディアの機内食も「ベジ（肉だけではなく魚や卵も使わない）」と「ノンベジ」に分かれているし、マクドナルドもバーガーキングも牛肉のハンバーガーはメニューに掲載されてすらいない状況にある(8)。

現地で行ったインタビューの中でも、こうした「ノンベジ」中心の食文化は彼らが唯一食べられる野菜の品質へのこだわりにつながっている。コールドチェーンのオペレーション・レベルが低く、店舗に並ぶのに時間がかかる現状では、品質に一定の信頼をおけ、配送可能であり、割引やつけによる支払いが可能な馴染みのキラナ(9)と呼ばれる一般小売店（図6－3参照）での購買を促進する要因となっ

図6－3　インドのパパママストアであるキラナの外観と店内の様子

図6－4　インドにおいて輸入品を中心に自然志向の高級品を取り扱う
ネイチャーズ・バスケットとフード・ホール

（注）上段はネイチャーズ・バスケットの路面店，下段はフード・ホールのショッピングモール内の店舗。
上下段いずれも左1枚が外観，右2枚が店内の様子。

図6－5　コールド・チェーンが直面している問題

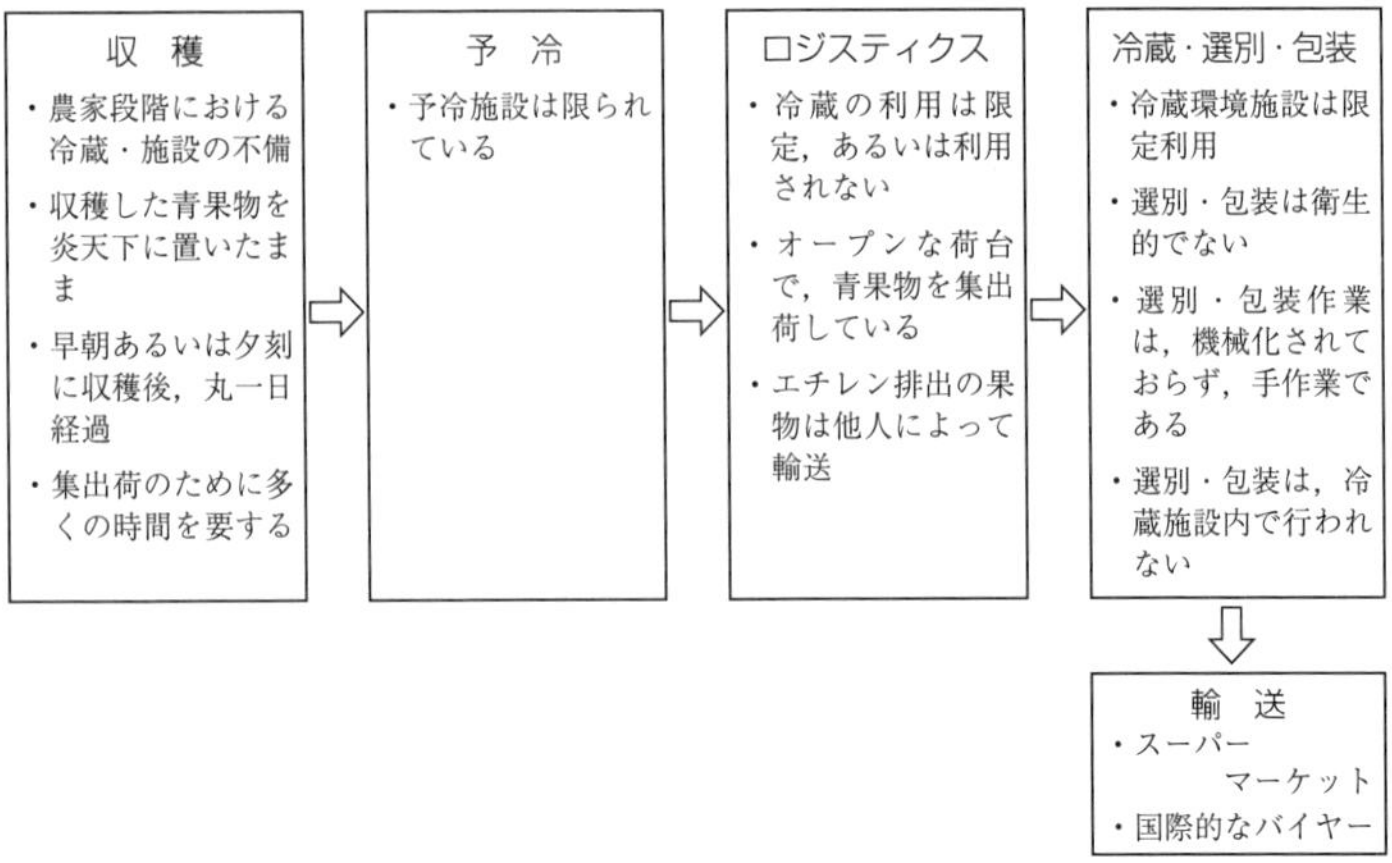
収　穫
・農家段階における冷蔵・施設の不備
・収穫した青果物を炎天下に置いたまま
・早朝あるいは夕刻に収穫後，丸一日経過
・集出荷のために多くの時間を要する
予　冷
・予冷施設は限られている
ロジスティクス
・冷蔵の利用は限定，あるいは利用されない
・オープンな荷台で，青果物を集出荷している
・エチレン排出の果物は他人によって輸送
冷蔵・選別・包装
・冷蔵環境施設は限定利用
・選別・包装は衛生的でない
・選別・包装作業は，機械化されておらず，手作業である
・選別・包装は，冷蔵施設内で行われない
輸　送
・スーパーマーケット
・国際的なバイヤー

（出所）サフダ，宮部（2014），111頁。

ていると分析していた(10)。

輸入品を中心に自然志向の高級品を取り扱うゴドレージ財閥傘下のネイチャーズ・バスケット(11)や小売最大手ビッグバザールを展開するフューチャー・グループ（Future Group）傘下のフードホール（図6－4参照）(12)といった先駆的な取り組みも見られるが、インフラの制約がある上独自文化を有するインドにおいて欧米に近い生鮮食品のコールドチェーンを構築するのには相当の時間を要するとみられる（図6－5参照）。

⑤ 小売構造的要因

競争環境、市場集中度、業態の飽和の程度、経営環境などがあげられる。インド小売市場は成長しているため、幅広く事業を行う財閥が続々と参入し、競争環境は厳しいが、近代化が遅れており、近代的小売企業の比重は非常に低く、近代的小売の市場シェアは未だ9・8％に過ぎない。

しかし、成長率に関しては今後も継続的に伝統的

表6－5　部門別近代的小売市場の売上高と近代的小売企業の市場シェア

単位：千万インドルピー	2013－2014 小売市場全体 3,893,425	近代的小売企業の市場規模 381,078	近代的小売企業の市場シェア 9.8%
内　訳			
衣類及びアパレル	324,500	139,772	43.1%
ファッションアクセサリー	15,557	2,073	13.3%
靴	33,592	14,018	41.7%
ジュエリー	201,344	20,538	10.2%
メガネ	43,243	3,599	8.3%
時　計	11,592	7,141	61.6%
食料品及びグロサリー	2,303,496	37,997	1.6%
フードサービス	204,438	27,175	13.3%
ホーム及びインテリア	102,750	19,077	18.6%
レジャー	36,099	7,204	20.0%
エンタメ及びゲーム	96,094	13,785	14.3%
家　電	137,750	31,122	22.6%
携帯及び電気通信	203,981	39,368	19.3%
薬　品	105,570	6,179	5.9%
美容及びパーソナルケア	68,930	10,745	15.6%
フィットネス	4,579	1,284	28.0%

（出所）India Retail Forum (2015), pp. 32-33 の内容に基づいて作成。

小売企業を上回ると考えられる。ボストン・コンサルティング・グループ・インディアの分析によれば、2015年から2020年までの成長率は伝統的小売企業が年平均10％の成長率であるのに対して、近代的小売企業は年平均21％の成長率が見込まれる（Singhi, Mall, Mathur, and Bajaj (2015)）。

非食品において相対的に近代化が進み、時計61・6％、衣類及びアパレル43・1％、靴41・7％と平均を大きく上回っているのに対して、フード及びグロサリー1・6％、薬局5・9％、メガネ8・3％と平均を下回っていた（表6－5参照）(13)。

非食品ではタタ、ビルラ及びリライアンスの三大財閥など大手財閥が店舗展開を積極的に行い、自社が保

表6－6　インド財閥及び小売大手の大都市における積極的展開

商品分野	既に進出済みの店舗	人口100万以上の都市に対する出店割合	所属財閥・グループ
アパレル	Shoppers Stop	81.5%	Kラヘージャ
	Lifestyle	85.7%	ランドマーク
	Reliance Trends	69.4%	リライアンス
マス・グロサリー	More	60.2%	ビルラ
	Spencer	87.4%	フューチャー
	Spar	84.6%	ランドマーク
ビューティー&ウエルネス	Apollo Pharmacies	55.0%	アポロ病院
	Titan Eye+	89.3%	タタ
	Guardian	66.5%	米GNCのFC
家　電	Croma	96.0%	タタ
	Ezone	90.6%	フューチャー
	Reliance Digital	80.0%	リライアンス

（注）ランドマーク・グループは1973年創設のバーレーン出身でドバイに本社を有し，中東，アフリカ，インドにおいて店舗展開している。アポロ薬局はインドの医療ツーリズムで有名なアポロ病院グループの薬局である。ガーディアンは米ピッツバーグ出身の世界的なヘルス・ウエルネス専門店GNCのフランチャイズである。

（出所）Deloitte Touche Toumatsu India Private Limited (2013), p. 10の図に加筆。

有するブランドを普及させていくための店舗を全国展開してきた。

タタ・グループの時計ブランドであるタイタンは典型例であり、同ブランドは既述のように時計の近代的小売での売上高を61・6%と過半数を上回る状況にまで拡大する原動力となり、人口100万人以上の都市の89・3%に同ブランドの専門店が出店している（表6－6参照）(14)。タイタン・ブランドは数少ないインド発のグローバル・ブランドとなりつつある。近年では同グループは各国の有力小売企業との合弁に積極的であり、2010年にはザラと2013年にはマッシモ・ドゥッティをインディテックス社と合弁で展開し始め、2012年にはスターバックス・コーヒーと合弁で店舗展開を開始し、2013年には自社単独であった食品小売事業の一部を英国大手テスコとの合弁に切り替えた。

ビルラ・グループは2007年に食品スーパーやハイパーマーケットを展開するモア（MORE）を、2012年にフューチャー・グループが1990年代から展開してきたアパレル専門店パンタローンズ（Pantloons）を買収し、小売事業に注力してきた。しかし、新型コロナウィルス感染拡大で実店舗の販売が厳しくなる中、2020年には後述のフリップカートが同グループのアディティヤ・ビルラ・ファッション・アンド・リテールに7・8％に当たる150億ルピー（約210億円）を出資し、ネット小売による店舗小売支援の代表例となった。

リライアンス・グループは2002年、創業者であるディルバイ・アンバニの死後に長男ムケシュ・アンバニと次男アニル・アンバニが経営権をめぐり対立し、母親の仲介によりグループを2分割した後、兄のムケシュが率いるリライアンス・インダストリーズ側が小売展開に注力している。同グループの小売部門は2006年にリライアンス・リテイリングとなり、2021年3月31日現在、インド全土に12,711店舗を展開し、非食品を中心に多様な商品を販売している（図6－6参照）。2020年にはアディティヤ・ビルラ・ファッション・アンド・リテール同様コロナ禍で業績が厳しくなった後述のフューチャー・グループを買収しようとしたが、2019年にフューチャーのオーナー家の持ち株会社の1つであるフューチャー・クーポンズに出資していたアマゾンとシンガポール国際仲裁センターとインド最高裁を巻き込んだ紛争となり、買収は実現しなかった。2021年10月には、当初フューチャー・グループと組んで事業を展開予定であったが未出店のまま契約が終了したセブンイレブンとFC契約を結び、インド1号店をムンバイに出店した。リライアンスは良品計画とも合弁企業を設立し、2016年8月に無印良品1号店を同じくムンバイに出店した後、2021年までにベンガルール、デリー、ノ

図6－6　リライアンス・グループのインド全土における店舗網
及び主要取扱商品別店舗網

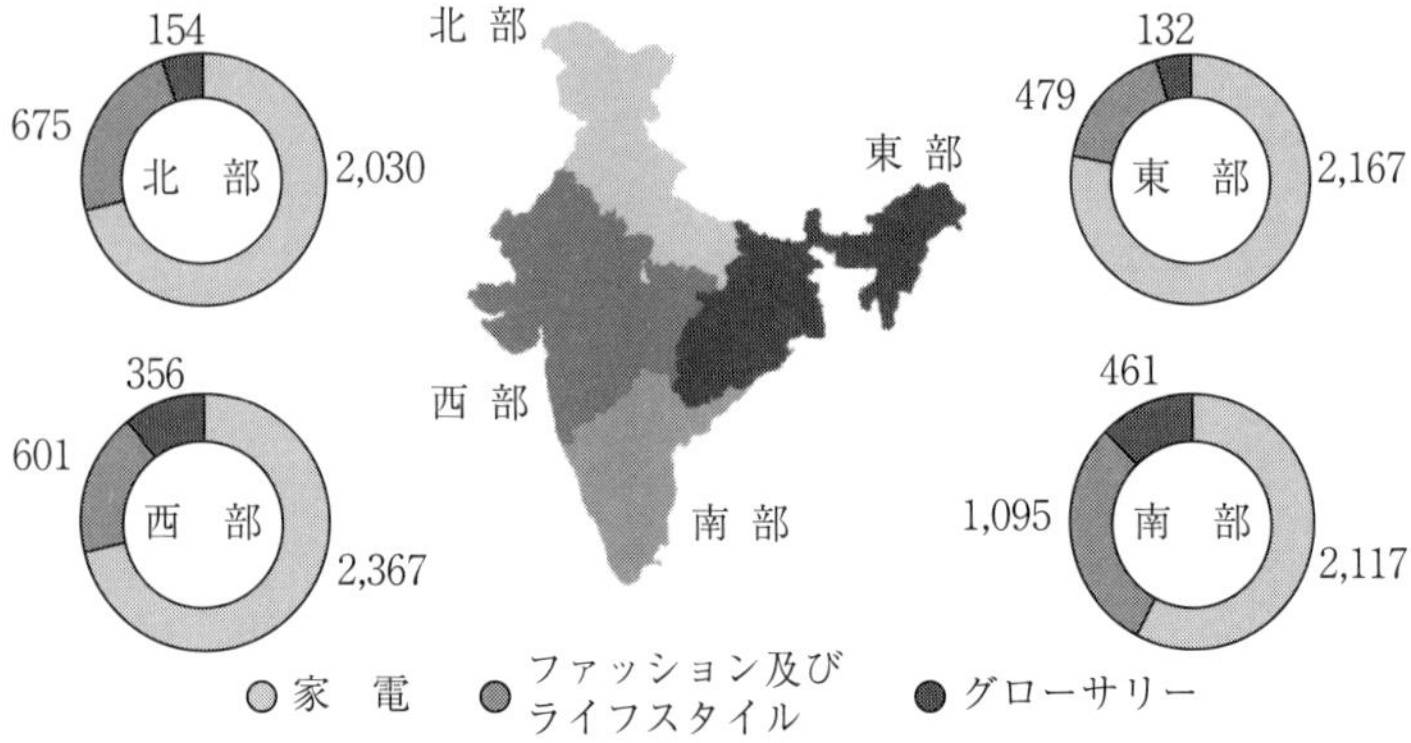

（出所）リライアンスの提供する資料に基づいて，筆者が修正。

イダと4店舗出店した。

1990年代以降、自社ブランドの普及を目指した財閥系に対して、複数以上のブランドを巨大店舗に集約して販売するショッピング・モールの展開を図る小売企業が誕生した。その代表がビルラ・グループに売却されたパンタローンズによってインド小売業の雄ともいわれてきたキショール・ビヤニ氏が率いるフューチャー・グループ（田浦（2011））である(15)。

フューチャー・グループはインド全土にインド人が日常的に必要とする主要産品である米、小麦、砂糖、スパイス、豆及びドライフルーツを流通させるためのネットワークを形成し、多様な規模の店舗を多くの都市に展開している（表6－7参照）。

他方、2002年に出店を開始したD-MARTを展開するアベニュー・スーパーマーツ社（Avenue Supermarts Ltd）は大手小売企業が従来あまり重視してこなかった大都市起点の地下鉄の郊外駅近隣やインドの都市分類でティア2以下の都市の自社所有の土地に、ウォルマートのEDLPモデルを採用したナシ

表6－7　フューチャー・グループの小売部門の店舗数及び出店都市数の推移

	年　度	2021		2020		2019		2018	
フォーマット	店舗名	店舗数	都市数	店舗数	都市数	店舗数	都市数	店舗数	都市数
大規模店舗	ビッグバザール，ハイパーシティストア	285		290		292	144	285	135
	FBB	88		94		94	46	61	36
	フードホール	8		9		12	5	10	5
小型店舗	イージーデイズ，WHスミスなど	927		956		1,106	335	666	13
その他	イーゾーンストア	0		1				13	8
全　体		1,308	397	1,350	400	1,504	542	1,035	321

（注1）2020年及び2021年の各フォーマットの店舗数は公表されていない。
（注2）各年度の推移は各年度末の3月31日現在の数値である。
（注3）小型店舗には2019年に同グループがマスターフランチャイズ権を獲得する契約を締結していたセブンイレブンが含まれていたが，出店が順調に進まず2021年10月契約は停止された。リライアンス・リテイルがセブンイレブンと契約し，インドでのセブンイレブンの展開はなされている。
（出所）フューチャー・リテイルの投資家向け資料等の内容に基づいて作成。

ヨナル・ブランドを低価格で販売することを重視した店舗を展開し、特に２０１０年代には急成長を遂げた。同社の小売シェアはユーロモニター社によれば２０１７年にはタタ・グループを上回り、店舗小売を中心とした企業ではリライアンスに次ぐ、第２位をフューチャー・グループと争っている(16)。同社の戦略はウォルマートがインドで行おうとしていたとみられる戦略に類似しており、外資小売参入が認可されない中での同社の一定の成功はウォルマートの小売参入が認められた際の成功可能性や、同社買収による展開の可能性をイメージさせるため、コロナ禍で成長が一段落した同社の今後の展開に注目していきたい。

3　巨大潜在小売市場で規制緩和後の準備を進めるウォルマートインド

ウォルマートは同社の新興市場重視方針が明確になってくると、ＢＲＩＣｓの一角として世界から注目を集めるようになったインド小売市場を、巨大潜在市場として意識するようになった。２００５年５月には当時の国際部門ＣＥＯであったジョン・メンツァー氏がシン首相と会談し、「我々がインドに進出すれば、（冷凍・冷蔵品物流の）コールドチェーンが整備され、農産物のロスが大きく低減する」と強調するなど積極的な働きかけを行った(17)。同社は２００６年５月には韓国、７月にドイツから撤退を発表し、当時のリー・スコットＣＥＯは同年６月の株主総会で中国と中米での積極出店と並んで、国際化戦略においてインド市場進出を目指すことを明言している(18)。

ついに、２００７年８月には地元携帯サービス大手のバルティ・グループと折半出資の合弁により卸売市場に参入した。２００９年５月にはパキスタンとの国境に近いパンジャブ州アムリッツァルにキャッシュ・アンド・キャリー（以下Ｃ＆Ｃ）業態の卸売店舗を開店し、現在では21店舗のＣ＆Ｃを展開している。２０１７年５月には、３～４年以内に、最大1億2、０００万ドルを投じ、インド南部の主要都市ハイデラバードを州都として２０１４年にアンドラプラデシュ州から分離して誕生した29番目の新州であるテランガナ州に10店舗を開く覚書を、同州政府との間で結び、数年内に新たに50店を出したいとの意向であった(19)。

しかし、ウォルマートの小売企業としての展開は実現されてこなかった。同社は２０１２年９月の規制緩和（厳しい条件付きで外資の51％までの出資が可能となった）決定後、インド国内において提携先であったバルティ・グループの持ち株会社の転換社債を２０１０年に購入していたという違法投資問題と、米国ロビー活動が「贈賄にあたる」というロビー問題が指摘されてしまい(20)、２０１３年6月にはインド事業責任者の交代を発表した。10月には違法投資問題の対象となっていたバルティ・グループの転換社債をバルティに売却した。20店舗の卸売店舗は合弁会社のバルディィ側の保有株を買い取ることによって、現在では単独出資に切り替えている。

ウォルマートは新興市場における30年余りの経験を経て、新興市場において外資が置かれている現地市場からの厳しい目線をしっかりと理解している。バルティに対する慎重な対処も経験を踏まえた対処であるといえる。

筆者のインド現地取材からもこうした慎重な姿勢は確認できた。インドには日本にも進出済みであった独資本メトロが同じく進出しており(21)、ウォルマートが展開するC＆Cとともに、メトロも訪れることができた。現地取材からわかったことだが、メトロは卸売であるとはいえ、同国で多数を占めるキラナを営む家族需要には対応しており、小売の側面も有しているようであった。しかし、ウォルマートではあくまでも卸売であることを強調し徹底していた。ウォルマートの慎重な姿勢に基づく対応は、メキシコにおいて進出当初に反米感情を重視し周辺景観との調和を重視した対応を行ったことと文脈が類似しており、インドの政治的要因に対する調整コストの高さを強く認識した対応といえる。

とはいえ、巨象インドは非常にゆったりとしたペースではあるが、変化を受け入れつつある。モディ新政権の小さな改革が莫大な市場機会をもたらすだけに世界中が常に注視している。インド小売市場は新興国で実績をあげてきたウォルマートにとって残された数少ない巨大フロンティアであるといえ、新興国の可能性を知り尽くす同社にとっては、インド市場における高い障壁はマルチブランド小売規制解禁後に備える学習期間となっているともいえる。

2018年5月に発表されたウォルマートのフリップカートの買収はゆっくりとしたペースの歩みに歩調を合わせた同社の大きな一歩であるといえる。従来の規制の枠組みにはないネット小売の買収を通じた本格小売参入は、インドならではの出店規制やネット小売先行普及といった事情を順守した正当な行為である。

インドでは近代的小売普及や外資参入が本格化し集約が進む以前に、ネット小売が普及するという状況が進んでいる。外資であるアマゾンが2016年6月には30億ドルを追加投資する計画を打ち出し攻勢をかけ。2016年7月にはアマゾン・プライム会員が800万人となり、インド国内の注文数の約3割は同会員が占めるとされ、価格だけに釣られない消費者の増加は業界に地殻変動をもたらすともいわれている。ユーロモニターのデータによれば、2014年には最大手フリップカート(22)がインド小売全体においてシェア第1位を獲得し、アマゾンが2015年には第2位となり、3位以下の既述の財閥系などの店舗を中心とした小売との差を拡大し続けた。2021年には第1位フリップカートが小売シェア2・7%、第2位アマゾンが2・1%なのに対して、第3位の現地最大手となったリライアンスは0・9%となっている。

ウォルマートが株式の77%を取得したフリップカートは、アマゾンの攻勢にさらされながらも対抗してきた。2014年5月にアパレルに特化してきたミントラを買収し(23)、2017年には中国インターネット大手テンセントや米国のマイクロソフト、日本のソフトバンクグループがサウジアラビアなどと共同で発足させたファンドが出資を行っていた。同社は2018年にソフトバンクグループも出資する既存株主から株式を買い取り、買収額にはフリップカートが新たに発行する株式（20億ドル）の取得も含まれている。

しかし、ウォルマートのこうした試みはインド小売市場の急速な攻略にはつながらない。インド・ブランド・エクイティ基金（ＩＢＥＦ）によると、インドの小売市場におけるＥＣ販売の比率は２０１９年時点で４・７％程度だが、ネット小売市場において2強だけで6割以上を占める状況を、インド競争委員会（ＣＣＩ）は独占禁止法違反の疑いがあるとして調査の実施を決めた。両社はこれに反発し、調査の是非を巡って法廷闘争を展開した。さらに、インド政府は２０２１年6月に電子商取引（ＥＣ）事業規制強化案を公表した。この案には国産品の提案義務化やセールの制限などが盛り込まれた。政府は公正な競争や消費者保護といった意義を強調するが、米国アマゾン・ドット・コムなどＥＣ市場で高いシェアを誇る外資への警戒感や、与党の票田とされる中小事業者への配慮が強いとみられる(24)。

ウォルマートは２０２０年6月には店舗の名称も同社が長年使用してきたベスト・プライス・ホールセール（Best Price wholesale）からインドで既になじみのあるフリップカートという名前を前面に出すフリップカート・ホールセールに変更し、２０２２年1月末現在29店舗を展開している。フリップカートはインド零細小売キラナを配送員として活用する取り組みを展開し、金融サービスを通じた店舗の融資も行い、現地既存小売との連携を積極化し、同社の発表では、同社のおよそ3分の1の配送をキラナが占めるようなったとしている(25)。

さらに、政府との決定的な軋轢を避けるために、調達業務では政府の意向に沿ったウインウインの戦略に関しても模索している。同社は２０２７年までに、インドで調達した商品の輸出を年１００億ドルと現状の3倍に増やすことを発表した。インドは同社の主要仕入れ先の１つであり、２００２年にインド南部ベンガルールに「国際調達拠点」を設け、衣料品や家具、宝石など既に年30億ドル相当の物品を調達し、同社が展開する米国、英国、メキシコなど14カ国で販売している。インドの主要輸出品である衣料品などに加え、食品、医薬品や様々な消耗品の新規サプライヤーを開拓・育成し、モディ政権肝いりのメーク・イン・インディア政策を支援する(26)。

インドでのこうした手法は、中国で培った経験が活かされる部分もあるとみられる。巨象の小さな歩みにあわせたウォルマートの大きな一歩に、今後とも継続的に注視していきたい。

【注】

(1) 1996年にBJPは13日間の短期ではあるがバジパイ氏を首相とした政権を担当しているが、下院の承認が得られず、短命政権となった。
(2) 日本経済新聞2011年8月18日付。
(3) 2013年11月にH&Mなど単独ブランドの出店が認められるなど現地零細小売業者への影響が小さいとみられる企業への対応は柔軟となってきている。
(4) Bhandari (2017), p.212.
(5) 2018年1月の一部規制緩和に関しては、日経MJ2018年1月29日付を、日本経済新聞2015年6月の政府方針に関しては、日経産業新聞2015年6月11日付を参照。
(6) 在コルカタ日本国領事館にて遠藤和巳総領事に行ったインタビューによる。
(7) 上原(2014)、41-42頁。
(8) もちろん、インドで全く牛肉が食されないわけではなく、筆者もホテルのレストランでは牛肉を食することができたが、ポピュラーではなく、羊、鶏肉、主要輸出食品でもある水牛などで代替される。
(9) キラナに関して詳細は、岩谷(2012)などを参照。なお、インドを含む伝統的流通システムに関して詳細は、石原・溝口（２００６）などを参照。

（10）インドにおける食品・グロサリー市場における小売業態の使い分けの実態に関して詳細は、Jayasankara prasad (2014) を参照。

（11）ネイチャーズ・バスケットに関して詳細は、同社ホームページ（http://www.naturesbasket.co.in/）を参照。

（12）フードホールに関して詳細は、同社ホームページ（http://www.foodhallonline.com/）を参照。２０１５年3月現在同業態はベンガルールとムンバイの2店舗のみの出店である。

（13）India Retail Forum (2015), p. 33.

（14）Deloitte Touche Toumatsu India Private Limited (2013), p. 10. 人口１００万人以上の都市に関する大手財閥や現地小売企業の出店割合に関して詳細は、Deloitt（e Touche Toumatsu India PrivateLimited (2013) を参照。

（15）なお、ＲＰＧグループは財閥系であるが、香港資本デイリーファームと合弁企業を設立し（出資比率はＲＰＧ51％、デイリーファーム49％）、１９９７年にマルチブランド外資規制が緩和される以前の１９９３年にケースバイケースの外国直接投資の運用に対応して、インド市場に参入し、１９９６年にはインド南部の大都市チェンナイを基点に店舗展開を行っており、その後の食品スーパーの近代化に大きな影響を及ぼした。詳細は、横井（２０１４）、１３８－１３９頁を参照。なお、フードワールドの初期の展開に関しては、Sinha and Uniyal (2012), pp. 253-278において示されており、当時の状況を理解するのに非常に有用である。この他にもドイツ資本のＮａｎｚ（ナンス）スーパーマーケットがデリーに8店舗の出店を果たしている。詳細は、Jain (2011), p. 25. を参照。

（16）Euromonitor (2021), p. 15.

（17）日経産業新聞２００６年1月5日付。

（18）日経ＭＪ２００６年6月16日付。

（19）日経ＭＪ２０１７年5月5日付。

(20) 日本経済新聞2013年10月8日付。
(21) 卸売での参入は1997年に既に100%出資での参入が認められており、メトロは2003年にベンガルールにメトロが出店している。
(22) フリップカートは、IIT(インド工科大学)出身の創業者サチン・バンサルとビニー・バンサルにより、2007年に創業された企業であり、インドのアマゾンとも呼ばれる。両氏は創業以前アマゾン・インディアに所属していた。同社は海外からの資金や人材調達やM&Aに積極的であり、創業後、本家に先行してきた。ウォルマートの出資以前の同社の発展に関して、詳細はラジャン(2020)を参照。
(23) ミントラは現在ウォルマート傘下に入り、フリップカートとともに同社の主要ブランドとなり、ユーロモニター社によれば、2021年インド小売ブランドシェア0.5%で5位のポジションを維持している。なお、コロナ禍で急激に業績を伸ばしたオンライン小売ブランドとしては、「インド版セフォラ」とも一部美容業界では呼ばれるEコマースサイト「Nykaa(ナイカ)」があげられ、同社は2021年インドEコマース小売ブランドシェア0.8%で第6位となり、パソコンオンライン販売の世界的企業デルを逆転している。
(24) 日本経済新聞2021年7月1日付。
(25) 日経MJ2022年2月13日付。
(26) 日経産業新聞2021年4月1日付。

第7章　新興市場向け小売業務国際化センターとしてのウォルマートメキシコ

1　経済開放政策に転換した隣国の新興市場メキシコ

（1）反米感情を培ったメキシコ独立後の混乱

メキシコ合衆国は、スペイン人征服者のエルナン・コルテスが1521年にアステカ帝国を滅亡させてちょうど300年後である1821年に独立した（表7－1参照）。しかし、この独立はクリオーリョ（植民地生まれのスペイン人）がペニンスアール（スペイン本国から派遣された白人）の支配から独立したに過ぎなかった。

独立後、教会の封建的土地所有など植民地時代の体制を維持しようとする保守派と議会政治、信仰の自由、言論の自由、通商の自由などを主張する自由主義派の対立が続いた。この混乱に乗じて、米国や

表7－1　メキシコの歴史

年	出来事
1521年	コルテスによりアステカ帝国滅亡，スペイン植民地となる
1821年	メキシコ独立
36年	テキサス共和国独立宣言
46－48年	米墨戦争
55－61年	レフォルマ内戦
61年	フランスメキシコ出兵
64年	マキシミリアン皇帝傀儡政権樹立
66年	マキシミリアン皇帝傀儡政権終焉
76年	ディアス長期独裁政権誕生
1910年	メキシコ革命
29年	PRI（制度的革命党）の前身国民革命党（PNR）が結成
34年	カルデナス政権誕生
2000年	PAN（国民行動党）によるフォックス政権誕生（PRI71年間の長期政権終了）
2012年	PRI政権復帰
2018年	MORENA（国家再生運動）AMLO政権誕生

（出所）大垣（2008）などを参考に，その後の状況を踏まえて加筆修正。

欧州はメキシコに干渉する。

多くの米国人がメキシコ北部に流入し、1836年には旧メキシコ領であった現在のテキサス州に当たる領域においてテキサス共和国が独立を宣言し、その後、米国の州として併合された。この併合に反対するメキシコは米国と対立し、1846～48年には米墨戦争となり、結果として独立当初の領土の半分を失った。そして、米国が獲得した領土は米国全領土の1／3に当たる(1)。

その後も保守派と自由主義派は対立を続け、1855～1861年にはレフォルマ内戦となり、自由主義派で先住民族であるベニート・フアレスを中心とする勢力が勝利し、教会財産の没収など急進的な改革を開始した。しかし、フランスのナポレオン3世は1861年に米国南北戦争勃発に乗じて、外国債の利息支払い停止声明を口実にスペインとイギリスとともに出兵し、西英撤退後も単独で侵攻し、1864年にハプスブルク家出身のマキシミリアン皇帝による傀儡政権を樹立した。ファレスは1865年に南北戦争を終えた米国の支援で、1866年に主権を取り戻し、大統領となったが、在任中の1872年に死去する。メキシコが国家として安定したのは1876年にフランス干渉戦争での英雄ポルフィリオ・ディアスが30年以上にわたる強権的な独裁体制を敷き、外資導入を行ってからである。

1910年には多数を占めるメスティーソがディアス独裁を打破し、実権を獲得するためにメキシコ革命を起こした。メキシコ革命は再び長期の混乱を生み出したが、1929年にPRI（制度的革命党）の前身である、地方軍閥・州政府・労働組合・農民運動といった国内の様々な革命勢力を1つにまとめた国民革命党（PNR）が結成された。1934年にラサロ・カルデナス政権が石油資源の国有化、政治の中央集権化、軍人の政治からの分離、民族資本育成による中産階級育成、農地改革による土地分配などを行うと国家として安定した。その後、巨大与党PRIは新自由主義経済の導入により支持基盤を失った2000年の政権交代まで71年間政権を維持することになる。

(2) 経済開放政策に転換した隣国の新興市場メキシコ

① メキシコ革命後導入された保護主義経済政策

メキシコ経済は1960年代までメキシコ革命の成果を制度化する政党であるPRIの長期政権の下で、輸入代替工業化政策により成長してきた。輸入代替工業化政策とは、高関税障壁によって輸入工業製品の参入から国内産業を保護し、輸入工業製品に代替する製品を国内で生産することによって、国内の工業を育成していく政策である（図7－1参照）。

図7－1　メキシコにおける輸入代替工業化政策

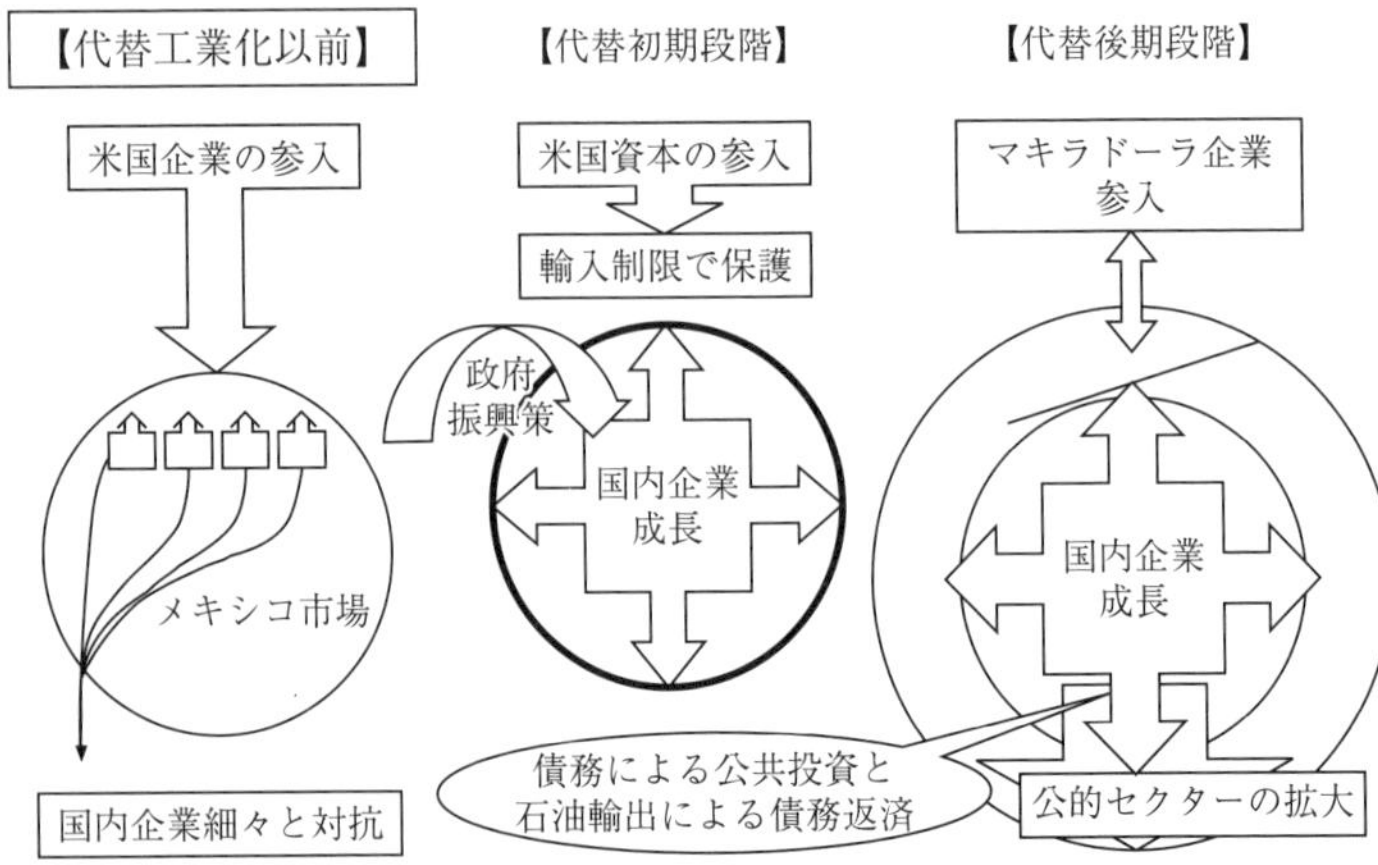

（出所）丸谷（2003），4頁。

この政策は第2次世界大戦によって、先進国から輸入してきた工業製品の輸入が不可能になるという異常な事態において開始されたが、多くの製品の輸入が可能になった第2次世界大戦後も続けられた。結果として、先進国からの工業製品の輸入は減少し、国内製造業は国内の消費財需要と一部の生産財需要を充足するまでに成長した。

しかし、こうした保護主義政策は対外競争を生まないので、製造業は国際競争力を失い、国内市場も小さいために、早期に成長の限界を迎えた。そして、幼稚な国内産業は高度な工業の生産に必要な中間財の需要を完全に充足できず、生産するための機械、設備及び中間財の輸入や技術導入に多額の対外支出を必要としたために、経常収支は慢性的な赤字となった。

輸入代替工業化政策のこうした限界が明らかになると、メキシコ政府は経済開放による輸出志向政策を採用するのか、資本財産業振興政策を採用するのかという選択を迫られた。政府は基本的には後者を選択し、国内産業の保護をさらに強化し、1973年には戦略的部門（エネルギー、農業、林業、通信、銀行）の外国資本による保有を禁止した。その他の産業でも外国資本出資比率を49％以下に制限する「メキシコ人の投資の促進及び外国人投資の規制に関する法律（旧外資法）」を布告したことにより、公企業が3倍以上に激増した。このような資本財産業のための大規模プロジェクトへの政府支出の増加は、債務増加を加速させることになった（大野・岡本編（1995））。そして、国際競争から保護された国内産業の国際競争力はさらに低下した。

経済発展は石油などの一部の産業に強く依存するようになった。そして、一部の産業に偏った発展は所得の偏在を生み、国内市場を非常に限定的なものにした。1965年に、メキシコ政府はこうした状況を打開するために、マキラドーラ（保税加工制度）を導入し、輸入代替工業化からの段階的転換を図ったが、多額の債務には焼け石に水の状態となった。

1976年にロペス・ポルティージョ政権はIMFに支援を要請するとともに、当面の難局に対処するために、できるだけ多額の原油輸出収入を獲得することによって経済を再建する方針を打ち出したのである(2)。この原油輸出収入に頼った経済再建政策は石油ブームにより成功したかにみえたが、構造改革を伴わない成功は一時的なものに終わった。1982年以降の原油価格下落による外貨収入の減少と、国際金利上昇による債務支払額の増加が同時に起こり、ついに対外債務危機に陥った。

メキシコ政府は、債務危機によって経済政策の転換を余儀なくされた。「1983年国家開発計画」では、経済開放政策を採用することによって、国内産業の対外競争力を強化すると同時に、安価な輸入品の供給によりインフレ圧力を抑えることを提言した（大野・岡本編（1995））。ミゲル・デ・ラ・マドリ政権はこの提言に沿って、1985年に輸入許可制度を一方的に廃止し、輸入数量規制撤廃の手続きを開始した。そして、メキシコは1986年にGATT加盟を承認され、1988年には一方的に関税引き下げが行われた。

②　経済開放政策に転換した隣国の新興市場メキシコ

カルロス・サリーナス政権は、1989年5月に「1988―1994年国家開発計画」を発表し、経済開放政策が本格的に導入された。この計画では「経済回復と物価安定」が柱とされた。経済開放政策、財政の健全化、国営企業の民営化などの新自由主義経済政策が推進され、「サリーナス革命」と呼ばれた（図7－2参照）。

さらに、こうした動きを強固なものにするために、サリーナス政権は、米国とカナダとのFTAであるNAFTA（North American Free Trade Agreement、北米自由貿易協定）の設立に向けた準備を進め、外国資本規制が緩められた。1993年12月には新たな外資法が公布され、規制業種を除く一般業種において外資は内国民待遇を受け、無条件で100％まで出資できるようになった(3)。

1994年1月1日には、NAFTAが発効し、経済自由化の流れは後戻りできないものとなった。エルネスト・セディージョ政権もこの路線を引き継ぎ、周辺の中南米諸国だけではなく、イスラエル、欧州連合15カ国及び欧州自由貿易連合4カ国ともFTAを締結した。なお、日本とは2005年にFTAよりも包括的な連携であるEPA（経済連携協定）を締結している(4)。

メキシコ経済は1994年12月に発生した通貨危機により一時期低迷したが、1996年には依存度が高まった米国経済の成長に伴って回復した。1989年以降のPRIによる新自由主義経済政策は、労組に外資参入によるリストラを、農民に海外からの農産物との競争を、公務員に民営化によるリストラを

図7－2　メキシコ政治の構図

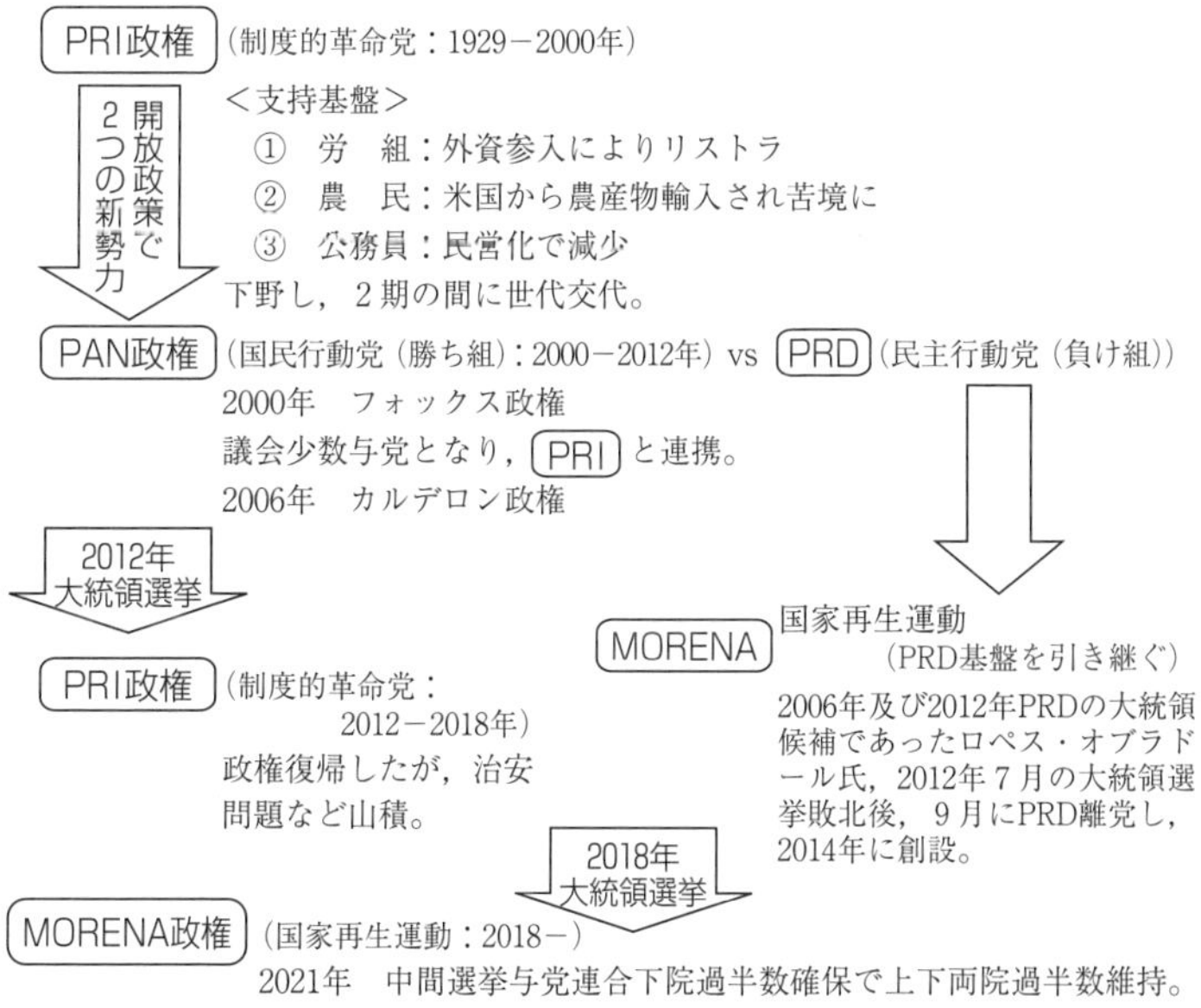
PRI政権
（制度的革命党：1929－2000年）
＜支持基盤＞
①　労　組：外資参入によりリストラ
②　農　民：米国から農産物輸入され苦境に
③　公務員：民営化で減少
開放政策で2つの新勢力
下野し，２期の間に世代交代。
PAN政権
（国民行動党（勝ち組）：2000－2012年）vs
PRD
（民主行動党（負け組））
2000年　フォックス政権
議会少数与党となり，
PRI
と連携。
2006年　カルデロン政権
2012年大統領選挙
MORENA
国家再生運動
（PRD基盤を引き継ぐ）
PRI政権
（制度的革命党：2012－2018年）
政権復帰したが，治安問題など山積。
2006年及び2012年PRDの大統領候補であったロペス・オブラドール氏，2012年７月の大統領選挙敗北後，９月にPRD離党し，2014年に創設。
2018年大統領選挙
MORENA政権
（国家再生運動：2018－）
2021年　中間選挙与党連合下院過半数確保で上下両院過半数維持。

というように、自党の支持基盤を揺るがすようなものであった。そのため、２０００年大統領選挙によってＰＲＩ長期政権は終焉した。

２０００年以降、中道右派国民行動党（ＰＡＮ）がビセンテ・フォックス政権、フェリペ・カルデロン政権と２期連続で政権を獲得し、自由な企業活動、宗教の自由、真の民主主義の確立といったＰＲＩよりもさらに右よりの政策を掲げたが、ＰＡＮは議会で少数与党であり、ＰＲＩと協調して経済運営を行う必要があったため、政策は大きく変更されなかった。２０１２年大統領選挙では、ＰＡＮは２００６年大接戦を演じた中道左派ＰＲＤの元メキシコ市長アンドレス・マヌエル・ロペス・オブラドール（ＡＭＬＯ）氏の得票率をも下回る第３位となり、下野を経て新体制を構築してきた旧与党ＰＲＩのエンリケ・ペニャニエト氏が勝利し政権を奪還した。ペニャニエト政権は原油関連の市場開放、寡占度が高い通信業界の競争促進改革などを進めたが、インフレや改善されない治安問題などにより、2018年の大統領選挙が近づく中、支持率は低迷した。

2014年にはAMLO氏が新党MORENA（国家再生運動）を立ち上げ、2018年7月の大統領選挙に勝利し大統領に就任した。同政権は中道左派政権ではあるが、急激な政策変更はなされていない(5)。2020年7月1日には、米国トランプ政権の要望を強く反映した、自動車の関税がゼロになる「原産地規則」の見直しや、時給16ドル（約1、700円）以上の工場で40～45%以上をつくるよう求める「賃金条項」も新設するなどの変更を加えて改訂したUSMCA（米国・メキシコ・カナダ協定）が発効した。

2 ウォルマートの経済開放政策に転換した隣国の新興市場メキシコへの参入戦略

(1) ウォルマートの経済開放政策に転換した隣国の新興市場メキシコへの参入の経緯

ウォルマートは1991年に、現地最大の小売企業であったシフラとの合併という方式で参入し、NAFTA発効による経済成長の中で、シフラの既存業態を中心に事業展開を行っていった（図7－3参照）。

ウォルマートは進出当初から成功したわけではなく、物流システムの未整備といった問題や商品確保

図7－3　ウォル・メックスの各業態の標的階層と業態別戦略

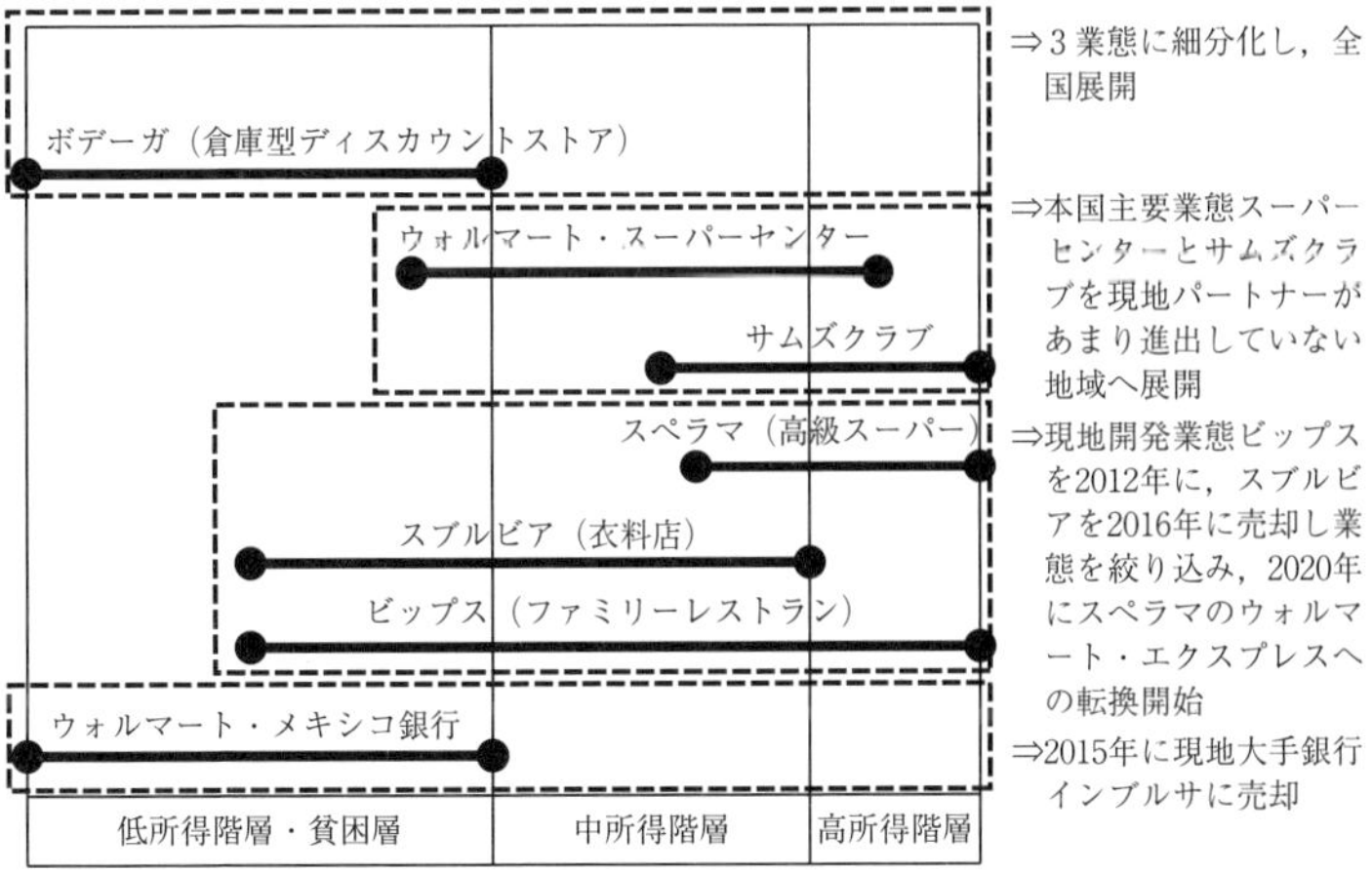

（出所）『日経ビジネス』1501号，29頁の図を修正加筆。

表7－2　ウォルマートのメキシコ市場参入の経緯

年	具体的出来事
1991年	シフラと合弁で参入
1995年	メキシコ通貨危機
1997年	シフラを買収し子会社化
2000年	ウォルマート・デ・メヒコに名称変更
2002年	メキシコ最大の雇用主になる

の問題、輸入品にスペイン語表示義務を課すといった問題などによって、進出当初は苦戦を強いられた。

しかし、1995年の通貨危機が状況を一変させた（表7－2参照）。1997年にウォルマートはシフラを買収し、2000年には社名もウォルマート・デ・メヒコ（略称ウォル・メックス）に変更し、全国展開を加速した。2002年には民間部門においてメキシコ最大の雇用主となり、メキシコの主力産業の1つである観光産業全体を上回る規模の売上高となった。

(2) ウォルマートの経済開放政策に転換した隣国の新興市場メキシコへの参入戦略

同社のメキシコ市場参入戦略は以下の通りである。参入市場の選定を行った主な要因は、母国の隣国であるという近隣性と、経済開放政策であった。メキシコ市場は同社にとって初の本格的な海外進出先であり、隣国の選定は自然な行為である。このことは小売国際化研究でも示されており、同社のメキシコ以降の進出先として地理的距離が近いカナダが選定されていることからもわかる。

参入モードは、合弁後買収である。このモードを当初用いることによって、同国で根強い反米感情や現地市場や現地企業からの反発をある程度回避することができた。進出当初しばらくは合弁による現地市場理解を深めた上で、経済状況が悪くなったタイミングで買収を行うことによって、反発を回避しつつ有利な条件での買収が可能となった。まさに、先進諸国に比べて相対的に不安定な新興市場経済の特性をうまく利用したともいえ、メキシコ方式と呼ばれる新興市場進出の同社の定番の方式となった。

業態戦略は1991年にアイテム数も少なく出店が容易とみられたサムズクラブから展開を開始し、海外出店の主力業態となっていくスーパーセンターの展開も段階的に行うようになった。出店戦略は現地パートナーとの協調を重視し、合弁パートナーのシフラがあまり進出していない地方の中心都市に出店した。

1997年の買収の後の現地での反発があまりないことを確認できた2000年に、ウォルマート・デ・メヒコへ社名を変更して以降、胸のネームプレートの表示から教育研修まで従業員にウォルマート職員としての意識を強める施策を講じた。シフラの主要ブランドであったアウレラはウォルマート・スーパーセンターに業態転換し、名称も変更し、メキシコ事業がウォルマート海外部門であることを明確にしていった。

商品調達及び商品供給戦略は、店舗網の拡大にあわせて改善した。商品調達は当初、業態ごとに比重に差はありながらも、合弁先のネットワークを主に活用していたが、ウォルマートの調達網の活用も段階的に進めた。1997年半ばまでにメキシコシティに物流センターを設置し、メキシコのトラック運送業者EASO社と米国のトラック運送会社MS Carriers社との3社でパートナーシップを構築した。NAFTAにより北米市場への供給基地となったメキシコ国内からの商品供給網を構築して、商品調達及び商品供給体制を整備し、製品ミックスもメキシコ小売市場の特性に合わせていった（ヒル（2004））。

3　現地化段階への転換

ウォルマートは、初の本格的海外進出後、約10年の市場参入段階において、非常に巧みな事業展開により、メキシコにおいて根強く存在する反米感情をはね退けて定着し、現地適応化戦略を本格的に導入する新たな段階に入った。

その象徴的な戦略が、倉庫を意味するボデーガと呼ばれる倉庫型ディスカウントストアの全国展開（表7－3参照）と多様な立地での出店を可能にしたボデーガ業態の細分化である。

ボデーガ業態は、買収したシフラが現地の低所得者に向けて開発していた業態をベースとしたものである。現在のボデーガは、名称こそ現地文化尊重という意味合いもあり維持しているが、ウォルマートが新興市場であるメキシコにおける強い顧客ニーズである低価格に対応するために進化させ、買収当時とはかけ離れた洗練された業態となっている。

メックス各業態の店舗数の推移

2011	2012	2013	2014	2015	2016	2017	2018	2019	2020	2021
1,204	1,423	1,589	1,660	1,719	1,763	1,820	1,910	2,035	2.088	2,198
213	227	243	251	256	262	270	274	280	287	294
124	142	156	159	160	160	162	163	163	164	165
88	90	92	93	95	96	94	91	93	89(6)	14(85)
94	100	109	116	117	0	0	0	0	0	0
364	365	10	10	10	10	0	0	0	0	0
2,087	2,347	2,199	2,289	2,357	2,291	2,356	2,438	2,571	2.634	2,756

されている（2013年に10店舗となり，2015年時点で10店舗のまま）。
４月）。
している。2020年，2021年の（　）の店舗数はウォルマート・エクスプレス

舗，ボデーガ・エクスプレス1,204店舗である。
内容に基づいて作成。

図７－４　ボデーガ・アウレラの内部

（注）在庫積み上げや人件費の安さを利用した手動での商品補充は低コストを象徴し，多くの商品は低価格PBである。

既述のように、ボデーガはスペイン語で倉庫を意味し（図７－４参照）、買収時には倉庫のような最低限度の内装設備の店舗を発展途上国ならではの安価な人件費を活かした人海戦術によるロー・コスト・オペレーションで運営することによって、若干の低価格を実現する小売業態であった。ウォルマート買収後、倉庫

表7－3　ウォル・

	2002	2003	2004	2005	2006	2007	2008	2009	2010
ボデーガ	116	140	162	203	258	313	442	684	899
ウォルマート	75	83	89	105	118	136	153	169	192
サムズクラブ	50	53	61	69	77	83	91	98	108
スペラマ	44	44	48	55	60	64	67	69	75
スブルビア	50	52	50	53	62	76	84	86	90
レストラン	244	252	268	286	311	348	360	360	366
合　計	579	624	678	771	886	1,020	1,197	1,466	1,730

（注１）2012年にレストランが売却され，ドラッグストア６店舗が単独出店
（注２）2016年にリベルプールへスブルビアを売却した（売却完了は2017年
（注３）スペラマは2000年からウォルマート・エクスプレスに段階的に転換
の数である。
（注４）2021年のボデーガの内訳は，ボデーガ564店舗，ミ・ボデーガ430店
（出所）メキシコ及び中米ウォルマート社の各年度のアニュアルレポートの

といったコンセプトを維持しつつも同業態の多店舗展開を通じてサプライチェーンの効率化を行った。低価格ＰＢが強化され、グループ全体のメーカーとの交渉力を活かしたＮＢの低価格化への取り組みが積極化され、商品供給及び商品調達全てを含む小売事業モデルの現地適応化を内包したウォルマートの新規開発業態となったのである。

ウォルマートは同社主導が明確となった２０００年以降、地方大都市への出店が一巡し、アウレラのウォルマート・スーパーセンターへの転換が完了するのと前後して、ボデーガの低所得階層取り込みにおける有用性を確信したようである。

１９９９年から２００４年までの６年間で17州39都市に新規出店を行った（表７－４参照）。ボデーガの出店は、中産階層の割合が少ないと考えられていた中規模以下都市へも半ば強引に拡大された。

さらに、現地適応化の取り組みを継続し、ボデーガ業態の細分化が開始された。２００４年11月には、プエブラ州の州都プエブラ市郊外の人口約２５、０００

表7－4　ウォル・メックス未出店都市におけるボデーガ業態による出店と出店店舗数

州　名	地区名	都　市　名	店舗数
メキシコ	中部地区	Chalco	1
		Chimalhuacan	1
		Coacalco	1
		Ixtapaluca	1
		Los Reyes La Paz	1
		Metepec	1
		San Juan Teotihucan	1
		Tecamac	2
		Zumpango	1
グアナフアト	中部地区	Celaya	2
		Moroleon	1
		Salamanca	1
イダルゴ	中部地区	San Francisco del Rincon	1
		Tula de Allende	1
		Tulancingo	1
ミチョアカン	中部地区	La Piedad	1
		Lázaro Cárdenas	1
		Uruapan	1
		Zitacuaro	1
サンルイスボトシ	中部地区	Rio Verde	1
トラスカラ	中部地区	Tiaxcala	2
シナロア	北西地区	Los Mochis	1
ヌエボレオン	北東地区	Apodaca	1
		Cadereyta	1
		Santa Catarina	1
コアウイラ	北部地区	Piedras Negras	1
サカテカス	北部地区	Fresnillo	1
カンペチェ	南東地区	Campeche	1
タバスコ	南東地区	Cardenas	2
		Comacalco	1
		Villahermosa	1
ベラクルス	南東地区	Coatzacoalcos	1
		Córdoba	1
ユカタン	南東地区	Merida	1
チアパス	南西地区	Tuxtla Gutierrez	2
		Tapachula	1
ゲレーロ	南西地区	Iguala	1
		Ixtapa Zihuatanejo	1

（注1）「店舗数」は，2005年2月末現在，同社がホームページで公表したデータである。
（注2）「未出店都市」は，1998年末の未出店都市である。
（出所）丸谷（2005），5頁。

人の小規模都市であるテカマチャルコ（Tecamachalco）に、ボデーガより小規模の非会員制倉庫型業態であるミ・ボデーガ・アウレラ（Mi Bodega Aurrera）を出店したのを皮切りに、より小規模都市への出店を開始した。さらに小型のミニスーパーであるボデーガ・アウレラ・エクスプレスを開発するなど、ボデーガ業態の中での細分化とアレンジを積極的に行っている（図7－5及び図7－6参照）。

図7－5　ボデーガ・アウレラ・エクスプレスの外観

（注）この店舗は，メキシコシティ郊外に伸びるB号線終点のシウダ・アステカ駅から乗り合いタクシーペセロで，30分程度かかるかなり郊外の単独立地店である。この店舗は駐車スペースは13台分と少なく，自転車や自転車タクシーによる来店も想定し，品揃えは飲料，パン，牛乳，トイレタリー，グロサリーなど生鮮食品以外の日用品であり，ドラッグコーナーを含むミニスーパータイプであった。

図7－6　ボデーガ・アウレラ・エクスプレスの内部

（注）この店舗は，メキシコ連邦区の中心部，国立芸術院のあるアラメダ公園近くに立地し，間口は道のほぼ向かいに対峙する現地コンビニ最大手のオクソよりも小さいが，売場はかなり奥に縦長に深くなっており，相対的に多くの生鮮食品の取り扱いも行っている。

典型的な出店事例としては、2010年9月7日に開店した人口1万5、000人弱の小規模都市カルキニへのミ・ボデーガ・アウレラ出店があげられる。ユカタン半島の主要都市メリーダとカンペチェの間に位置するカルキニは、小売産業の近代化が遅れているといわれるメキシコ南東地区に位置しているが、南東地区の主要都市ではない同都市への出店は、当時の同社の出店戦略を象徴的に示している。

ボデーガの店舗数は、2002年の116店舗から2021年には2、129店舗となり約20倍となった。同業態がエクスプレスという小型業態を含み、店舗数の増加が母国開発業態に比べて容易であることを考慮しても、同時期の増加数がスーパーセンターでは75店舗から288店舗、サムズクラブでは50

図7－7　ミ・ボデーガ・アウレラの周囲に合わせた外観

（注）左は，人気の観光地化されつつあるため，景観維持政策に対応して茶色にした2010年8月3日開店のキンタナロー州トゥルム店。右が，街の外観が黄色で統一されているため対応した2011年5月17日開店のユカタン州イサマル店。

店舗から165店舗と3～4倍程度の増加であることから、メキシコにおけるボデーガ業態の成長が顕著であることがわかる。

ボデーガ業態の内訳をみると、2016年から2021年の5年間でもボデーガが490店舗から553店舗に、ミ・ボデーガが331店舗から415店舗に、エクスプレスが942店舗から1、161店舗へと拡大しており、3業態が出店可能な立地に応じてそれぞれ順調に出店を進めていることもわかる。

なお、ウォルマートは、テオティワカン近隣への出店時の配慮にみられるように、従来からメキシコ人の米国への屈折した感情を意識して対応してきたが、ボデーガの出店地域の拡大は地元への影響がさらに大きいことから、地域社会への配慮をよりきめ細かく行うようになってきており、特に景観への配慮には細心の注意を払っている。

例えば、2010年8月3日開店のキンタナロー州トゥルム店は人気の観光地となりつつあるため、景観維持政策に対応して壁面を茶色にし、2011年5月17日開店のユカタン州イサマル店は街並みが黄色で統一されているため、壁面を黄色にしている（図7－7参照）。

4　新興市場向け小売業務国際化センターとしてのウォルマートメキシコ

ウォルマートのメキシコ進出における成功は、小売国際化成功の有名事例となっている。欧米の研究の多くは、パートナーの選択の適切さや参入する際のタイミングといった部分に焦点をあてている。こうした要素が市場参入段階において重要であったことは間違いない。

ウォルマートは、低価格で食品を含めた幅広い品揃えを行う総合業態を展開するタイプの小売企業である。こうした企業はメーカーに対して優位な仕入れ条件を提示するためにも、進出当初から一定以上の売上高を有することが重要である。その際には進出市場において優良なパートナーを見つけることが成功の近道であることはセオリーとなっている。

ウォルマートは、シフラというパートナーを得たことで優良パートナーの獲得という条件をクリアした上に、そのパートナーを救済買収したとみせかける好機を得たことで、稀にみる成功を収めたのである。

ウォルマートのメキシコ進出は、2000年のウォル・メックスへの名称変更あたりから現地化段階を迎えた。従来の標的であった中産階層以上に対する店舗展開が一巡し、主要な標的を低所得階層に拡大したのである。これらの顧客は、従来ストリートベンダー（6）の主要標的顧客であった。ウォルマートが買収したシフラに代表される近代的小売企業も、ボデーガ業態の開発にみられるように、この階層の市場としての潜在性を認識していながらも、主要標的として捉えることはせず、棲み分けがなされてきた。

ウォルマートのボデーガ業態による低所得階層を標的とした取り組みは、伝統的な棲み分け構造を崩壊させた。ボデーガ業態の細分化とアレンジは、影響の範囲を大都市中心部から低所得階層が多く居住する大都市郊外や地方の中小都市へも拡大させた。メキシコ全体に拠点を構えたボデーガ業態を含むウォルマートの多くの店舗には、ATMが設置された。スーパーセンターには薬局、均一店、メガネショップ、ファストフード店などが併設されており、顧客の最低限度の利便性を一カ所で充たしている。メキシコ全土において欠かせないインフラとしての役割を果たしつつあるといえる。その結果として、同社参入時同社が買収したシフラのライバルであった3社は、当時4位であったソリアーナにより買収され1社に統合された。2021年にはコロナ禍でネットでの売上を伸ばし2位となったデパートであるコペル（Coppel）の4・5%や、3位のコンビニエンスストアオクソ（OXXO）をメキシコ全土に19,836店舗を展開するフォメント・エコノミア・メヒカーノ（Fomento Económico Mexicano SAB de CV）社の小売シェア4・4%に対して、11・6%という3倍弱の差をつけトップを独走している。

ウォルマートはシフラ買収以降も維持してきた現地開発業態であるファミリーレストランのビップスを2012年に、衣料品店スブルビアを2016年に売却し業態を絞り込み、2020年に食品スーパースペラマのウォルマート・エクスプレスへの転換を開始した。

さらに、ネット小売普及が相対的に進んでいなかった同国において、他社に先駆けて2013年にウォルマート・ドットコム・メヒコを設置し、2017年に店内電子キオスクの設置を開始するなど、オムニチャネル化に向けた取り組みを進めてきていた（表7－5参照）。2021年にはその他の業態に

表7－5　急激に進んだウォル・メックスのオムニチャネル対応

	店舗数	店内電子キオスク	オンデマンドサービス	ピックアップ設置
ボデーガ	2,088	825	101	808
ウォルマート	287	287	228	84
スブルビア及び ウォルマート・エクスプレス	95		93	93
サムズクラブ	164		164	164

（注1）店内電子キオスクは2017年ボデーガとウォルマートに340台導入され，2018年560台に増加したが，2019年は増設されていなかった。
（注2）ピックアップ設置は2016年にスブルビアとウォルマートで開始されたが，2018年ボデーガとウォルマートの650店舗導入で急拡大された。
（出所）メキシコ及び中米ウォルマート社の2020年度アニュアルレポート，17及び67頁の表の内容を，筆者が一部修正。

比べて相対的にオンデマンドサービスの提供が遅れていたボデーガ２２０店舗以上において、低価格で食料品、小型家電、白物家電を家庭用に注文し自宅で受けとれる新たなオンデマンドサービス（Bodegas con servicio Despensa a tu Casa）を開始した。

コロナ禍に入った２０２０年には、上記の取り組みが功を奏し、２位に躍進したコペル以外の従来のライバルのソリアーナやオクソとの差を拡大した。同社のEコマース市場での小売シェアは２０１９年４・８％、２０２０年７・６％、２０２１年９・６％と躍進し、この分野のライバルである後述の２社（メルカード・リブレ２０１９年12・１％、２０２０年15・１％、２０２１年15・４％、アマゾン２０１９年13・２％、２０２０年11・３％、２０２１年13・２％）に一気に接近した。

メキシコでもアマゾンが２０１３年にキンドルによる書籍販売により参入し、２０１４年の通信事業の規制緩和の実施に対応して２０１５年以降スペイン語サイトにおける本格的な商品販売を開始した。ユーロモニターのデータによれば、メキシコのインターネット小売販売での同社のシェアは２０１４年０・１％から２０１５年には１・０％、２０１６年には２・９％、２０１７年には５・６％、２０１７年には８・８％と躍進し、インターネット小売１位を維持してきたアルゼンチン出身のメルカード・リブレ（７）の８・５％を上回り首位に立ったが、２社の切磋琢磨は続いた。

メルカード・リブレは２０２０年の4億２、０００万ドルに続き、２０２１年には10億１、０００万ドルの投資をメキシコに行うことを発表し、コロナ禍で２０２０年には同社はアマゾンに若干差をつけ、小売全体でも１・１％のシェアを獲得し、初めてトップテンの10位に入り、２０２１年には１・３％で9位となり、アマゾンも１・１％で11位である。

ウォルマートは米国市場においてアマゾンとの熾烈な競争を繰り広げてきているだけに、同社が覇権を握るネット小売急成長市場であるメキシコにおいて今後どのような戦略を構築していくのかについては、その他の新興市場における戦略にも影響するとみられるだけに注目していくべきである。

【注】

（１）米墨戦争の前後の事情に関して詳細は、牛島（２０１７）を参照。
（２）メキシコの石油産業の発展に関して詳細は、丸谷吉男（１９９８）、１３７－１８８頁を参照。
（３）サリーナス政権の政策に関して詳細は、相川（１９９６）などを参照。
（４）メキシコとの自由貿易協定交渉に関して詳細は、朝倉・松村（２０００）、66－69頁を参照。
（５）アンドレス・マヌエル・ロペス・オブラドール（ＡＭＬＯ）氏は行政府の人件費削減や政府調達の効率化などの経常的経費支出の削減により、５、０００億ペソ（2兆9、５００億円、1ペソ＝約５・９円）を捻出して行う政権の７つの最優先プログラムを公表していたが、現行メキシコシティ国際空港に代わる新空港建設の中止とそれを代替するサンタ・ルシア空軍基地（拡張）の使用決定が発表された以外には大きな進展はない。他方、エネルギー分野ではＡＭＬＯ政権はペニャ・ニエト前政権の目玉政策の１つだった石油分野の民間開放政策を転換し、メキシコ石油公社（ＰＥＭＥＸ）へのてこ入れのために公的資金の大規模投入を行い、２０１８年12月に発表した国家炭化水素生産計画に基づき、タバスコ州ドスボカス石油精製所の建設を進めるなど、政府の関与度を高めた。詳細は、志賀大祐（２０１９）「ＡＭＬＯ政権発足１年、高支持率ながら汚職・治安・経済の評価はダウン」『ビジネス短信』（https://www.jetro.go.jp/biznews/2019/12/92a2343684674 9bc.html）。ＡＭＬＯ政権の発足１年後の評価とその後の見通しについて詳細は、内田直子（２０２０）を参照。

（６）メキシコのストリートベンダーは、行商人→定期市→常設露天商→公設市場内商人→一般小売業者という流れも従来はかなりあったが、現在では多くが常設露天商に留まってしまっている。こうしたストリートベンダーの移行過程に関しては、丸谷（２００３）、１１８－１２５頁を参照。なお、彼らの多くは兼業である。ストリートベンダーとの兼業に関する実態は、増山（２００５）、62－64頁を参照。

（７）メルカード・リブレ社のメキシコの投資拡大について詳細は、メキシコビジネス・ニュースのホームページ（https://mexicobusiness.news/tech/news/mercado-libre-invest-us11-billion-2021-mexico）を参照。

第8章　メキシコとの融合が進むウォルマート中米

1　中米地峡諸国市場の概要

(1) 一体として捉えられることが多い中米5カ国

中米諸国はマヤ文明など植民地時代以前から文化的な共通点は多く、特に第2次大戦後、英国から独立したベリーズ、コロンビアから20世紀初めに独立したパナマを除いた5カ国は、独立当初まとまっていただけに、その後も一体として捉えられることが多い。

東西冷戦下での内戦が終結して以降、5カ国を中心に対外関係の取り組みによって外資を呼び込み、発展を促進する動きが加速した。米国とドミニカ共和国を加えた自由貿易協定（DR-CAFTA）が締結され（図8－1参照）、7カ国が域内統合を目指したＳＩＣＡ（中米統合機構、Sistema de la Integración Centroamericana）の活動も活発化してきた。内戦で傷ついた道路・港湾などのインフラ（図8－2参照）も、プエブラ・パナマ・プラン（ＰＰＰ）に米国、ドミニカ共和国及びコロンビアを加えたメソアメリカ統合発展計画（メソアメリカ・プロジェクト、Proyecto de Integracion y Desarrollo de Mesoamerica）が推進されるなど改善に向けた取り組みがなされてきた。

図８－１　DR-CAFTA参加７カ国

（出所）丸谷（2013b），129頁。

図８－２　メソアメリカ・プロジェクトで連結されるインフラ

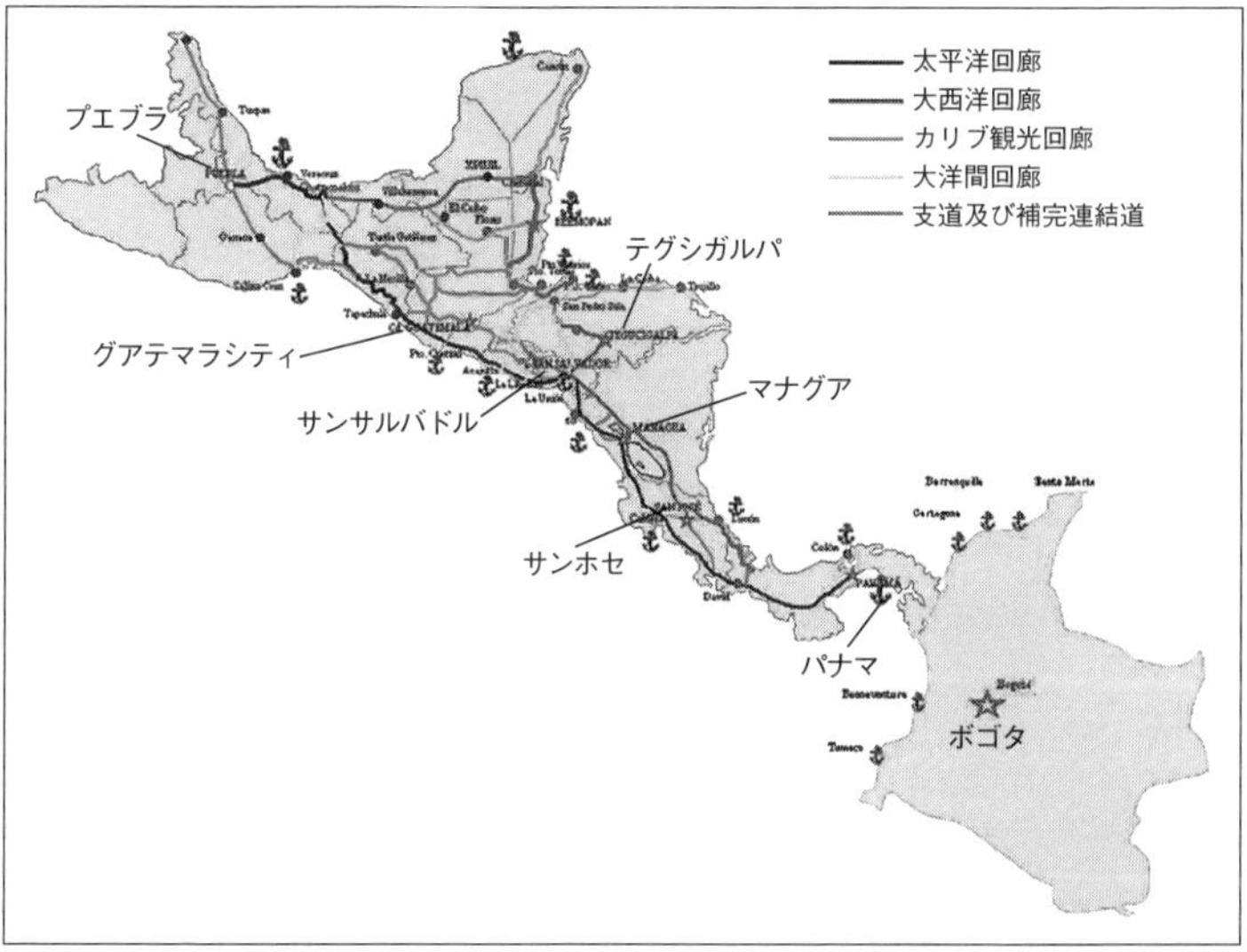

（出所）メソアメリカ・プロジェクトが提供する情報による。

（2）海外送金に依存する北の4カ国と例外的な発展を果たしたコスタリカ

①　海外送金に依存する北の4カ国

1980年代までの輸入代替工業化期を経て、1990年代に入ると、中米諸国でも多くのラテンアメリカ域内の債務国同様、ワシントン・コンセンサスに基づく経済自由化が求められた。このことにより輸入関税を引き下げ、FTAを結ぶことになり、閉鎖的であった国内市場が徐々に変容した。現在では中国を中心としたアジアから低価格の輸入品がどっと市場に押し寄せる結果となっている。

中米が陥った厳しい現実は、前章で取り上げたメキシコの状況と比較するとより明確になる。メキシコは、1980年代の債務危機後の「失われた10年」を経て経済開放政策に転じ、NAFTA締結によって、米国との連携を通じて国内に投資を呼び込んだ。それに対して、中米諸国は製造業の発達・育成が遅れがちであり、この地域への外国直接投資は、輸出不可能な第3次産業の電気通信、電力、道路、水道、港湾といったインフラ事業及び小売産業に対象が限定されてしまっているのである。

結果として、メキシコに比べ経済的に劣り、目立った天然資源もない同地域では、米国からの海外送金が経済にもたらす影響は大きくなる。特に、東西冷戦を背景に続いたグアテマラ内戦（1960年－1996年）やニカラグア、エルサルバドルの中米紛争（1979年－1990年）の結果、疲弊した北の4カ国は、国際社会からの援助が一段落すると海外送金のウエイトは高まり、国内経済を下支えする役割を果たしてきた（表8－1参照）。特に、エルサルバドルとホンジュラスはハイチ、ジャマイカと並んで、世界的にみても海外送金のウエイトが高いこの地域においても、海外送金の重要性が高い国といわれている。

表８－１　中米地峡５カ国の経済の特徴

	人口（万人）	面積（km²）	1人当たり名目GDP（ドル）	家族送金対GDP比 1996	2006	2016	経済の特徴
グアテマラ	1,627	108,890	3,929	2.4	12.2	10.9	人口最大，コーヒー，綿花等農業＋米国近さ利用韓国系衣類マキラ産業＋家族送金域内比率３位
エルサルバドル	638	21,040	4,040	10.5	18.8	17.1	太平洋にのみ面する最小国家，家族送金域内比率２位
ホンジュラス	843	112,490	2,407	3.9	21.6	18.0	カリブ海のみに面する元バナナ共和国，海外送金域内比率１位
ニカラグア	627	130,370	1,949	2.2	10.3	9.6	面積最大，域内最貧国，海外送金域内比率４位（米国から55.8％，コスタリカから21.4％）
コスタリカ	484	51,100	10,936	1.1	2.3	1.0	人口最少，域内富裕国，インテル誘致以降，医療機器メーカー進出，教育水準利用サービス産業発展

（出所）JETRO米州課（2016）の内容に，筆者が加筆修正。

米州開発銀行によれば、２００６年の同地域への海外送金は約４５０億ドルに達し、米国における移民(1)の７割以上が毎月、出身地の親類へ向けて月収の10％（約３００ドル）を送金している。受け手の親類の購買力は上昇し、貧困生活から一時的に抜け出す事例が多く確認されている。海外送金の受け手は、送金を保健衛生（47％）、住宅建設（47％）、ビジネスローン（35％）、大学ローン（32％）、預金（13％）に利用しており、送金先における小売、建設、サービス及び金融市場を中心とした送金に関わる新規ビジネスが生まれていることがわかる(2)。このことは、海外送金が単なる消費に留まることなく、将来の投資及び資産形成に前向きな結果をもたらしていることを示している。

中米移民といえば従来２００９年公開のキャリー・ジョージ・フクナガ監督による映画『闇の列車、光の旅』で描かれたように、列車での移動が有名であった。しかし、２０１９年にはグアテマラ、エルサルバドル、ホンジュラスの３カ国を中心とする移民がメキシコ国境沿いを集団で移動する移民キャラバンが世界から注目を集

図8－3　中米地峡北部３カ国の海外送金の推移

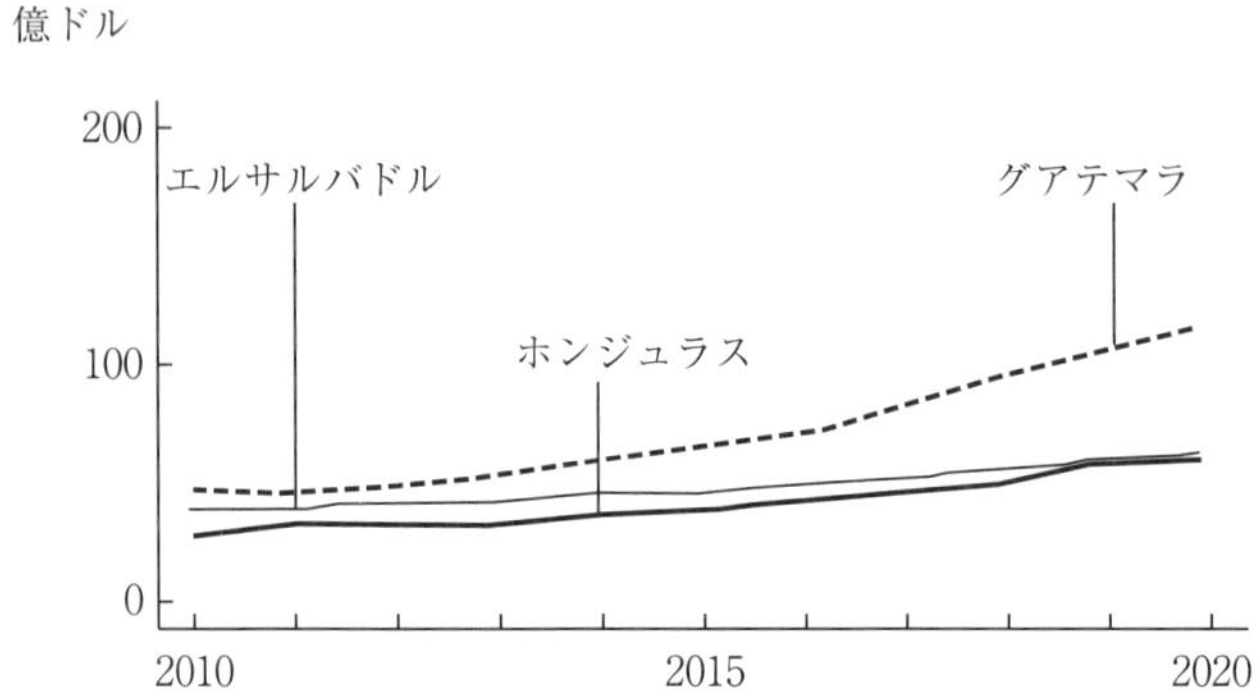

（出所）日本経済新聞2021年３月３日付の図を，筆者が抜粋し修正。

め、米税関・国境取締局によると、２０１９年度には一時的に急増し約98万人となった。近年では従来の３カ国に加え、ハイチやニカラグアなど周辺国出身の移民が増加し、メキシコと中米３国を除いた国の出身者の割合は21年度には22％と18年度の８％から大幅に増加した(３)。

海外送金はコロナ禍の２０２０年には米国など主要受け入れ先の失業給付などの影響もあり過去最高となった（図８－３参照）。グアテマラは８％増の１１３億４、０４１万ドル、エルサルバドルは５％増の59億１、８６０万ドル、ホンジュラスは４％増の57億２、９９０万ドルとなり、国際金融協会（ＩＩＦ）によると、エルサルバドルとホンジュラスは送金額が国内総生産（ＧＤＰ）比で20％、グアテマラは12％に達した。受取額の対ＧＤＰ比率ではホンジュラスとエルサルバドルは世界でも上位10位に入っている(４)。エルサルバドルとニカラグアに関しては、トランプ政権下の２０１８年米国における一時保護資格（ＴＰＳ）プログラムの対象から同国が外されることになった。エルサルバドル人に対して実際に強制送還が開始されれば、最終的に最大20万人のエルサルバドル人が国外退去させられるといわれ、年間5万人の強制送還がなされた場合、実質GDP成長率を年率0・1〜0・4%程度低下させる可能性があるともいわれている。

自国通貨をなくし、法定通貨を米ドルにするドル化政策を実行してきたエルサルバドルにおいて、2021年9月にブケレ政権がトップダウンでビットコインを法定通貨に加えたことに世界から注目が集まった。こうした決断の背景には、年間4億ドルに達するといわれるGDPの約2割を占める海外送金の手数料水準を引き下げることで、さらなる資金流入を促す狙いがあるともいわれる(5)。この政策自体は従来の米ドルに加えてビットコインも法定通貨に加えたに過ぎないため、直ちに大きな影響があるわけではないようだが、海外送金に依存する国における世界的にも珍しい取り組みであり、今後も注目していくべきである。

また、米国に居住する送金者と、厚くはない中間層を形成する親族との携帯電話やスマートフォンを通じての直接的なコミュニケーションやインターネットを通じた動画を通じた米国文化の流入も現地の消費スタイルに強い影響を及ぼしており、米国のライフスタイルが現地に定着することを後押ししている。アルマセネス・シマン（Almacenes Simán）社はエルサルバドル出身で中米地峡市場に百貨店などを出店し、エルサルバドルでは小売シェア1位を維持しているが、米国に住む多くのエルサルバドル人移民を標的に、出身国にいる親族への家電製品購入を促すことによってネット小売を一定程度定着させた。同社はコロナ禍において現地消費者にもサービスを拡大することができ、後述のライバルで小売シェア2位セレクトスを展開するカジェハ社（Calleja SA de CV）や3位ウォルマートが小売シェアを落とす中でも、小売シェアを2020年の7・4%から2021年に8・3%に微増させた(6)。

② 例外的な発展を果たしたコスタリカ

コスタリカは人口が少ないため中米全体に占めるボリュームは大きくないが、例外的な発展をとげた国である。コスタリカは、1996年にインテル社の誘致に成功したことをきっかけに(7)、政府の誘致策がハイテク産業に向かい、インドのインフォシスや米国のヒューレットパッカードなどを誘致した。2014年に輸出の約20%を占めていたインテルが撤退したが、現在では企業向けサービス、情報通信サービスなどの分野の企業の誘致にも成功している。

近年では医療分野の進出も急増し、欧州出身企業が増加した結果、米国出身以外の進出企業も増加した。フリーゾーンを用いた輸出は2000年に全輸出総額の半分を超えた。代表的進出事例としては、米国出身の多国籍医薬品メーカーアボットの2010年の工場稼働、2014年のP&Gのラテンアメリカ・サプライ・チェーン・プランニング・センターの設置などがある。労働条件も発展に伴って他国を圧倒している。2021年5月には1821年独立から200年目の節目の年に全世界で38カ国目、メキシコ、チリ、コロンビアに次いで中南米全体でも4カ国目のOECD加盟国となった。

2 ウォルマートの中米地峡市場参入戦略

(1) 中米地峡市場参入の経緯

ウォルマートの中米地峡市場参入の経緯は、以下のとおりである（表8-2参照）。ウォルマートは、中米地峡市場最大の小売企業であったCARHCO社への資本参加により同市場への進出を果たした。

表8－2　ウォルマートの中米地峡市場参入の経緯

年	出来事
1928年	カルロス・パイスがティエンダ・パイス（後のラ・フラグア社）をグアテマラに創業。
1962年	エンリケ・ウリベがマス・イクス・メノス（後のCSU社）をコスタリカに創業。
1999年	ラ・フラグア社と蘭ロイヤル・アホールド社50／50の合弁企業パイス・アホールド社設立。
2001年	パイス・アホールド社にCSU社出資し，3社折半となる。
2005年	ウォルマートがアホールド社の持ち分を買い取り，合弁企業に出資。
2006年	ウォルマートが出資比率51％に引き上げ，経営権取得。
2008年	中米にウォルマートシステムを導入した最初の店舗出店。
2009年	ウォルマート・デ・メヒコ社が全株式を取得。
2010年	名称をウォルマート・メヒコ・イ・セントロアメリカとする。

CARHCO社は、地元有力2社（グアテマラ出身でエルサルバドル、ホンジュラスにも店舗展開するラ・フラグア社とコスタリカ出身でニカラグアにも店舗展開するCorporación Supermercados Unidos（CSU）社）と、オランダ資本で1970年代半ばから欧米へ、1990年代後半以降、南米、東欧、アジアへと積極的に出店していた当時の世界トップ10小売企業ロイヤル・アホールド社という3社の合弁企業であった。

この合弁は、2段階の手続きで進められた。第1段階は、グアテマラのラ・フラグア社とアホールド社による1999年のパイス・アホールド社の50－50出資での設立であった。第2段階は、2001年のパイス・アホールド社とコスタリカ資本の総合小売グループCSU社の合弁によるCARHCO社の設立であった。出資比率は、パイス・アホールド社に出資した2社とCSUの3社折半であった。2003年には、合弁企業初の開発業態である倉庫型ディスカウントストアのマキシ・ボデーガを開店しており、この合弁自体は順調に推移していたようである。

この合弁は、アホールド社の事情により状況が一変する。

アホールド社は、子会社の米国食品卸第2位だったUSフードサービス社の2003年の不正会計事件を契機に、グローバル展開は休止することになったのである。南米、アジアからは撤退し、発展途上国の店舗の整理を行うことになった。2007年には、米国オハイオ州北西部において46店舗を展開していた同社保有の主要チェーンの1つであるトップスを売却し、グローバル展開から東欧など欧州の新興市場への資源集中を行った。

中米地峡市場も整理の対象となり、自社持ち分のウォルマートへの売却がリストラの一環として行われた。ウォルマートは2005年9月に、中米地峡市場最大の小売企業の1／3（33・3％）の株式をそれ程の苦労なしに手に入れたのである。同社は、2006年2月には早速、出資比率を51％まで引き上げて子会社化し、ウォルマート・セントロアメリカ社を設立した。2009年には、ウォルマートの子会社であるウォルマート・デ・メキシコ（ウォル・メックス）による完全子会社化を行った。2010年には名称もウォルマート・メキシコ・イ・セントロアメリカに変更し、メキシコの子会社であったウォル・メックスが主導的地位にあることを明確にした。

なお、合弁がスムーズに進んだ背景には1964年に米国ケネディ政権が推進してハーバード大学と提携して開校したINCAE（中米経営大学院）の存在がある。INCAEはファミリービジネスの経営層の教育機関となり、中米の地域経済人脈の形成に寄与し、中米ウォルマートの経営にも強く影響している。具体的にはアホールドと中米出身2社の合弁企業CARHCO社を率いた人物はINCAEで1975年にMBAを取得したコスタリカ出身のCSU社の創業二代目であったロドリゴ・ウリベであったし、2005年のアホールドからウォルマートへ外資パートナーが切り替わったタイミングで責任者に登用されたのもINCAEで1972年にMBAを取得しているグアテマラ出身のパイス・グルー

表8－3　中米におけるウォルマートの展開業態と店舗数（2008年3月現在）

	フラグア社			CSU社	
	グアテマラ	エルサルバドル	ホンジュラス	コスタリカ	ニカラグア
ハイパーマーケット	Hiper Paiz (6)	Hiper Paiz (2)	Hiper Paiz (1)	Hiper Más (6)	
スーパーマーケット	Paiz (28)	Dispensa de Don Juan (32)	Paiz (7)	Más X Menos (23)	La Unión (6)
ディスカウントストア	Dispensa Familiar (97)	Dispensa Familiar (36)	Dispensa Familiar (32)	Palí (111)	Palí (46)
倉庫型ディスカウントストア	Maxi Bodegas (12)		Maxi Bodegas (7)	Maxi Bodegas(9)	
会員制ホールセールクラブ	Club Co. (2)				

（注）（　）は店舗数を示す。
（出所）ウォルマートがホームページで示したデータに基づいて，筆者が作成。

プのCEOを務めたマリオ・チウであった(8)。

(2) 業態及び出店戦略

ウォルマートは同社の資本参加当時、中米5カ国にガソリンスタンドを含めて6業態を展開していた。6業態のうち全域で展開されている主要3業態であるハイパーマーケット、スーパーマーケット、ディスカウントストアに関しては、グアテマラを基盤に、エルサルバドル、ホンジュラスに店舗を拡大してきた旧フラグア社と、コスタリカを基盤にニカラグアにも店舗を展開してきた旧CSU社がそれぞれ開発したものが維持されていた。

その他の3業態は、旧フラグアの本拠地グアテマラで小規模ながら展開されている会員制ホールセールクラブとガソリンスタンド、グアテマラ、ホンジュラス、コスタリカという双方の出店地域で展開を始めた新業態の倉庫型ディスカウントストアに区分できた（丸谷・大澤（2008））（表8－3参照）。

ウォルマートの過半数所有となった2007年以降は、ディスカウントストアと倉庫型ディスカウントスト

表8－4　中米地峡市場におけるウォルマートの展開業態と店舗数　（2016年1月現在）

	グアテマラ	エルサルバドル	ホンジュラス	ニカラグア	コスタリカ	5カ国合計	2017年	2018年	2019年	2020年	2021年
ディスカウントストア	154(97)	60(36)	65(32)	66(46)	153(111)	498(322)	522	540	549	563	572
食品スーパー	25(28)	17(32)	8(7)	8(6)	35(23)	93(96)	94	97	99	100	98
倉庫型DS	32(12)	9(0)	22(7)	18(0)	38(9)	119(28)	133	143	155	157	158
ハイパーマーケット	10(6)	4(2)	3(1)	1(0)	9(6)	27(15)	29	31	33	35	36
MWC	0(2)	0(0)	0(0)	0(0)	0(0)	0(2)	0	0	0	0	0
各国合計	221(145)	90(70)	98(47)	93(52)	235(149)	737(463)	778	811	836	855	864

（注）（　）は2008年3月の店舗数。2017－2021年の数値は12月末の5カ国合計店舗数である。

アの出店が積極的になされた（表8－4参照）。ディスカウントストアは、域内先進市場コスタリカで開発されたミニスーパーに近いパリ（図8－4参照）と、低所得階層の絶対数が多いグアテマラで開発されたメキシコ型の倉庫型業態に近いデスペンサ（図8－5参照）の2つの形態が併存した。当時から展開地域の特性に応じたオペレーションが維持されつつも、旧CSU社が積極的に展開してきた生鮮食品のPBのグアテマラでの展開にみられるように、段階的なオペレーション・ノウハウの共有がなされた。

倉庫型ディスカウントストアは、マキシ・ボデーガをマキシ・パリに名称変更し、パリという同国で

図8－4　コスタリカとニカラグアのパリ

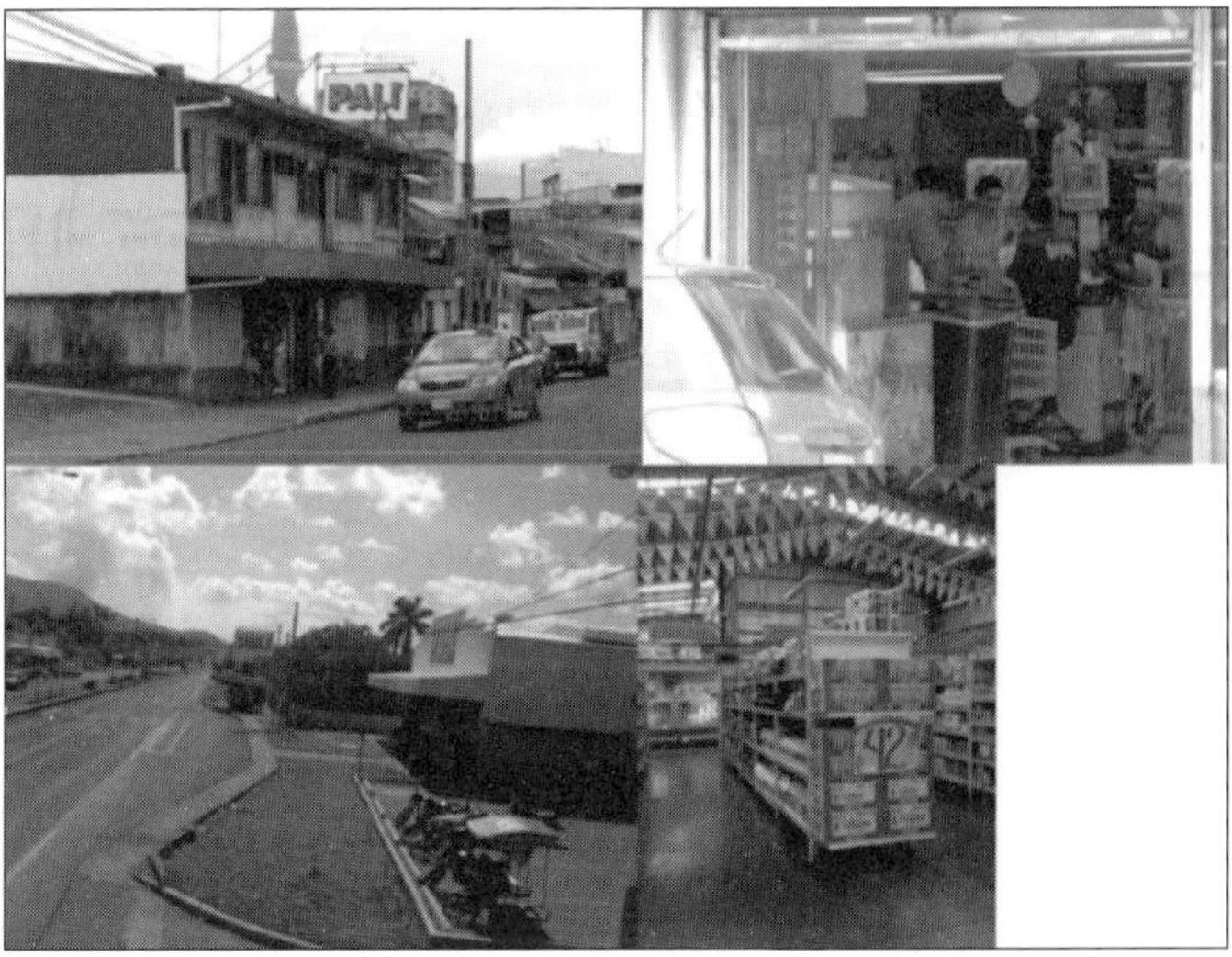

（注）上段コスタリカ，下段ニカラグア。

知名度が高い名称を活かしつつ、ロゴカラーも緑とし、ロゴのデザインもボデーガタイプの店舗としてメキシコのボデーガと統一した（図8－6参照）(9)。その後、パリという名称が定着しているコスタリカ、ニカラグアではマキシ・パリ、デスペンサという名称が定着している、グアテマラ、エルサルバドル、ホンジュラスではマキシ・デスペンサとし、メキシコでアウレラという名称を利用した経験を活かして、地元に既に浸透している名称を積極的に活用している。

その他業態については、各国ごとに従来の店舗形態を維持しつつも、新店舗に関しては什器の標準化を進め、陳列に関しても指導がなされた。出店は控えられ、モデル店舗を通じたノウハウの共有が慎重になされた。

特定の階層向けで店舗数も少ないハイパーマーケット業態が２０１１年にウォルマートという名称に統一された。２０１２年には、食品ス

図8－5　各国のデスペンサ・ファミリアール

（注）上段グアテマラ，下段左1枚目エルサルバドル，右2枚ホンジュラス。

ーパーの97店舗のうち売上高全体の1／3を有する23店舗の有力店のリモデル化に着手している。なお、グアテマラのみにあったMWCは2014年にやめている。

出店地域は発展している太平洋側を中心とした主要都市であり、流通センターもこの地域のインフラの未整備といった状況を踏まえて、メキシコ全土で14であるのに対して、相対的に多い11拠点が設置されている（図8－7参照）。

（3）商品調達システムの改革

①　グローバル契約の重視

ウォルマートは、世界最大の売上高を背景に、メーカーとの価格交渉を優位に進めることによって成功を収めてきた。中米地峡市場においてもこのスタンスは変わっておらず、各国の事情に配慮しつつも、グローバル展開を進めるメーカーとのグローバル契約を重視することによって価格交渉で優位に立ち、より一層の低価格化

図８－６　ボデーガに合わせたマキシ・パリの外観と店内（ニカラグアの店舗）

上段外観はメキシコのボデーガとカラーもロゴも類似。

下段右は倉庫感は薄く，外光を取り入れた明るい店内の様子。

下段左は野菜コーナー。

を目指している。

こうした変化はなかなか確認しづらいが、筆者がコスタリカで行った消費財メーカーのインタビューからその一端を垣間見ることができたのでここで紹介する。コスタリカで乾電池を製造販売してきた日系メーカーP社は、1960年代にコスタリカ市場に参入し、約3割の市場シェアを獲得するまでに成長した。同社は、中米ウォルマートのコスタリカにおける前身企業旧CSU社においても、店頭でのプロモーション提案などきめ細や

図８－７　中米地峡市場におけるウォルマート店舗出店都市及び流通センター配置状況（2013年末現在）

（注）（　）は配置数。エルサルバドルの２つの流通センターのうち1つはアポパにある。

かな営業を展開することによって、現場の担当者とも強い信頼関係を構築していた(10)。

同社にとっての転機は、２００６年のウォルマートの過半数株式所有によって訪れた。それ以降、乾電池の仕入れでは、グローバル契約（米国大手エナジャイザー社、P&G傘下のドュラセルブランド）やリージョナル契約（メキシコ市場大手米国スペクトラムブランド社のReyovackブランド）が重視されるようになり、各メーカーからの売り場提案などは受け入れられなくなり、電池売場の店頭は荒廃するようになっていったとのことである。

なお、P社は従来成長を期待し重視してきた中国の上海工場を閉鎖し、中南米市場を近年重視するようになった。コスタリカに北米向けなど生産の一部を移管

図８－８　HORTIFRUTIの具体的商品

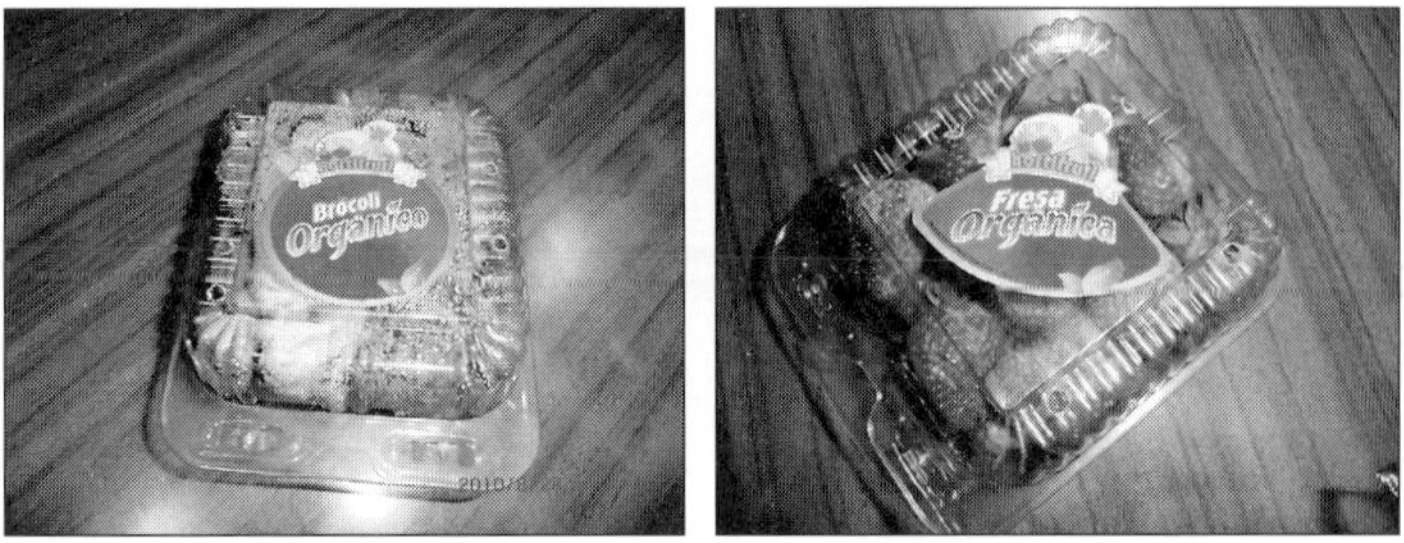

有機と銘打っているブロッコリー　　有機と銘打っているイチゴ

（注）なお，コスタリカでは有機に限定せず，売り場のかなりの部分がこのプロジェクトの商品。

すると同時に、メキシコ、アルゼンチン及びコロンビアへ出荷するために、２０２２年中にも約１，０００万ドルを投資して工場を拡張し、単３や単４を中心にマンガン電池の生産能力を現状から倍増させるとしている。同社のこうした動きは短期的にコスタリカでの仕入れに影響するとは考えにくいが、長期的には影響がある可能性もあり、注目していきたい。

②　ＰＢ商品の重視

ウォルマートは世界最適地からの最適条件での仕入れを目指してきたが、中米地峡市場では、ローカル・システムの利用による地域独自のＰＢ商品開発に積極的である。旧ＣＳＵ社の地元農家と連携して生鮮食品の調達を行うHORTIFRUTIプロジェクトは、ハーバードビジネススクールのケース(Leguizamon and Prado (2006), Leguizamon and Ickis (2009))に取り上げられるなど、小売業者と地元農家の連携の先駆的取り組みとして有名であった。ウォルマートは旧ＣＳＵ社のこうした取り組みに着目し、米国国際開発庁（ＵＳＡＩＤ）の一部資金拠出を受け、その活動を社会貢献という角度から積極的にアピールしている（図８－８参照）。

図８－９　DCIの具体的商品

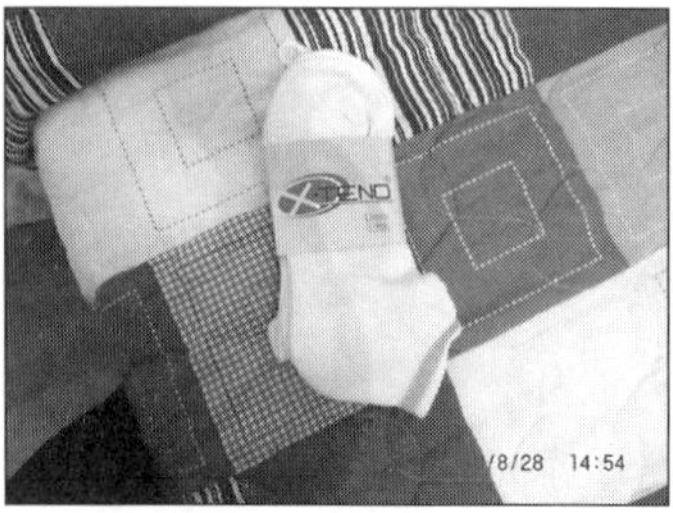

グアテマラ製のPB靴下が各国に導入されている。なお，シャツなど一部商品は，中国から５カ国分まとめて輸入。

グアテマラ製のPBインスタントコーヒーが導入されている。DS業態では，NBとの比較による低価格が強調されて販売。

図８－10　中米ウォルマートの現地生産者との連携

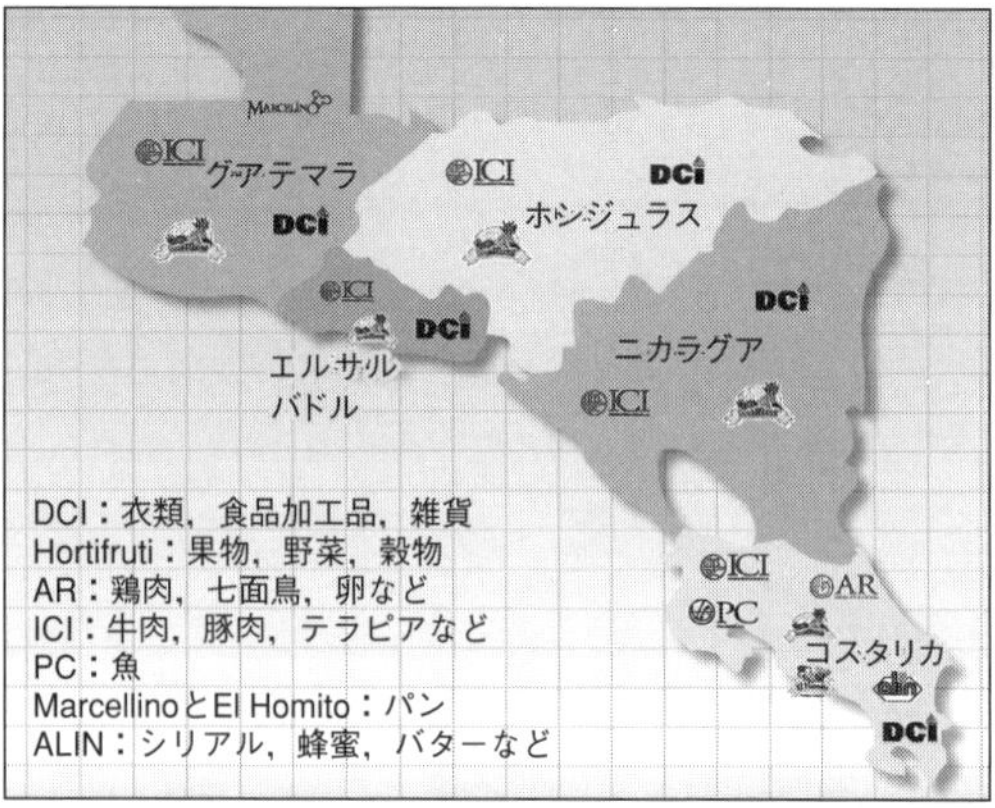

同社はこのプロジェクトの範囲を、コスタリカ、ニカラグアから旧フラグア社が店舗を展開していた3カ国にも拡大した。先進地域コスタリカなどで供給農家数を絞る一方、２００７年頃に活動開始したエルサルバドルでは、商品を提供する農家数を２００７年の16から３５２に急増させ、各国の条

件の差を利用することを視野に入れた展開を始めている。２０１５年には、メキシコと中米地峡市場において展開する店舗で取り扱う果物野菜の８割を生産者から直接購入し、３割は小規模農家から購入することを示している。

また、ＰＢ商品のうち取り扱いが容易なＤＣＩプロジェクト（図８－９参照）に関しては重視しており、全ての国で導入済みである（図８－10参照）。なお、ＡＲプロジェクトなど食品に関しては、ＦＴＡのセンシティブ商品も多いことから、ニカラグアなど左派政権にも配慮した慎重な対応を行い、ＰＣプロジェクトに関しては、北部と南部での食文化の相違を考慮している。

(4) 新体制の構築

同社は２０１０年にウォルマートのメキシコ子会社であるウォル・メックスと統合されたが、それ以前から段階的に人材の多様化を進めており、メキシコ、アルゼンチン、ブラジルなど既にウォルマートが進出した諸国で成果を上げた人材や現地の名門大学院ＩＮＣＡＥ出身の現地人材を登用し、各国ごとの管理組織を維持しつつ、金曜の朝のネット会議などを通じてノウハウや課題の共有を行ってきた。

メキシコ子会社との統合をもって、統合の第1ステージ成功を評価し、統合を中心的に推し進めてきた中米ウォルマートの社長兼ＣＥＯであったマルコス・サマハ氏を11月にブラジルのＣＥＯへ栄転させた。そして、メキシコのボデーガ・アウレラ上級副社長アルベルト・エブラルド氏を上級副社長兼中米ウォルマート経営責任者として赴任させた。この人事は旧ウォル・メックス主導によるボデーガ業態のノウハウ移転に向けた人事であるとみられた。

3　ウォルマートの中米地峡市場での現地適応化戦略

(1) ウォルマートの中米地峡市場における現状

ウォルマートの中米地峡市場参入における当初の成功は幸運な買収によるところが大きい。同社が買収した企業は、中米地峡最大規模の市場グアテマラと先進市場のコスタリカのトップリテイラーと、国際経験豊かな有力外資というまさにドリームチームであった。ウォルマートは当初の幸運から得た中米地峡市場における地位をより盤石にするために、これまでの主要業態であるハイパーマーケットのリモデル化をほぼ完了しつつある。

現時点での中米地峡市場での市場シェアは、主要市場であるグアテマラで急激に売り上げを伸ばす第2位のウニスーペルの4倍弱、コスタリカではライバルといえるか疑問であるほどの開きがある競合ゲッサの6倍弱であり(11)、今後も政治体制の激変などがない限り、同社の優位は動かないように見える。

同社が中米地峡市場で更なる成長を遂げるためには、既存の主要業態が標的としていない低所得階層の取り込みが不可欠である。こうした状況は、メキシコ進出後しばらくして置かれた状況と類似しており、同社の進めるメキシコ子会社との統合は、成功市場からのノウハウ移転の取り組みとして注目に値する事例であるといえる。以下では２０１３年夏に行った現地調査の結果の考察を中心にウォルマートの中米地峡市場での現地適応化戦略について示していく。

図８－11　中米ウォルマートの組織体制の変化

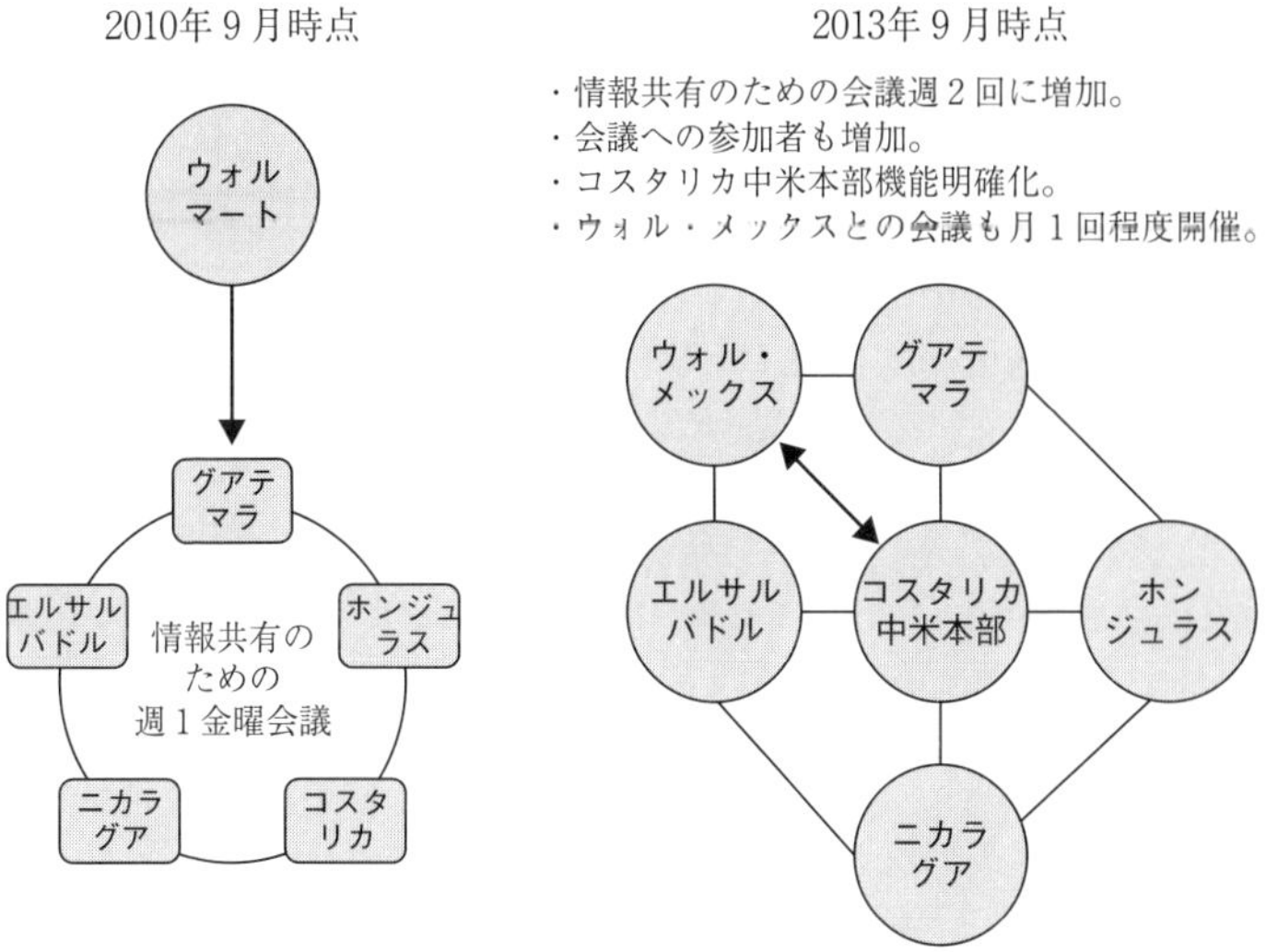

（2）ウォルマートの中米地峡市場での現地適応化戦略

①　情報共有による中米地峡全体での戦略標準化に向けた取り組みの強化

２０１３年８－９月に行った現地調査によれば情報共有が徹底され、指揮管理を行うメキシコ本部、中米地峡全体を取りまとめるコスタリカ本部及び各国部門間の役割分担が明確化された（図８－11参照）。

中米地峡市場全体がウォル・メックス傘下となり、統合された直後の２０１０年９月時点では、情報共有のための会議は金曜日に１回であった。しかし、２０１３年９月調査時点では月曜と金曜の２回に増加し、その内容も大きく変化していた。特に、新設された月曜の会議はソシオと呼ばれる従業員なら誰でも参加できる連絡会議となり、幅広い人材が社内の有益な情報へアクセスできるようになった。

金曜の会議も質が向上し、従来の一部の各国トップ間の情報共有という内容からコスタリカに駐在する実質的に中米ウォルマートを代表するウォルマート・メキシコ及び中米地峡市場のバイスプレジデントを司会に、各国10～30名程度いるリージョナル・ディレクターが参加し、20名程度の約3年程度で国際移動も含む部門移動がある幹部10～15人が毎回問題点を報告し、その内容に関して議論を行うという内容に大幅に変更された。5つある全社の統一指針が徹底され、EDLPが強く徹底されつつある。

さらに、月に一度程度、メキシコ及び中米のトップであるCEOも交えたリージョナル・ディレクター以上の会議もなされるようになった。最初の頃は情報共有の不徹底で失敗事例があったが(12)、この会議が行われてトップと現地の間の情報共有が行われた上、この会議において最終決定が行われることになったことから、現地実情を踏まえた上での最終決定がスムーズになされるようになり、これまで希薄であった社会的責任といった考え方の現地への導入には有効に作用したようである(13)。

こうした情報共有は、高所得階層向けの業態や価格訴求型の業態が名称を含めて整理されたことや現地幹部の出店の考え方にも反映されている。ウォルマート買収当初は出店に関しては各業態・店舗ごとに点として捉える視点が支配的であったが、体制変化後には地域を面として捉え立地に応じた業態を展開するという視点に変化した。例えば、グアテマラシティ近郊都市シエラに関してみれば、ハイパーマーケットのウォルマート1店舗、食品スーパーのパイス1店舗、倉庫型ディスカウントストアのマキシ・デスペンサ2店舗、ディスカウントストアのデスペンサ3－4店舗といった具合に捉えるようになった(14)。

図8－12　エルサルバドルのデスペンサ・デ・ドンファンの店内

②　戦術レベルでの現地適応化と店舗のオペレーションレベルの底上げに向けた取り組み

戦術レベルでの現地適応化は、競合が相対的に激しい食品スーパー業態の名称維持などがあげられる(15)。名称が維持される食品スーパーはグアテマラとホンジュラスに展開するパイス、エルサルバドルのデスペンサ・デ・ドンファン（図8－12参照）、ニカラグアのラ・ウニオン、コスタリカのマス・イクス・メノスである。なお、ディスカウントストアのデスペンサとパリという名称は定着しているので、既述のような積極展開を目論む倉庫型ディスカウントストアの名称も維持している。

現地調査の結果明らかになったことは、店舗レベルでのオペレーションの徹底の困難さであった。優秀な人材確保、人材に対する研修、各人の学歴向上に向けた努力への支援の取り組みは様々なレベルで行っていることが確認できた。しかし、店舗実態を調査すると、特に、エルサルバドルとホンジュラス・ニカラグアのレベルの差は明確であった。店内のＰＯＰの貼り方や

表8－5　中米域内後発途上国における競合企業のウォルマートへの対抗戦略

	グアテマラ	エルサルバドル	ホンジュラス	ニカラグア
食品スーパー	ラ・トーレ70店舗	スーパー・セレクトス74店舗	ラ・コロニア26店舗	ラ・コロニア24店舗
その他主要業態1	ディスカウントストア	ディスカウントストア	大型スーパーマーケット	ハイパーマーケット
その他業態の名称	エコノスーパー8店舗	セレクトス・マーケット14店舗	メガ3店舗	ハイパー・ラ・コロニア1店舗
その他主要業態2				倉庫型ディスカウントストア
その他業態の名称				ボデーガ・ラ・コロニア2店舗
出店地域	全国主要都市に展開済み	全国主要都市に展開済み	首都から第2都市等北部へ展開中	首都中心他も西部太平洋側に集中
価格戦略	ハイロープライシング	ハイロープライシング	ハイロープライシング	ハイロープライシング
品揃え戦略		輸入品含めた品揃え	輸入品魚野菜含めた品揃え	低価格鶏肉野菜の品揃え
販売促進戦略	給与日セール	曜日セール		
その他		買物空間の快適さ	カフェテリア	

（注1）グアテマラのラ・トーレとエコノスーパーの店舗数は2017年の数値である。
（注2）エルサルバドルのスーパー・セレクトスはスーペルメルカード・デ・トドが3店舗残っている。店舗数は2013年の数値である。
（注3）ホンジュラスのラ・コロニアは，グループ内に大衆向けデパートとドラッグストアも出店している。店舗数は2018年3月現在の数値である。
（注4）ニカラグアのラ・コロニアは，首都マナグア以外にはグラナダ，チナンテガ，エステリ，マダガルパに各1店舗出店している。店舗数は2018年3月現在の数値である。

陳列方法だけを観察してみても、前者が顧客の視点からしっかり見やすくPOPが貼られ、陳列もしっかり商品を棚の手前に陳列しているのに対して、後者はとりあえず指示があるから貼っているだけであり、販売後の棚の管理はなされておらず、商品が販売された後も一切棚を整理した痕跡はなかった。

また、各国の対抗企業も上記のウォルマートの取り組みに脅威を感じ、2008年には各社とも大規模仕入れによる低価格では対抗できないことを認識している（表8－5参照）。ラ・トーレ（グアテマラ）、スーパー・セレクトス（エルサルバドル）、ラ・コロニア（ホンジュラス）はEDLP戦略に対抗し、ハイロープライシングや給与支給日に合わせたキンセナと呼ばれる月2回のセール、セールチラシの活用を行うと同時に、低価格業態デスペンサの利用者より少し上の階層を標的に、エコノスーパーでは価格以外の内装の充実を行っている。

ウォルマートが供給業者に契約取り消しをちらつかせる価格交渉を行うのに対して、これまでの関係性を大切にした長期的な関係を重視している。ウォルマートがチラシや価格表示を重ねて安さを示して実際には値下げを行わないといった対応を繰り返すのに対して顧客へ誠実な対応を続けている(16)。

なお、地方の小売業者ラ・ボデゴナのように、ウォルマートの価格調査対象品に、おまけをつけるといった手法を行うことによって消費者にお得感を示すなどといった売場レベルの努力も行われていた。

エルサルバドルにおいて1950年からスーパー・セレクトスを展開してきた既述のガジェハ・グループ（Grupo Galleja）は高所得階層が標的のスーパーセレクトス（Super Selectos）、低所得階層狙いのセレクトス・マーケット（Selectos Market）とスペル・メルカード・デ・トド（Supermercado De Todo）という3業態で店舗網を拡大し、2021年には全国で102店舗を展開している（図8－13参照）(17)。ウォルマートが展開するデスペンサとの競合を意識して差別化した業態としてのセレクトス・マーケットの展開を重視している。同社によれば、デスペンサはカードが利用できず、エアコンもなくPB重視の非常にベーシックな品揃えの店舗であるのに対して、マーケットはカード利用可能でエアコンも完備した創業者の名前を冠したDanyというPBもあるが、PBに固執しない輸入品も取り扱う業態である。顧客は希望商品がない場合には、倉庫やスーパーセレクトから送付してもらえ、業態の詳細に関しては地域ごとにニーズに対応してかなり変えているそうである(18)。

図8－13　サンサルバドル以外にも幅広く展開するセレクトス・マーケット

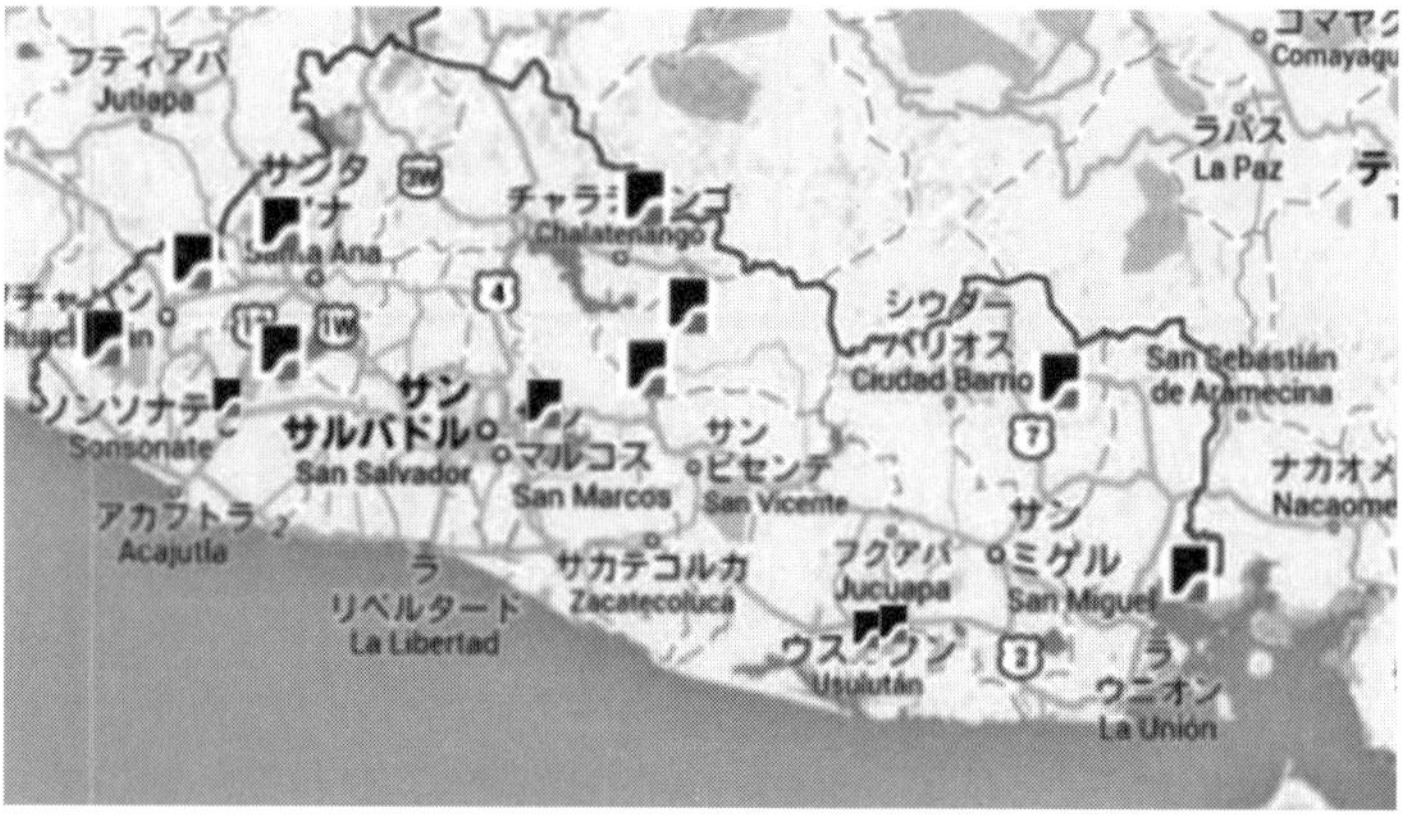

ホンジュラスにおいてラ・コロニアを展開するアラブ系資本のフィコサ銀行（FICOHSA）は、米国及びパナマにも支店を有する銀行であり、ラ・コロニア以外に大衆向けデパート（GMSに近い）のディウンサ（DIUNSA）やドラッグストアのキエルサ（KIELSA）も展開する総合小売グループを展開している。ラ・コロニアも２００７年に既存店舗をリニューアルしたメガと呼ばれる大型店舗3店舗を展開している。出店地域は２０１０年までは首都テグシガルパ14店舗とその他中部南部4都市に各1店舗（チョルテカ、コマヤグア、フチカルパ、ダンリ）の18店舗と中部南部に集中していた。２０１１年にシグアテペケと第2都市サンペドロ・デ・スーラに進出して以降、サンペドロ・デ・スーラには2年間でさらに4店舗を出店し、２０１３年7月26日エル・プログレッソ、２０１３年11月15日にラ・セイバの2都市と北部にも出店し、全国チェーンへの足掛かりを築きつつある。サービス、品揃えを重視し、カフェテリアやパンコーナーを重視し、テグシガルパでニーズの高いサーモン、ワイン、輸入果物、ネギなどを取り扱うことによって差別化している(19)。

図8－14　首都中心に西部太平洋側にのみ店舗展開するニカラグアのラ・コロニア

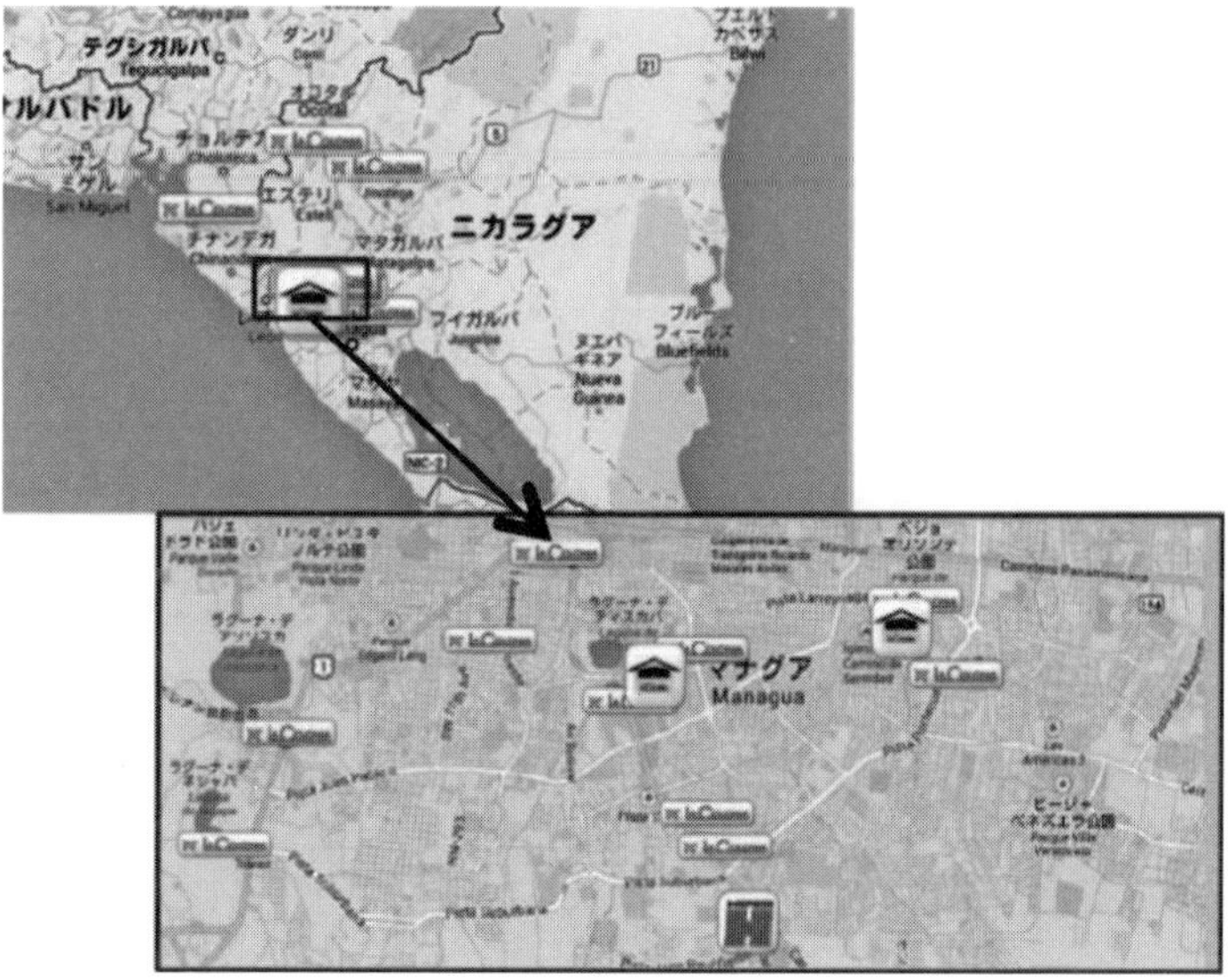

　ニカラグアにおいてラ・コロニアは1956年に創業し、食品スーパーのラ・コロニアを、ニカラグアの人口の8割以上が西部太平洋岸に在住するという偏った条件に合わせて首都圏を中心に太平洋側4都市のみに展開している（図8－14参照）。ラ・コロニア以外にも近年ハイパーマーケットのハイパー・ラ・コロニア1店舗、倉庫型業態ボデーガ・ラ・コロニア2店舗の出店を開始している。中核の食品スーパーはラ・ウニオンよりも少し低い階層を狙って鶏肉の品質やネギなどの野菜の品揃えを重視することによって(20) EKONOMAXというPBを用いて品揃えを行ってきた(21)。ハイパーマーケットはハイパーと銘打った店舗施設は巨大だが、2013年9月現在では巨大化に品揃えのバリエーションが追い付いておらず、売場管理も統一感は見られなかった（図8－15参照）。食品スーパーを

図8－15　ニカラグアのラ・コロニアの外観と店内

空きスペースが目立つ店内　　PBのEKONOMAX

ボデーガに転換しようとしている店舗（ラ・コロニアSUCURSAL BELLO HORIZONTE店）もボデーガと看板に合わせて、マキシ・パリを真似た陳列を行っているが、値段は低価格に設定されておらず、表面上の模倣をしているにすぎなかった。

③　商品供給・商品調達における各国間での連携強化に向けた取り組み

商品供給・商品調達においては、戦略としては各国間での連携強化に向けた取引がなされている。既に、エルサルバドルでは標高が高いところでしか産出されない野菜が隣国グアテマラから輸出されるなど、各国の特性を補う連携は強化され、野菜のブランド名もグアテマラで普及していたDel Frescoを段階的に中米全土で用いられるHortifrutiに移行させつつある(22)。

特に、ニカラグアにおける農産物供給地の可能性に関しては地元行政も期待しており、TIERAFRUTIプロジェクトと呼ばれるコスタリカから持ち込まれたノウハウによる産直プロジェクトは、買い取り条件も良く安定性も確保できることから浸透してきている。開始以前50～60軒であった契約農家は約150軒にまで増加し、一部の農家は借りていた農地を買い取る動きが出てきており、輸入9割であった野菜は現地調達9割へと変化した(23)。

その他にも、ハイビスカスというハーブティーがニカラグア国内店舗に加え、中米全域へ取引が拡大したり、ウォルマートが持ち込んだスイートコーンがニカラグアに定着したり、カハタ・ロチャ(Cajata Rocha)という牛乳からできた甘いお菓子やハレアス・コジェハス(Jaleas Collejas)などがウォルマートを通じて海外で販売されるようになっている(24)。

しかし、密輸やインフォーマルな取引の多さから生じる課題が顕在化している。同社は大規模仕入れを通じた戦略的仕入れと戦術レベルでの高度化の結果としてのコスト削減を原資とした低価格を武器に、中米地峡全域に店舗を展開しようとしている。密輸やインフォーマルな取引は同一条件での競争を脅かしており、現状では対処しきれていない。例えばグアテマラでは競合他社を中心に価格調査が100程度の参照商品を対象に行われているようであるが(25)、その主な比較対象はあくまでもフォーマルな企業であり、現場の意識は商品の鮮度などの品質や買い物環境の安全性の確保などに相対的にウエートが置かれている。グアテマラは特にメキシコを通じた密輸が多いため(26)、PBの優位性が必ずしも担保されておらず、中米本部はPBの比率を段階的に増やそうとしてはいるが、コスタリカで見られたようなＰＢ取引の増加がＮＢの取引条件の向上に必ずしもつながっていない(27)。密輸品ＮＢをインフォーマルに低価格で販売するパパママストアとの対抗上も、現地調査からもメキシコのボデーガに比して、小規模のデスペンサですら、各カテゴリーのアイテム数が相対的にかなり多く、品揃えが集約できない上、都市部のマキシ・デスペンサでは積み上げ陳列が不可能であるし、郊外でも積み上げの高さが低くなっており、業態の優位性をしっかりと打ち出せない状況にある。

ニカラグアでうまくいった産直の取り組みも、グアテマラでは現地で普及する正規の税金を納めないインフォーマルな3カ月などの短期取引を可能にする納入先の存在の大きさにより、フォーマルな長期取引を前提とするウォルマートの方法は拡大していない。導入している農家もコスタリカなどで行っている既述のHORTIFRUTIプロジェクトのレベルには程遠い。行っている検査も社内に20名程度の農業指導技術者が教えに行ったり、マニュアルを渡したりするレベルに留まり、農家がインフォーマルな取引と使い分けているために、売上高も短期定期取引も含めて30〜40％に過ぎない。

4　メキシコとの融合が進むウォルマート中米

ウォルマートの中米地峡市場での当初の成功は、幸運な買収によるところが大きかった。同社が買収した企業は、中米地峡最大規模の市場を有するグアテマラと域内先進市場を有するコスタリカのトップリテイラーと、国際経験豊かな有力外資というまさにドリームチームによって創設された企業であり、中米ウォルマートは最初の幸運から得た中米地峡市場における地位をより盤石にするために、現在現地適応化に向けた様々な取り組みを行っている。

その取り組みは情報共有による中米地峡全体での戦略標準化に向けた組織体制の変更、戦術レベルでの現地適応化と店舗のオペレーションレベルの底上げ、商品供給・商品調達における各国間での連携強化に向けた取り組みにまで多岐にわたる。

その効果は各国の環境における大きな相違から大きな差が生じている。ウォルマートは現地に浸透した店舗の名称を利用する、コスタリカの先進性を活かした体制に刷新するなど、中米5カ国の間にある格差や違いに巧みに適応し、活用して成功している側面もある。

しかし、グローバルに展開する外資ゆえに乗り越えられない困難さもある。インフォーマルな取引（密輸NBや生鮮品など）の存在や、納入条件など先進国出身だからこそ重視する規律の部分はその代表的な内容である。

2022年1月には、ウォル・メックスは中核事業及び地域に努力と資本を集中するために、ホンジュラス、エルサルバドル及びニカラグアの事業に関する戦略的選択肢を検討していることを示し、選択肢には合弁事業、戦略的パートナーシップや提携、売却、その他の取引などが含まれる可能性を提示した(28)。具体的な戦略は今後進められるとみられるが、本社の戦略転換の影響が従来及んでこなかった中米地峡市場にも変革を求める動きであり、ホンジュラスでは小売シェア首位であるのに対して(29)、エルサルバドルでは首位を獲得できていないといった各国事情に応じたよりきめ細かい戦略転換に関しても今後注目していくべきである。

【注】

（1）移民の人口比と移民数に関して詳細は、World Bank（2011）を参照。

（2）世界銀行が海外送金手数料に関する情報を定期的に提供している。詳細は、世界銀行の海外送金手数料に関する頁（http://remittanceprices.worldbank.org）を参照。

（3）日本経済新聞2021年10月23日付夕刊。

（4）日本経済新聞2021年9月9日付。

（5）日本経済新聞2021年3月3日付。

（6）Euromonitor (2022a), p.5-8. なお、2021年小売シェア2位のカジェハ社は6・5%、3位ウォルマートは5・9%であり、過去5年を見てもエルサルバドルの小売3強の順位に変動はない。

（7）インテル誘致成功とその後の影響に関して詳細は、The Multilateral Investment Guarantee Agency (MIGA) of the World Bank Group (2006) を参照。

（8）笛田（2014）、39－40頁。笛田（2014）は中米の地域経済人脈の形成におけるINCAEの果たした役割に関して詳細に示しており有用である。なお、筆者は中米地峡市場現地調査において笛田氏に同行頂き、地域経済に関する多くの情報及び調査に関するアドバイスを頂いた。

（9）ロゴに関しては、HSBCのメキシコGF Bital買収での一夜でロゴを一新し失敗した事例が有名であり、メキシコでは、シティバンクもバナメックスも従来のカラーやロゴを意識した取り組みを行っている。

（10）P社と中米ウォルマート担当者の信頼関係は、今回のインタビューでの以下のやりとりからも明らかになった。P社の担当者は、ウォルマートの電池売場担当者から、米国本社から中米地域本部さらにグアテマラ支社へのPB商品の販売の圧力が強まり、PBだとコンテナ単位の在庫管理を強いられるためなんとかならないかという相談を受けていた。

（11）コスタリカでの小売シェア2位はウォルマートの4倍弱の4・2%のシェア（ゲッサは2・9%）を有するエルサルバドル資本のグルーポ・ウニコメール（Grupo Unicomer）であるが、同グループは中米地峡市場に幅広く店舗展開する高級百貨店シマンも有するグループであり、2012年9月にコスタリカ資本の非食品を取り扱う量販店チェーン・ゴージョを２０１２年現在１１３店舗展開しており、取扱商品の競合は一部見られるが、展開する小売業態や主要標的の相違から競合より棲み分けを重視しており、主な競合業者とはいえないと考えられる。

(12) ニカラグアでは情報共有がなされなかったことから、当初、現地では不釣り合いに巨大な60インチのテレビを推奨したり、必要性が低い防寒具が推奨されたりし、失敗していた。

(13) ウォルマート・ニカラグア幹部へのインタビューによる。

(14) 小売業態ミックスによる出店の意図が現場レベルまで浸透しているとはいえない。特に都市郊外のマキシなど従来その業態の出店数が多くない地域では、小売業態の位置づけが現場レベルでは理解されていないと考えられる売場作りや陳列が多くみられた。

(15) ウォルマート・エルサルバドルにおける幹部へのインタビューによれば、当初は名称の統一も検討されたようだが、定着したブランドであることが考慮され、名称は維持されることになったそうである。なお、ＰＯＰ共通化、什器統一などオペレーション上の標準化や研修を通じたノウハウの共有、ＰＢの共通化は進められている。

(16) ウニスーペル社幹部へのインタビューによる。ウニスーペル社は２００１年に同国で約60年の歴史を有する伝統的スーパーのラ・トーレを典型するトーレ社と低価格ＰＢを売り物にしていたディスカウントスーパーのエクノスーパーを展開するエクノスーパー社が合併して誕生した。この増加はラ・トーレが２０１３年５月に開業したミヌト・ムヒバル（Minuto Muxbal）にキーテナントとして入居したことにみられるように、ショッピングセンターへのラ・トーレの出店によるところが大きく、ユーロモニターのデータによれば、グアテマラにおける食品小売シェアを２００９年の１・８％から２０１７年の３・８％へと確実に増加させているが、その増加分は大部分がラ・トーレの増加により、２０１３年の43店舗から２０１７年には70店舗に急増している。

(17) セレクトス・マーケットは２０１４年１月現在サンサルバドルには出店しておらず、中小都市へ出店している。

(18)セレクトス幹部へのインタビューによる。
(19)現地取引先レストラン経営者へのインタビューによる。
(20)現地取引先レストラン経営者へのインタビューによる。牛肉はラ・ウニオンの方が品質的に優れているそうである。
(21)現地商業行政担当者へのインタビューによる。
(22)ウォルマート・エルサルバドル幹部へのインタビューによる。エルサルバドルでは国民性もあるのか、ウォルマートによるISOといった国際標準に基づく管理がなされようとしているが、監視を行う現場人材不足が課題となっている。同社はウォルマート買収以前は中卒高卒だったが、監視をしっかり行える大卒が求められるようになり、社内では午後時間を与えて学歴取得を推奨しているが、大卒人材の十分な確保には至っていない。
(23)ウォルマート・ニカラグア幹部へのインタビューによる。
(24)ニカラグア政府関係機関幹部へのインタビューによる。
(25)ウォルマートの競合他社幹部へのインタビューによる。なお、ウォルマート買収後、価格調査に基づいた値下げ交渉は厳しくなっており、一部の大手メーカーは取引を一時期辞退するケースもあるようである。ウォルマートへの商品供給業者へのインタビューによれば、ウォルマートは20％以上の利幅がないと取引しないというように基準が明確である上、買収後取引開始の決済が海外に移ったようで時間がかかるようになった。ウォルマートの競合小売は数値までは示してこず、交渉で柔軟に対応してくれるそうである。取引が開始されても、ウォルマートはアジアフェアなどといったフェアを開くから仕入れたといったようなことをいって返品をしてきたり、試供品提供を求めてきたり、派遣店員を求めてくるなど、競合他社が行わないことをしてくるそうである。納入条件も厳しく15分遅れただけで受け取り拒否されたり、ウォルマート側からの指示で起こったチーズ加工による損失を被らされたりしたそうである。上記の不満はあるが、現地の商品供給業者は取引規模の大きさと海外への商品供給の可能性も考慮して、大手メーカーのように強気に出ることはできていない。なお、競合小売他社も価格調査の参照商品以外の値下げを行う、おまけをつけるなどの対応を行って対抗している。

(26) グアテマラ以外の諸国でも密輸問題は深刻であり、各国の小売業者のインタビューにおいて密輸に関して多様な観点から言及していた。ニカラグアでは密輸はあまりないが、インフォーマルな小売業者の多さは問題となっており、あまり連携しない競合企業とも連携して政府に訴えたりするほど深刻である。

(27) ウォルマート・グアテマラの現地幹部のインタビューによる。

(28) ウォルマートの中米地峡市場での戦略転換に関して詳細は、ウォルマートホームページ（https://corporate.walmart.com/newsroom/2022/01/24/walmart-de-mexico-y-centroamerica-to-consider-strategic-alternatives-for-its-operations-in-honduras-el-salvador-and-nicaragua）を参照。

(29) ホンジュラス2021年小売シェアはウォルマートが11・1％で首位、第2位が7・2％で既述のラ・コロニアである。詳細はEuromonitor（2022b）を参照。

第9章 地道な改善により南米大陸で唯一好調なウォルマートチリ

1 自由貿易先進国チリ小売市場の概要

(1) チリ共和国の概要

チリ共和国は、面積こそ日本の約2倍の756、629㎢とラテンアメリカではそれほど大きくはないが、西の太平洋、東のアンデス山脈にはさまれた非常に縦に細長い国土である。北部のアタカマ砂漠から、ワインの産地として注目される中部の渓谷地帯、南部のフィヨルド地形を有するパタゴニア、さらにイースター島などに代表される島々まで多様な特徴を持つ国土を有している（図9－1参照）。

人口は約1、968万人であり（2021年国家統計院推定値）、ラテンアメリカ諸国の中では2億強のブラジル、1億2、000万強のメキシコ、約5、000万弱のコロンビア、4、500万弱のアルゼンチン、3、000万強のペルー、ベネズエラに次ぐ第7位である。同国の特徴の1つとして、都市への人口集中があげられるが、首都サンティアゴ首都圏の人口は668万人と多く（2018年国連推計）、全人口の1／3以上を占め、ブラジルのサンパウロ、リオデジャネイロ、アルゼンチンのブエノスアイ

図９−１　縦に細長のチリ共和国

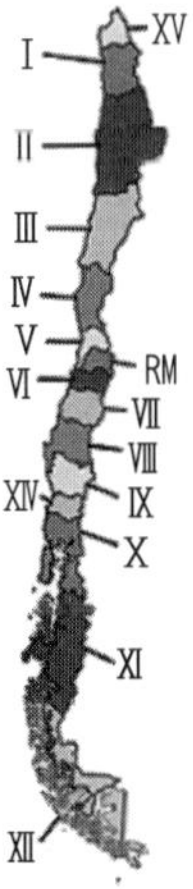

（注）アラビア数字は州の番号であり，RM（首都州）以外は，Ⅰが第１州，Ⅱが第２州といったように，北から番号で原則示されてきた。なお，2006年にロス・リオス州（XIV）とアリカ・イ・パリナコータ州（XV）が新設されたため，上記２州は原則に従っていない。

レス、周辺諸国ペルーのリマ、コロンビアのボゴダに次ぐ人口規模を有する。

人口構成は、この地域がインカ文明を生んだ地域から地理的にも隔絶されていたことから、先住民が相対的に多いペルーやボリビアとは対照的に白人が多く、アルゼンチン、コスタリカと並んでスリーホワイトと呼ばれ（丸谷（２００９ｂ））、約75％のスペイン系とその他欧州系20％が大多数を占め、先住民系は５％程度であり、宗教はローマカトリックが88％と大多数である。

（2）チリ共和国経済の概要

チリ共和国の経済は、世界一の産出量を誇る銅の輸出を基盤として発展してきた。その比率は低下し続け、１９７０年代初頭は輸出の約7割を占めていたが、現在では4割強となっている。しかし、２００３年以降の中国など新興国の経済成長に伴う需要増加により、２０１１年にはポンド当たり４００ドル（銅精鉱価格）という最高値を付け、ブームは一端終わったとも言われるが（北野（２０１８）、61頁）、その依存度は高いままであり経済基盤を支え続けている。

他方、銅以外の輸出品も多様化しつつあり、その比率は2－3％と少ないが、オーストラリアや南アフリカなどと並んで新興産地として評価の高まるワイン、日本の協力によって現在ではノルウェーに次ぐ生産量を誇るように成長した養殖サーモン（細野（2010））などが世界から注目されている。バルパライソといった主要港を有する中部を中心に、工業や金融サービス業もラテンアメリカ域内においては相対的には発展している。

チリは世界有数の自由貿易国でもある。北米欧州といった主要先進諸国とは自由貿易協定を締結済みであり、TPP11の原加盟国4カ国（その他にシンガポール・ブルネイ・ニュージーランド）のうちの1国であり、2007年3月に日本とも経済連携協定を締結済みである。先端を行く通信インフラも整っている（コトラー（2007））。南米最大の海運会社であり、世界的コンサルティング会社ボストン・コンサルティング・グループが選定した新興国発グローバル・チャレンジャー100社に選定されたこともあるCSAV社など有力企業も輩出している（丸谷（2010））。

経済規模は、2021年名目でGDP総額3，169億ドルであり、人口が少ないため規模こそビッグスリーや他のミドルフォーに比べて少ないが、2020年の1人当たり名目GDPは12，977ドルとメキシコを大幅に上回っており、ラテンアメリカでは最も有望な市場であるといえる。

また、ラテンアメリカにおいて問題とされることが多いインフレ率も1995年以降は一貫して1桁台であり、2000年以降に関しては2008年以外5％以下で推移している。こうした安定には、1973年に世界で初めて自由選挙によって合法的に選出された社会主義政権であるアジェンデ政権を、クーデターにより倒したピノチェット軍事政権が継続的に行ってきた財政健全化を重視した財政金融政策(1)と、1988年に国民投票により民政移管を実現した後の歴代政権(2)によってマクロ経済政策が維持されるために導入されたインフレ・ターゲティング政策がある（北野（2006））。2021年も4・52％と1桁台に堅持され、失業率も8・86％とラテンアメリカの中では相対的に低い数値となっている。

こうした経済力は世界的にも評価が高く、先進国クラブといわれるOECDに、2010年1月11日に、全体では31番目、ラテンアメリカではメキシコに次ぐ2番目の加盟国として加盟した。チリ経済は2010年3月の大地震直後の政権交代により一時的苦境に陥るとの観測もあったが、その後も順調に推移している。

OECD加盟後には自国との比較対象が自国よりも状況がいいOECD加盟国へと変わったこともあり、自国の社会政策が不十分であるという認識が高まり（北野（2020））、2019年10月25日にサンティアゴで市民による民主化後最大級のデモが起こった。民主化後政権を担うことになった中道左派勢力と軍事政権に相対的に近い中道右派勢力の妥協に基づく政治は安定的ではあるが、軍事政権下に導入された新自由主義がもたらす格差への不満が十分には反映されづらい（図9－2参照）。こうした不満が2021年の大統領選挙の結果となって現れ、民政移管後初となる左派候補であり、学生運動のリーダーから下院議員になった35歳という史上最年少のガブリエル・ボリッチ氏が2022年3月に大統領に就任した。

（3）チリ小売市場の概要

チリの小売市場は、同国がラテンアメリカにおいて早期に採用してきた経済自由化政策に対応してきたことにより形成され、この地域で最も近代化が進展した市場といえる。チリ小売市場の特徴は、ファ

図９－２　民主化後の政治制度から抗議行動の頻発や増加に至るまでの流れ

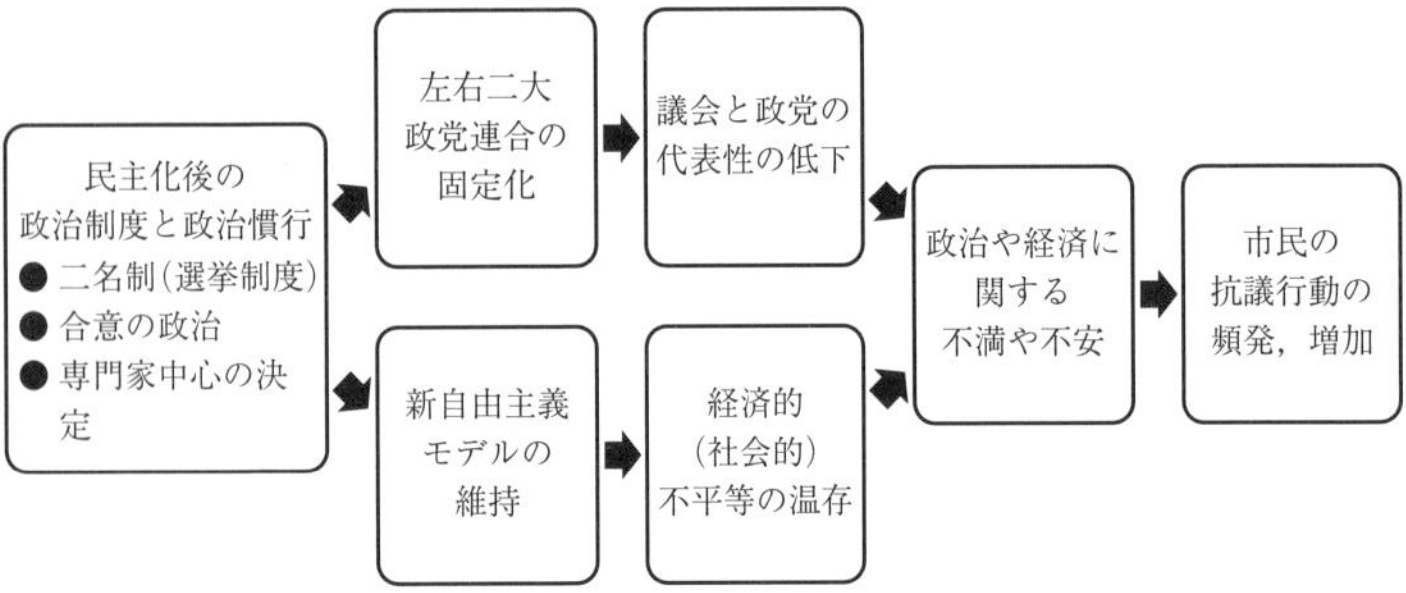

（注）浦部（2008），浦部（2015）等をもとに、三浦が作成。
（出所）三浦（2020），４頁。

ミリー企業が近代的小売業態を形成する中心主体となっていることである。同国の小売市場では、発展途上国に多くみられるパパママストアといった伝統的小売業者やストリートベンダーに代表されるインフォーマルセクターの比率は、衣料品、本、海賊版が問題となっているＣＤ、ＤＶＤなどのソフトウエアといった特定の商品分野を除いて（ユーロモニター（２００９））高いとはいえない。

筆者が長年研究対象としてきたメキシコにみられたように、ファミリー企業が規制や棲み分け構造の中でそれなりに成長し、小売産業において中心主体となることは発展途上国において一般的にみられる現象である。しかし、同国は、その他のラテンアメリカ諸国に比較しても相対的に早い時期に開放経済政策が徹底されたこともあり、ビアンチらが指摘しているように、買収などを通じた規模の拡大と業態多角化、展開する業態を用いた商業集積の開発、近隣諸国への海外展開といった外資への対抗戦略を積極的に行っていた。

非食品が強いファラベラ（図９－３）と食品が強いセンコスッド（図９－４）というチリ出身の2強は、主要業態において非常に高いシェアを獲得するだけではなく、外資参入に

図９－３　ファラベラがチリにおいて展開する代表的業態

（注）上記写真は隣接して立地する，上段百貨店ファラベラ，下段右がホームセンターソディマック，下段左が食品スーパートッタスである。

対して国内資本が対抗するために自国の消費者ニーズに高度に対応すると同時に、外資のベスト・プラクティスを積極的に導入してきた（ビアンチ・ミーナ（２００４））。こうした強力なファミリー企業は、１９９０年代以降、活発化していたグローバル・リテイラーのチリ市場における成功を妨げる結果となった。ホームデポ、カルフール、アホールド、ＪＣペニーといった欧米の有力外資を同国からの撤退へ追い込むだけではなく（表９－１参照）（ビアンチ・オスターレ（２００６））、南米主要国においてグローバル・リテイラーのライバルとなり、リージョナル・リテイラーとしての地位を確立した（表９－２参照）。

図9－4　センコスッドがチリにおいて展開する代表的業態

（注）左が食品スーパーサンタ・イサベル外観，右上が百貨店パリス，右下がホームセンターイージーである。

表9－1　有力外資のチリ小売市場撤退の歴史

	参入年	参入方法	撤退までの経緯
ホームデポ	1998年	ファラベラと合弁	3年後，ファラベラに店舗売却撤退
カルフール	1998年	単独進出	6年間で7店舗展開するが，D&S社に店舗売却撤退
アホールド	1998年	センコスッド傘下食品スーパーサンタ・イサベルと合弁	6年後，社内問題もあり撤退
JCペニー	1995年	単独進出	5年後，センコスッド傘下百貨店パリスへ店舗売却撤退

（出所）Bianch and Ostale（2006）などの内容に基づいて作成。

表9－2　南米小売市場において欧米出身有力外資に対抗するチリ出身2強及びアルゼンチン出身メルカード・リブレ

	ブラジル	アルゼンチン	チ　リ	コロンビア	ペルー	ウルグアイ	エクアドル	ベネズエラ
センコスッド	1.1%	1位 3.0%	3位 11.5%	5位 1.7%	3位 3.9%			
ファラベラ		0.8%	2位 11.6%	3位 2.5%	1位 9.6%			
メルカード・リブレ	1.2%	3位 1.9%	参入済み	参入済み		1.0%		1位 2.4%
アマゾン	参入済み		参入済み		参入済み		1.6%	参入済み
ウォルマート	3位 2.6%	1.3%	1位 11.7%					
カルフール	2位 3.1%	2位 2.9%						
カジノ	1位 6.3%	0.4%		1位 4.9%		2位 5.7%	Eコマースのみ	

（注1）カジノは完全所有でない小売ブランドの数値も含んでいる。
（注2）ファラベラにはホームセンター業態ソディマックのデータも含んでいる。
（出所）ユーロモニター社の提供するデータに基づいて作成し，丸谷（2016）で示した表を一部修正。

2　チリ市場参入戦略

（1）チリ市場参入の経緯

ウォルマートのチリ市場参入は、メキシコでの現地適応化の成功、韓国、ドイツでの撤退及び中米諸国という小規模市場への参入という経験を踏まえて行われており、同社が今後更なる展開を行っていくとみられる新興市場参入の試金石となるとみられていた。

同社のチリ市場参入は、一時期の資源価格高騰が終焉したリーマン・ショック後という時期に行われており、非常に戦略的であったといえる。ウォルマートが買収したD&S社は、チリ食品小売では名門のファミリー企業ではある。しかし、業態多角化や海外展開に積極的な他の2

表9－3　ウォルマート買収当時のチリ国内2強とD&S社の多業態化，商業集積及び海外展開

	センコスッド	ファラベラ	D&S社
ハイパーマーケット	Jumbo (2)	Totuus (3)	Hiper de Lider (1)
食品スーパー	Santa Isabel (1)	San Francisco (4)	Express de Lider (2)
百貨店	Paris (3)	Falabella (1)	
ホームセンター	Easy (3)	Sodimac (1) Sodimac Constructor (2)	
ドラッグストア		Farmacias Ahumada (1)	
ネット通販	Alo Jumbo (7)	Falabella (1)	
その他		Falabella TV (1)(TV通販)	Ekno (1)(DS) Acuenta (2)(DS)
ショッピングセンター	8カ所	10カ所	6カ所
海外展開	アルゼンチン，ブラジル，コロンビア，ペルー	アルゼンチン，コロンビア，ペルー	

(注)（　）は各業態における順位を示す。DSはディスカウントストアである。
(出所) Euromonitor International (2009) などに基づいて作成。


社に比して出遅れていた（表9－3参照）。

　同社は2007年5月に、非食品が強く、食品小売での成長を目指していたファラベラに買収されることを合意していた。しかし、チリ公取委はファラベラのチリ小売産業におけるウエイトが大きくなりすぎることを危惧し、この買収を認めなかった（ヴァルガス（2008））。

　ウォルマートは、既に国内資本の買収対象となっていたD&S社をリーマン・ショック後の株価がダウンしていた時期に買収しており（図9－5参照）、TOBの際にプレミアムをつけても十分に格安であった。ウォルマートは、メキシコ同様、他社が買収を控える時期に格安となった株価にプレミアムを載せて過半数以上の58・28%の株式を取得し、2009年3月には2回目のTOBで74・55%に株式保有比率を引き上げた。

　ウォルマートは支配権を獲得すると同時に、メキシコにおいて買収した企業の創業家アラン

図９－５　ウォルマート買収以前の
D&S社株価の推移

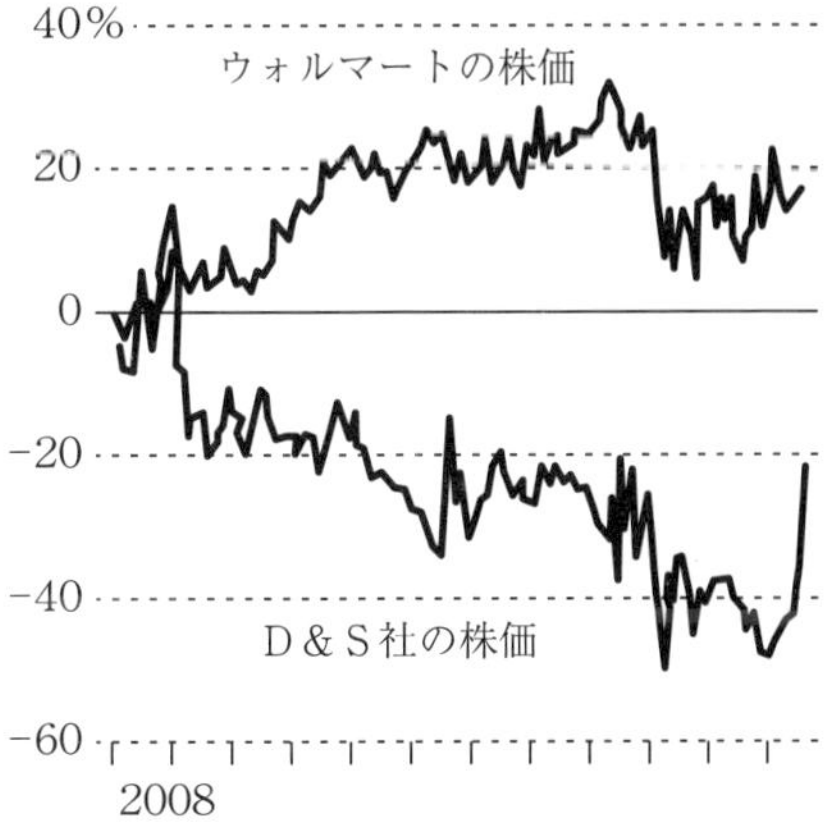

（出所）Jannarone（2008）の図表を一部修正。

ゴ家への対応同様に、イバネス家との関係を維持しながら、このネットワークを成長のために活用してきた。

（2）参入戦略

①　業態戦略

ウォルマートは、新規参入市場のチリにおいて、参入当初すぐには業態転換を行うことをしていない。この戦略は、同社の参入に際して定着した戦略である。メキシコにおいて買収先企業の業態を活かしながら段階的にウォルマートが本国で展開するノウハウを導入し、業態の名称に関しても現地の反発が小さくすむための細心の注意を払って、可能な業態に関しては本国のものと同一に転換したように（丸谷・大澤（２００８））、チリにおいてもこれまでに培ったノウハウ導入を中心に業態戦略を構築してきた。

ウォルマートが買収したD＆Sが展開する業態は、ハイパーマーケットのイーペル・リーデル（Hiper Lider）、食品スーパーのエクスプレス・デ・リーデル（Express de Lider）、倉庫型食品ディスカウントストアのスーペル・ボデーガ・アクエンタ（Super Bodega Acuenta）、食品ディスカウントストアのエコノ（Ekono）の４業態である（表９－４参照）。

を強めるウォルマート

2013年	2014年	2015年	2016年	2017年	2018年	2019年	2020年	2021年	2022年
76	80	82	83	83	93	96	94	94	97
495,872	517,157	529,667							
67	75	83	82	83	129	162	159	160	153
105,391	121,275	135,581							
81	97	106	106	106	114	120	122	127	121
158,514	192,037	211,954							
127	125	120	88	88	40	2	2	2	2
49,776	48,815	46,975							
2	3	3	4	4	4	4			11
6,817	10,201	10,201							
			1,416,135						

面積はデータなし，2016年売場面積は合計で1,416,135 m^{2}であることのみ公表。

ハイパーマーケットのリーデルは、1995年に導入された、購買力もあるアッパーミドル層を標的としたワンストップショッピングのニーズに対応した業態である。低価格プラス幅広い品揃えというニーズに対応した業態であり、欧州のハイパーマーケットのモデルを導入したものである。売り場面積は、当初5、859m^{2}から13、243m^{2}と大規模であった。

2000年以降、イーペル・リーデル・ベシーノ（Hiper Lider Vecino）という平均4、048m^{2}の既存のリーデルより若干小規模の同一コンセプトの店舗も展開してきたが、2007年には小型のタイプも含めて、リーデルと名称が統一されている。この業態の特徴は、店舗規模が従来の食品スーパーに比して大きいということであり、2008年12月現

表9－4　小型業態重視傾向

小売業態	店舗名		2008年	小売部門に占める売上比率	2009年	2010年	2011年	2012年	小売部門に占める売上比率
ハイパーマーケット	リーデル	店舗数	67	78.5%	67	68	69	72	67.4%
		売場面積	429,038		445,597	451,797	454,015	472,519	
食品スーパー	エクスプレス・デ・リーデル	店舗数	45	18.1%	47	53	57	64	18.2%
		売場面積	70,304		73,162	82,832	89,961	101,426	
倉庫型ディスカウントストア	スーペル・ボデーガ・アクエンタ	店舗数	11	1.2%	26	38	51	64	10.6%
		売場面積	19,707		43,856	67,961	95,973	125,179	
小型食品ディスカウントストア	エクノ	店舗数	71	2.2%	110	118	137	127	3.8%
		売場面積	28,812		44,210	46,817	54,079	49,776	
会員制ホールセールクラブ	セントラル・マジョリスタ	店舗数							
		売場面積							
	合計のみ	売場面積							

（注１）売場面積の単位は㎡である。
（注２）2013年以降の小売部門に占める売上比率データ及び2016年各業態売場
（注３）2013年より新業態セントラル・マジョリスタ出店。
（注４）2020－2021年のセントラル・マジョリスタの店舗数は不明。
（注５）2022年は１月31日現在の数値である。
（出所）同社アニュアルレポート及び各種資料の内容に基づいて作成。

在、平均面積は６、７０４㎡であった。増加部分は、家電、衣料、玩具などの非食品のウエイトを、小規模タイプ店舗で売上総額の15%、大規模店舗で25%と高く設定している。立地は、自動車によるまとめ買いを意識して交通量の多い幹線道路沿いになされ、大規模駐車場を設置し、ビデオレンタル、ファストフード、薬局及び映画館なども併設している店舗が多い。

大型店舗であるリーデル・イーペル（Lider Hiper）は２０２２年１月末現在97店舗を展開している。

食品スーパーのエクスプレス・デ・リーデルは、D&S社が従来から展開する業態である。大規模なハイパーマーケットに比べて時短性といった利便性を追求した非食品が５%程度、２００８年12月現在、平均売場面積１、５２８㎡の小規模店舗であり、ハイパーマーケットと同様に低価格も追求している。2006年には、従来のリーデル・エクスプレス（Lider Express）をエクスプレス・デ・リーデル（Express de Lider）と時短性をより打ち出した名称に変更し、多様な生鮮の品揃えとその質と新鮮さを打ち出したブランドを構築し、イメージ転換を図るために新ロゴを導入した。この業態は2022年1月現在153店舗となっている。

倉庫型ディスカウントストアのスーペル・ボデーガ・アクエンタは、チリにおいてウエイトが大きいC3と呼ばれる中の下の階層から低所得階層を標的とした新たな小売業態である（図9－6参照）。チリ・マーケティング協会（Asociación Chile de empresas de investigación de mercado 略称AIM）によれば、この階層はサンティアゴの人口の7割を占め、全国では8割弱を占めるいわゆるボリュームゾーンであり、この業態は、2007年からこの階層を標的に展開を開始した。品揃えは約4、500品目であり、売上の9割は食品、非食品が1割であり、低価格PBである「アクエンタ」の売上比率が非常に高い。この業態は2022年1月現在121店舗となっている。

食品ディスカウントストアのエコノは、2007年に展開を開始した売場面積400㎡で約1、500品目を取り扱う、住宅地に立地する、単身あるいは2人までの家族を標的とした、小売業態である。生鮮食品とPBの品揃えを重視し、PBが3割を占める。なお、2012年には収益改善のために15店舗を閉鎖し、2016年にも大規模な店舗閉鎖を行い、2016年末には88店舗となり、2022年1月末には2店舗まで減少している。

D&S社は食品スーパーの老舗だけに、食品小売においては非常に強いプレゼンスを有している。従来の標的である購買力のあるアッパーミドル層に加えて、中の下以下のボリュームゾーンや単身層を含む都市部のニッチ市場の取り込みにも取り組んでいる。

図9－6　ウォルマートがチリにおいて積極展開する倉庫型ディスカウントストア スーペル・ボデーガ・アクエンタ

（注）上段左が外観，右が周辺の様子，下段が店内の様子である。

ウォルマートが買収した直後の数年間では、買収後の業態別の店舗展開の小型店舗へのシフトが明確にみられた。こうした動きは、中米においてもみられた動きであり（丸谷・大澤（２００８））、発展途上国だけではなくドイツ、日本など先進諸国においても同様の動きがみられたが、買収前の数値と比較しても継続的に行われている。

２０１２年以降に関しては、小型の両業態のうち、メキシコにおいて既に類似業態が展開されているアクエンタが重視されている。メキシコウォルマート出身で現地適応化と中米との地域連携を遂行してきたソロルザーノ（Eduardo Solórzano）氏が、ラテンアメリカ全体を統括するウォルマート・ラテンアメリカのCEOに就任したことからも、本国からのノウハウ移転だけではなく、メキシコからのノウハウ移転の可能性が指摘できる。

なお、2013年3月4日にウォルマートは、チリにおいて新業態である会員制ホールセールクラブのセントラル・マジョリスタをサンティアゴ郊外のプエンテ・アルトに開店し、ウォルマートとなって以降導入されたこの業態は店舗数を順調に伸ばし、2022年1月末現在11店舗を出店している。

② **出店戦略**

ウォルマートがチリにおいて買収を行ったD&Sの出店地域は、チリの北から南までの13州（サンティアゴ首都州（Region Metropolitana 略称RM）は第13州として、中部にある第5州と第6州の間に位置している）のうち、第11州を除く州に店舗を既に展開していた（表9－5参照）。しかし、その店舗数は中部に集中しており、サンティアゴ首都州が約3／4と圧倒的に多く、その他の店舗も同社が標的としてきたアッパーミドル層以上が多いバルパライソを有する第5州、工業地帯コンセプシオンを有する第8州など首都州周辺に集中していた(3)。

他方、2009年以降、アクエンタの全国展開を進めた。2009年は首都州11店舗に対してその他4店舗（5州1店舗、7州1店舗、10州2店舗）と首都州への出店が上回ったが、2010年首都州4店舗に対して、その他7店舗（5州1店舗、6州3店舗、8州2店舗、9州1店舗）、2011年首都州2店舗に対して、その他11店舗（4州1店舗、5州1店舗、7州4店舗、8州2店舗、9州2店舗、10州1店舗）、2012年第3四半期までサンティアゴは出店なしに対して、その他7店舗（1州1店

表９－５　買収時のD&S社の地域別業態別店舗数及び2016年までの店舗増加数

州	リデル	エクスプレス・デ・リーデル	スーペル・ボデーガ・アクエンタ	エクノ	州別合計	2016年までの店舗増加
1	1	1	0	0	2	+2
2	2	1	0	0	3	+2
3	1	0	0	0	1	+1
4	3	1	0	0	4	+9
5	4	6	3	3	16	+27
6	4	1	0	0	5	+12
7	4	5	2	0	11	+12
8	4	1	3	0	8	+22
9	2	2	2	0	6	+9
10	4	2	1	0	7	+13
11	0	0	0	0	0	+0
12	1	1	0	0	2	−1
13	35	26	13	107	181	+9
合計	65	47	24	110	246	+117

（注１）新設２州の情報に関しては，まだ反映されていない。
（注２）第１州から第15州が分離，第10州から第14州が分離したが，増加分は第１州と第10州増加分に反映している。
（出所）同社アニュアルレポートの内容に基づいて作成。

舗、５州１店舗、７州３店舗、８州２店舗）といずれも地方が上回った。こうした動きに対応して、２０１０年には、第７州第８州向けの第８州チランへの物流センターを設置した。

アクエンタに関しては、メキシコにおいてみられたように、既存業態では標的階層となっていなかったC３以下の比率が高いその他の中小都市への更なる展開の可能性も考えられた。しかし、チリにおいてはC３以下の多いその他の中小都市は多いとはいえない上、地域チェーンが既に存在することもあったため、２０１６年の４州ビクーニャへの出店など例外はあるが、出店地域は従来から出店してきた首都圏周辺が多いままである。

同社はハイパーマーケットであるリーデルの売上を確保しながら、食品スーパーのエクスペレス・デ・リーデルの首都圏及びその周辺への出店を積極的に進めた。食品スーパーは2008年の45店舗から2016年には82店舗となり、2016年には83店舗のハイパーマーケットのリーデルの店舗数とほぼ並び、その後も店舗を順調に伸ばし、2022年1月末現在153店舗を展開している。

同社の周辺南米諸国への店舗展開も十分に考えられる。ファラベラとセンコスッドが展開していることに表れているように、チリ小売企業の多くは、自国市場の小ささと地域内における先進性を意識し、積極的な海外展開を行ってきた。

D&S社もウォルマート買収以前に既に海外進出の準備を進めていたが、海外展開は行われず、チリ市場攻略を地道に続け、ユーロモニター社によれば2017年には小売シェア11・7%となり、海外展開に積極的なチリ2強のファラベラ（11・6%）とセンコスッド（11・5%）を僅差で逆転し、トップに立ち、データの修正で首位ではなくなるが(4)、2020年に再び首位となり、2021年もファラベラに次ぐ第2位と3強の座を維持している。

3　地道な改善により南米大陸で唯一好調なウォルマートチリ

チリは自由貿易を基盤とした南米域内の先進国である。ウォルマートの参入はチリ国内のみでの店舗展開というよりは、買収したD&S社が競合してきた2社同様、同社が未だ進出を果たしていないコロンビア、ペルーといった周辺諸国や進出済みのブラジル、アルゼンチンとの連携を意識した戦略であったと考えられる。

同国は、2010年3月のチリ大地震とその直後の民政移管後20年続いた中道左派から中道右派ピニェラ政権への交代、2022年の左派で最年少大統領の誕生など不確定要因が多くみられる。しかし、経済開放政策の積極導入や有力企業買収による現地における経営資源の確保にみられるように、新興市場進出の最大の成功事例であるメキシコ市場と一見類似した部分が多くあり、順風満帆にも見える。

しかし、チリ市場は、同社が参入に失敗した韓国、ドイツと同様の成熟市場としての一面も有しており、必ずしもバラ色でないのではという危惧を抱かせる不安要因も指摘できる。チリ市場は、その他の新興市場に比較して規制が緩く既に近代化された市場であり、同国の市場自体はそれ程大きなボリュームがないにもかかわらず、国内外で積極的に店舗展開を行う有力チェーンが2社存在し、ウォルマート進出後、店舗展開を加速させた。

ファラベラは、ウォルマートが進出していないペルー、コロンビアの事業に特に注力し、2010年にペルーにおいて銀行事業に、2012年にコロンビアにおいてショッピング・モールを開業させた。事業収入における両国合わせた比率は2006年の15%（ペルーのみ）から2012年までに28%（ペルー21%、コロンビア7%）にほぼ倍増した。センコスッドは、母国チリでは2011年に同国の小売市場で0・6%のシェアを有する準大手チェーンのジョンソンを、国外でも2011年にブラジル第6位のスーパーマーケット・チェーンのプレズニクを、2012年にコロンビアのカルフールの店舗を買収するなど、南米におけるリージョナル・リテイラーとしての地位を確立した。

ウォルマートは、D&S社自体が同社の戦略と類似した戦略を採用してきた企業であっただけに買収当初体制を維持し、業態のバランスの変更を段階的に行い、主要業態をハイパーマーケットから倉庫型ディスカウントストアと食品スーパーといったより柔軟な出店が可能な中型業態にシフトし、2013年には会員制倉庫型店舗という新業態の出店も開始し、順調に店舗数を拡大している。とはいえ、出店

図9－7　ウォルマートチリのPB

（注）実線は米国発PB，点線は英国発PB，その他はチリ独自PBである。

図9－8　ウォルマートチリ独自PB

（注）左は衣類PBブールバード，右は高付加価値食品PBセレクション。

戦略に関しては、アルゼンチンでの地方出店加速といった大胆な展開はなされていない。

他方、現地での商品調達や商品供給といった見えない部分の取り組みは進めている。D&S社が独自展開してきた多様なPB商品に加えて、赤ちゃん向けのペアレント・チョイスやヘルス&ビューティーのエクアテ（Equate）といったウォルマートのPB商品を導入した（図9－7及び図9－8参照）。そして、同社幹部との積極的なミーティングなどを通じて、静かなウォルマート化を進めた。結果として、2強の牙城を崩し、小売シェアトップを狙えるポジションを維持している。

チリ小売市場はラテンアメリカにおける先進市場ではあるが、市場自体は小さく、成長機会も限定されている。リージョナル・リテイラー2社の出身国である同国での貴重な国際経験を活かして、周辺諸国進出を含めた地域戦略を構築していけるかが、今後の更なる成功の鍵を握るとみられる。

【注】

（1）アジェンデ政権当時の状況とピノチェットのクーデターに関して詳細は、日本でもようやく2016年に劇場公開され、2017年にDVDが発売された、パトリシオ・グスマン監督の名作ドキュメンタリー『チリの闘い』を参照。なお、グスマン監督は2021年公開『夢のアンデス』ではチリ軍事独裁政権の遺した新自由主義の負の側面についても描いている。

（2）チリ民政移管を実現した1988年の国民投票に関して詳細は、2014年日本公開のチリ映画『NO』を参照。

（3）ユーロモニター社のデータによれば、センコスッドとウォルマートの小売市場シェアは、2009年時点では10・3％対9・2％であったが、ウォルマートの追い上げにより2011年には10・0％対9・8％までシェアの差は縮小していた。しかし、ジョンソン買収により2012年には10・6％対10・0％と一時的にシェアの差は拡大し、逆転は回避された。ちなみに、ファラベラは、百貨店やホームセンターなど非食品を取り扱う業態の強さにより、２００９年時点10・２％、２０１２年11・２％の小売シェアを獲得し、３強の一画を占めた。

（４）ユーロモニター社のデータによれば、食品と非食品を取り扱う幅広い小売業態を有するチリの２強がここ数年、母国での小売シェア維持に苦心する中で、食品、低価格、小型化などのきめ細かい出店を行った同社の主要小売業態の小売シェアは上昇し、２０１３年から２０１６年までにハイパーマーケットが７・０％から７・４％、食品スーパーが１・９％から２・３％、倉庫型ディスカウントストアが１・２％から１・７％となった。ユーロモニター社のデータは後に修正されることがかなりあるが、２０１７年のデータでは同社は初めて首位となるが、後にデータは修正され、首位ではなくなったようである。しかし、２０２０年には再び首位となっており、２０２１年には第２位となっており、２０１７年以降、ウォルマートが３強の１角の座を維持していることは明確である。

第10章 試行錯誤の末整理対象となったウォルマートブラジル

1 中南米の超大国ブラジル小売市場の概要

(1) ブラジル連邦共和国の概要

ブラジル連邦共和国は、1500年から1822年まで続いたポルトガルによる植民地支配後、ポルトガルのブラガンサ王家による1889年までの立憲君主制国家を経て、共和制に移行し現在に至っている。その面積は日本の22・5倍の851・2万㎢を誇り、中南米最大である。2015年の人口も約2億784万人と中南米最大であり、いずれも世界第5位である。ブラジル地理統計院の2010年のデータによれば、人種は欧州系約48%、混血約43%であり、その他にアフリカ系約8%、東洋系約1・1%、先住民約0・4%であり、約150万人強の世界最大の日系人も含まれる。宗教はキリスト教カトリックが約65%であるが、近年、プロテスタントも1960年の4%から1991年に9%、2000年に15・4%と急増し、2010年には約22%となっている。

広大な国土は、流域を含めて400万キロに及ぶ熱帯雨林気候のアマゾン川と、南に広がるブラジル高原に区分できる。北部にはブラジル最高峰ピッコ・ダ・ネブリーナ山を有するギアナ高地、セラードと呼ばれる広大な草原などがあり、北東部沿岸部には大西洋岸森林、北東部内陸部では乾燥地帯セルトンが広がり、南西部パラグアイ、アルゼンチンとの国境付近には有名なイグアスの滝があり、ボリビアとパラグアイとの国境付近は世界最大級の熱帯性湿地パンタナール自然保全地域となっている。ブラジル高原は、ウルグアイ、アルゼンチンへ続くパンパとの移行地帯となっている。

(2) ブラジル連邦共和国経済の概要

ブラジル経済はポルトガルの植民地時代から独立し、軍政、民政へと変わっても、格差が固定され続けてきた。ポルトガルは15世紀初めには推定人口110万人の小国であった。しかし、大航海時代には大西洋に近い立地を利用し、スペインと争って早期に海外進出を果たした。1494年にローマ教皇の調停の後、スペインと交渉し、トルデシリャス条約を結んだ。この条約によって、西経46度37分を分界線とし、線より東で後に発見されたブラジルはポルトガル領となった。

ポルトガルは1580年にスペインに併合された。独立を回復した1640年までにアジアやアフリカに有していた植民地や利権の多くを、英国やオランダに奪われてしまった。ブラジルは16世紀半ばから17世紀半ばまで砂糖の時代を迎え、アフリカから三角貿易により黒人奴隷が多く輸入された（図10－1参照）。1693年に金鉱が発見されると、主役は金となったが、1755年のリスボン大地震により、ポルトガルは疲弊し、1807年にはフランスのナポレオンがポルトガル本土を征服した。王家はブラジルに移り、ポルトガル・ブラジル王国となった。

1821年にはジョアン6世はポルトガルに戻るが、1822年には摂政として残された息子ペドロ

図10－1　海洋国家ポルトガルが大西洋で行った三角貿易の構図

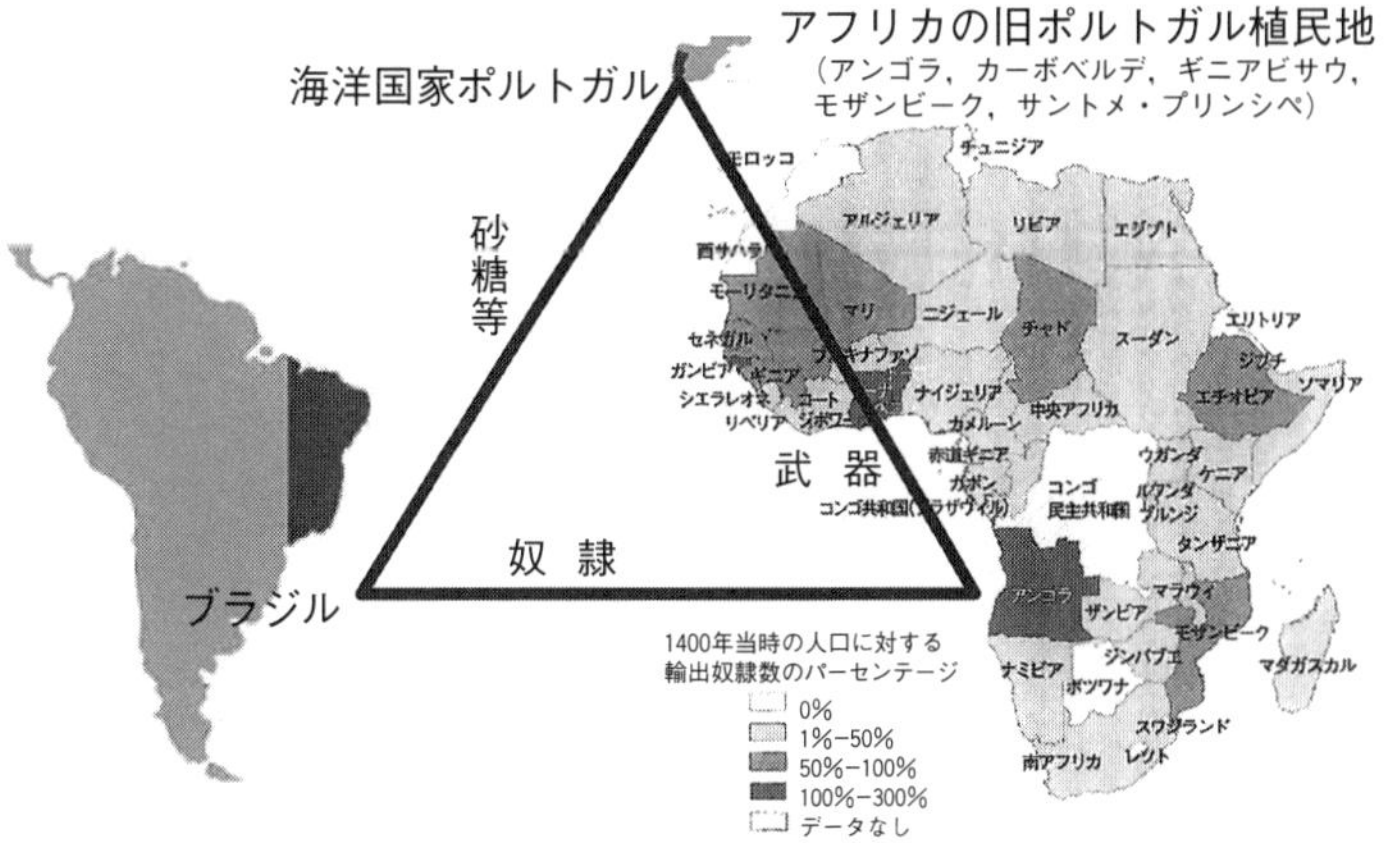

（注）アフリカの地図で示された割合は，1400～1900年の間にアフリカから運ばれた奴隷の累積量が，1400年のアフリカの人口に対する百分率で示されている。なお，ブラジルのうちスミ色で塗られた部分は，16世紀当時のポルトガル領を示している。

（出所）Acemoglu and Robinson (2012), p.252.（鬼澤忍訳（2013），下巻25頁）の図に，大幅に加筆して作成。

を、既に本国支配を離れ自立していたブラジルのポルトガル人大土地所有者や資本家が押し立てて「ブラジル帝国」として独立宣言をし、ペドロ1世は1824年に欽定憲法を制定し、立憲君主国となった。この当時、コーヒーが主要な生産作物となっており、一次産品輸出基地として発展を続けた。1888年にペドロ2世が奴隷制廃止に踏みきると、産業資本家層は奴隷解放に反発した。軍部は彼らの支援を受け、国王をポルトガルに亡命させ、ブラジルは共和制となった。共和制となって以降、コーヒー農園が集中した首都サンパウロ付近と他の地方の経済格差が深刻となっていた。ヴァルガスはこうした格差を上手く利用し、労働者の保護と民族主義を掲げたポピュリズムによって長期独裁を行った。冷戦期

図10－2　世界とブラジルの経済成長率推移（1961～2010年）

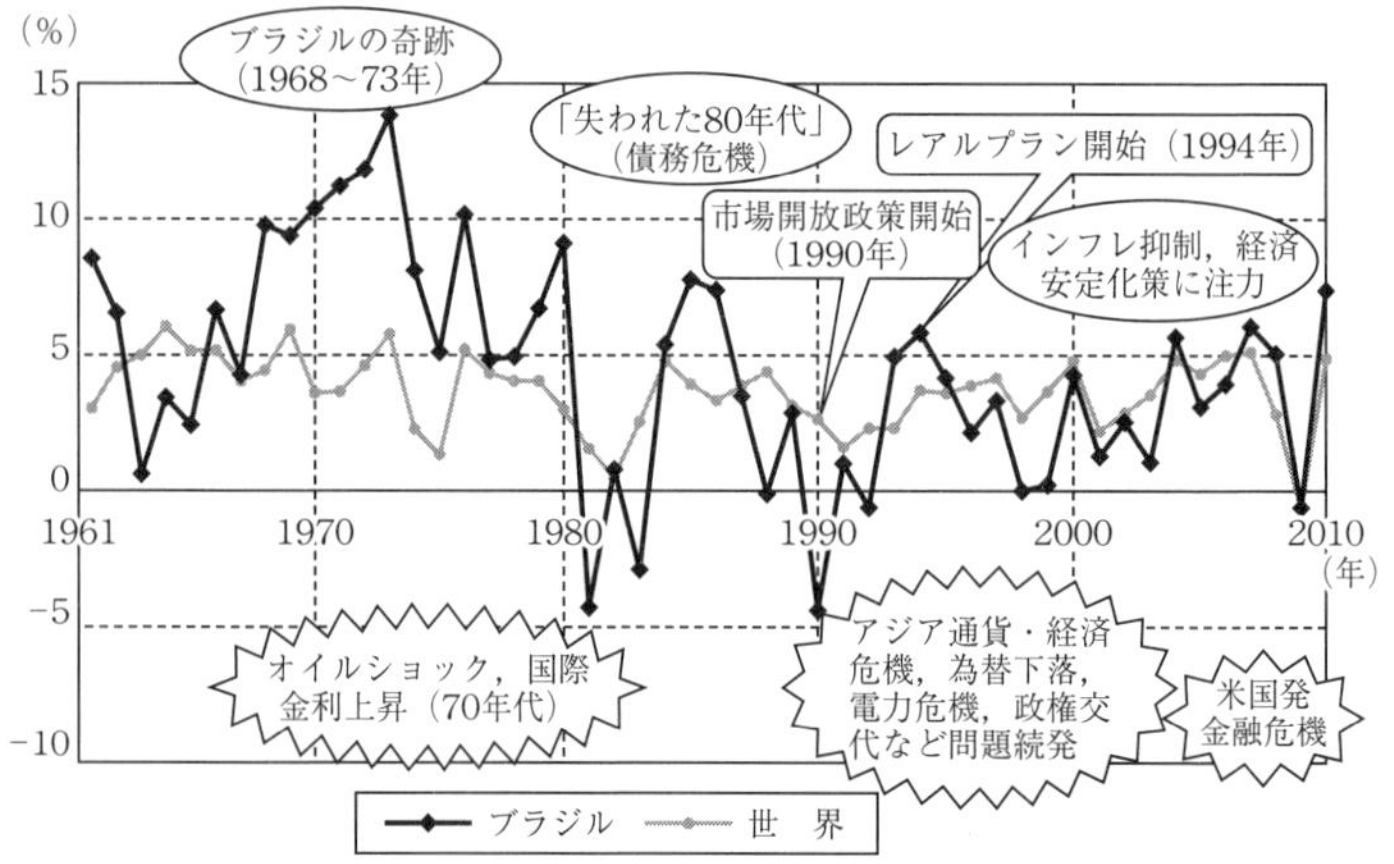

（注）応用経済研究所（IPEA），ブラジル地理統計院（IBGE），IMFデータを基に作成。
（出所）二宮（2011），２頁。

には親米が求められ、１９５４年に就任したクビチェック大統領の下で外国資本の導入、工業化が推進された。１９６０年に新首都ブラジリアが建設され、１９６０年代から１９７０年代にかけては高成長を記録した（図10－２参照）。１９６８年から１９７３年にかけては「ブラジルの奇跡」と呼ばれる高度成長期となり、１９７３年には14％の経済成長率を記録した。同時期は、軍事政権下で実施されたインフレ抑制、金融・財政政策、貿易促進・外資導入といった経済安定化策が成果をあげた。しかし、１９７３年の石油危機と国際金利の上昇が状況を一変させる。ブラジルは石油の約７割を輸入していたため、貿易赤字が急拡大し経常収支が悪化した上、経済成長のための投資は外国からの資金調達に依存していたため、国際金利の上昇は対外債務の膨張につながった。１９８０年代には「失われた10年」と呼ばれる平均１・６％の低成長時代を迎えた。

1985年には民政移管がなされた。1990年に誕生したコロル政権は、「失われた10年」からの脱出に向けて市場開放政策を導入したが、汚職などのために罷免された。1994年にカルドーゾ財務相によるレアル・プランによってようやくハイパーインフレは終息した。1990年代後半には、アジア通貨危機によってもたらされた経済危機、為替下落、国内の電力危機が起こり、国内経済の成長は妨げられ、政権交代も相まって、持続的な経済成長は達成されなかった（二宮（2011））。

ブラジル経済が再び注目を集めたのは、ゴールドマン・サックス社の投資家向け報告書（1）の中でジム・オニール氏が提唱したBRICsという概念が普及した2000年代前半に入ってからである。オニール氏も当初、ブラジルが2000年代半ばほどの経済成長を達成するとは考えていなかったようである（2）。

2003年に誕生したルーラ政権は、労働党を中心とする中道左派政権であったため、当初、国際社会から経済開放政策を放棄するのではとの懸念もあった。しかし、経済開放政策は維持しつつも、「ボルサ・ファミリア」に代表される低所得階層への所得再分配や最低賃金引き上げなどの経済格差への対策にも積極的に取り組み、内需の拡大に成功した。ルーラ大統領は2期8年で退任し、後継となったルセフ大統領が引き継いだが、2016年2期目途中で汚職疑惑により罷免され、テメル副大統領が大統領に昇格した。

ブラジル経済は2009年リーマン・ショックによりマイナス成長となり、翌2010年には7・53％の成長に回復したが、翌年以降成長率は鈍化し、2015年から2期続けてマイナス成長となった。テメル大統領はルーラとルセフを輩出した中道左派の労働者党（PT）と連立した中道のブラジル民主労働党（PDT）の出身であり、2017年11月にはブラジル・コストを生み出してきた労働者を過剰に保護する労働法を改正するなど、ビジネスフレンドリーな政策を実施し、2017年にはようやくマイナス成長から脱した。2019年1月に就任した中道右派のボルソナロ政権はテメル政権同様に分配よりも規制緩和などを重視するビジネスフレンドリーな政策を採用してきた。2020年にはコロナ禍でマイナス成長となったが、2021年にはプラス成長となった。

(3) ブラジル小売市場の概要

ブラジル小売市場は、広大な国土ゆえ状況は多様である。IBGE（ブラジル地理統計院）によれば、ブラジルは北部、北東部、南西部、南部、中西部の5つに区分される。地域間にある大きな格差は世界的にも有名であり、2010年の1人当たりGDPは、計画的に造られた首都ブラジリアを除いては、サンパウロ、リオ・デ・ジャネイロが属する南東部、クリチバ、ポルト・アレグレが属する南部が相対的に高く、北部、北東部は大きく全国平均を下回っている。連邦直轄区を除いて、最高の南西部サンパウロ州の30、243・17レアルに対して、最低の北東部マラニョン州は6、888・6レアルと約4・4倍の格差が存在する。

こうした格差ゆえに、大手小売企業は従来、南部、南東部及び首都直轄区の中間層以上を主要小売市場として捉えてきた。上記の地区のファベーラなどに居住する低所得階層が集まる地域や北部、北東部に関しては一部の中心都市を除いて、2000年代前半までは特に食品においては伝統的小売業者や独立系スーパーマーケットが成長し、主要なプレイヤーとして確固たる地位を保ってきた（ファリーナ・ヌネス・モンテイロ（2005））。

しかし、1990年代半ばの新たな外資小売企業の参入は、こうした市場構造を変化させつつある。

ウォルマートが参入した1995年以降、大手チェーンによる下位チェーンの買収が活発化し、1995年1月から2007年4月までに、ブラジルのスーパーマーケット部門において89のM&Aが行われた。産業の寡占度を示すハーフィンダール・ハーシュマン・インデックス（Herfindahl-Hirschman Index, HHI）は、1995年の532から2005年には1,052となり、同時期の売上上位5位までの企業への集中度は38％から64％に上昇した（モンテイロ・ファリーナ・ヌネス（2012））。2010年頃までにブラジル小売市場は、フランス資本のカジノとカルフールならびに米国資本のウォルマートの外資系3社がトップ3を独占することになった。

ブラジル小売市場で主役となった3社のうち、トップランナーはブラジル最大手でフランス資本のカジノが株式の45・9％を所有するグルッポ・ポン・ヂ・アスーカル（以下GPAとする）である。同社の環境変化への適応度の高さは環境変化が激しいブラジル小売市場にはフィットしている。

GPAは2000年代後半のブラジル小売市場の急成長にいち早く対応した。2007年にはキャッシュアンドキャリー業態アッサイ（ASSAI）を、2009年6月に家電量販店ポント・フリオを、12月に白物家電家具量販店カーサ・バイーアを買収し、非食品部門を加えて小売トップの地位を確保した（図10－3参照）。

なお、後の2チェーンは標的が異なっており、ポント・フリオが5階層のうちA／B層やCの中以上という富裕層を標的とし、高級モールなどに立地するのに対して、カーサ・バイーアはC層全般を対象に多層階の店舗などで、家具に詳しくない中間層に対して店員がきめ細かな接客を行って販売していく。この接客は日本において大塚家具が成長期に採用してきたような手法と類似している。特に、後者は今後Cにあがりつつある階層にも対応可能であり、従来出店してこなかった地域への出店にも挑戦し、ネ

図10－3　2005年と2011年のブラジル階層構造とグルッポ・ポン・ヂ・アスーカルの業態戦略の変化

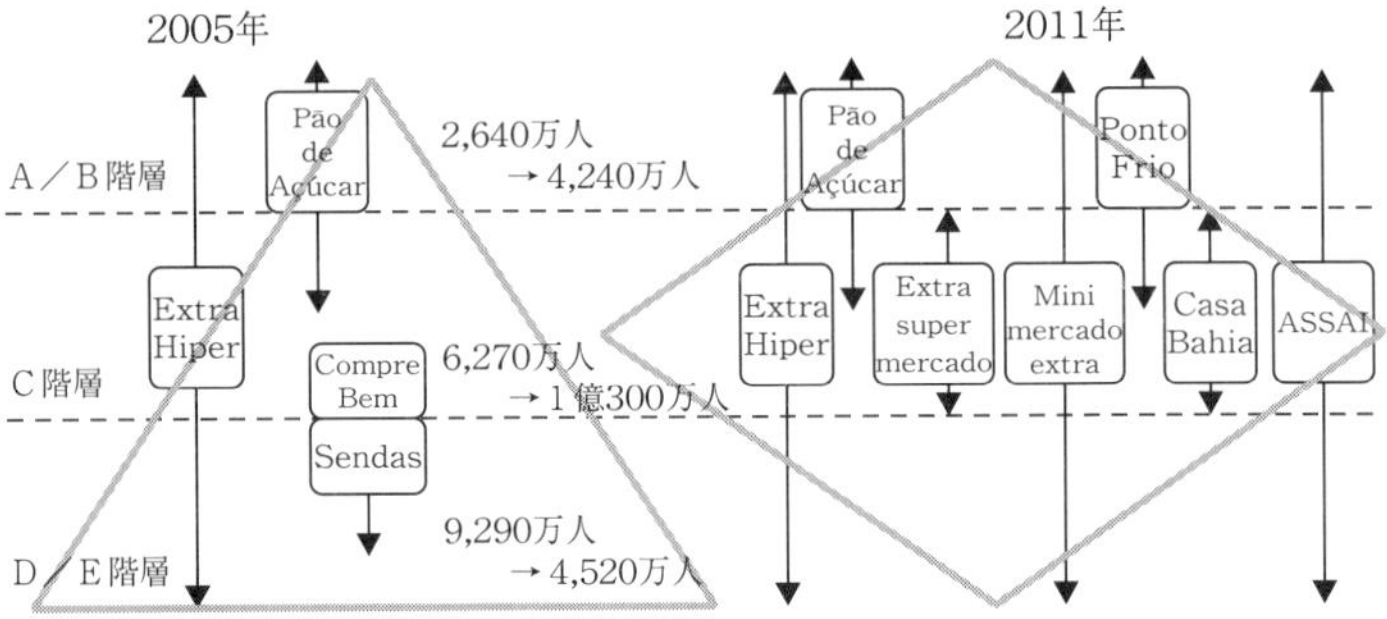

（注）Extra Hiperはハイパーマーケット，Pão de Açúcar, Compre Bem, Sendas, Extra supermercadoは食品スーパー，mini mercado extraは小型食品スーパー，Ponto Frio, Casa Bahiaは非食品専門店，ASSAIはキャッシュアンドキャリー業態である。

（出所）グルッポ・ポン・ヂ・アスーカルのホームページ（http://rigpa.grupopaodeacucar.com.br/grupopaodeacucar/web/conteudo_en.asp?idioma=1&tipo=29984&conta=44）において提供された図を一部修正。

ット小売にも注力している(3)。

同社は従来から強い食品部門の改革にも積極的であった。食品業態では、中間層狙いの食品スーパーコンプレ・ベムとセンダスを、ハイパーマーケットで知名度が高いエクストラ（Extra）ブランドの食品スーパーとして、エクストラの食品スーパーを意味するエクストラ・スーペルメルカードに整理した。そして、品揃えもグロサリー中心から高付加価値の生鮮や高級食品中心の売場構成へと段階的にシフトした。例えば、エキストラ・ファシルという小型店舗の売場面積を150～200m^{2}から200～300m^{2}に拡大し、グロサリーの品揃えを2,800から2,600SKUに、生鮮の品揃えを800から1,000SKUというように生鮮重視を打ち出した。

さらに、ミニ・メルカード・エクストラという新たな小型業態では、ブラジル最大

図10－4　2012年末と2018年末のGPAグループの業態別地域別店舗数

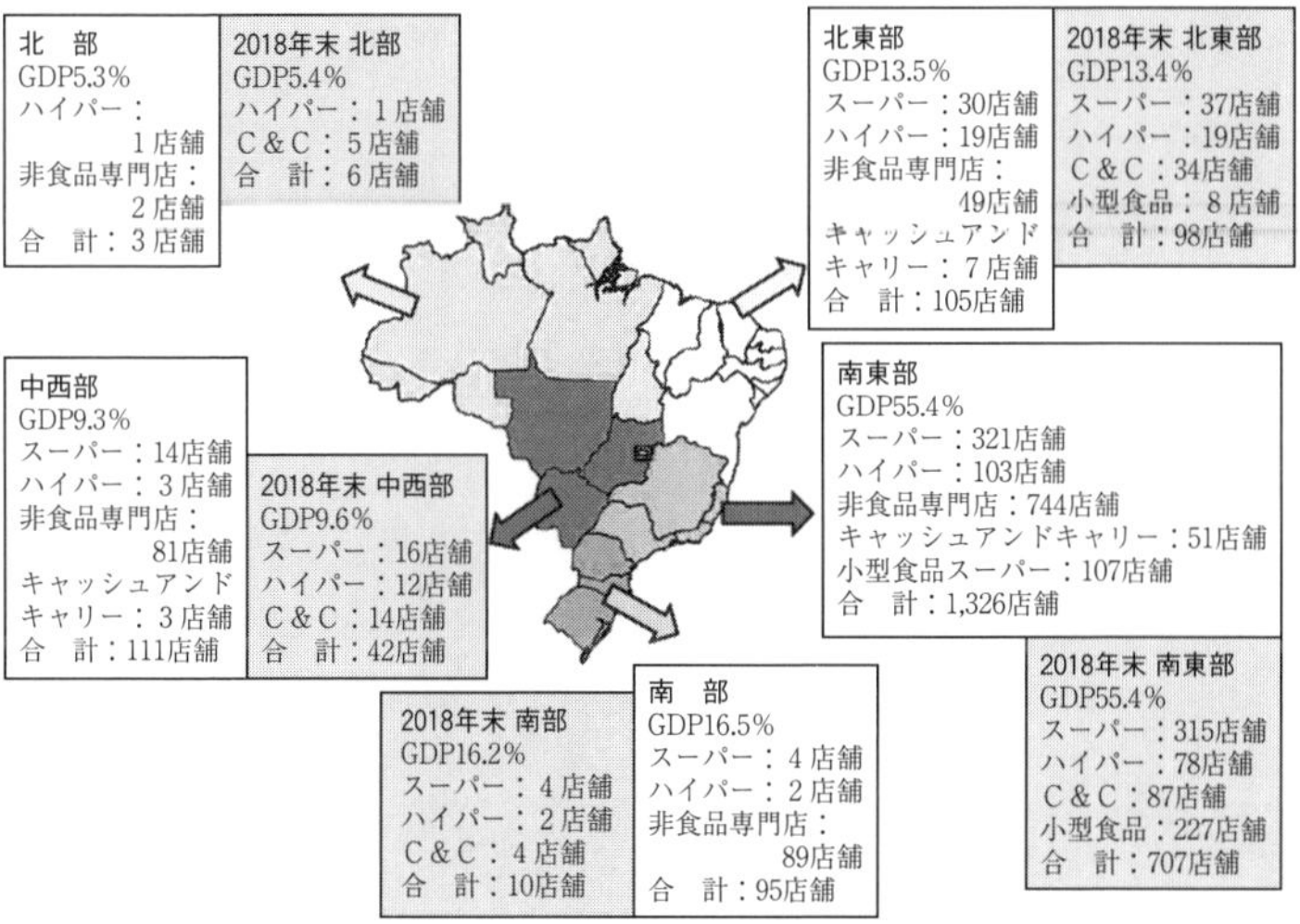

（注）2012年末と2018年末ともに，ドラッグストアとガソリンスタンドのデータは含まれていない。2018年末は非食品専門店のデータも含まれていない。非食品専門店の店舗数は2017年末にはポント・フリオが222店舗，カーサ・バイーアは757店舗であり，両ブランドは20州に展開されている。

（出所）GPAグループが提供するデータに基づいて，筆者が作成。

の市場規模を有する南東部においての展開を重視し、２０１５年にはサンパウロ州を中心に２４２店舗まで増やした。小型業態のニーズの高さが明確になると、２０１５年には高所得階層においても小型新業態を投入し、食品スーパーのポン・ヂ・アスーカルの小型版であるミヌト・ポン・ヂ・アスーカル（Minuto Pão de Açúcar）を追加した。現在では同社は両業態を標的ごとに使いわけ、ミヌトを２０１８年にサンパウロ州とペルナンブーコ州に合計88店舗展開すると同時に、ミニ・メルカードを２０１８年には１８０店舗まで減らしてバランスを取った（図10－4参照）。

ウォルマートのライバルで業界2位のカルフールも、1999年のカジノのGPAへの資本参加によるブラジル参入以降、2007年にはキャッシュアンドキャリーのアタカダオ（Atacadão）の買収にみられるように、従来のハイパーマーケットによる単独業態での展開から多業態化に移行した。現在では限定された品揃えのディスカウントストアを含む多業態化を促進し、そのことが主要な成功要因となっており（ディアロ（2012））、多業態の展開は急拡大した中間層への対応を可能にした。2014年にはGPAが注力する小型業態に対抗してカルフール・エクスプレスの出店を開始し、2014年の4店舗から2018年には87店舗まで店舗網を拡大している(4)(5)。

カルフールのコロンビア事業を買収したチリのセンコスッドも、2011年にリオ・デ・ジャネイロの食品スーパー大手のプレズニクを買収し参入しており、カジノ（8・2%）、カルフール（3・5%）、ウォルマート（2・6%）の外資3強には差があるが、2018年小売シェアは0・9%で11位である。

ブラジルでもネット小売の成長は顕著であり、アルゼンチン出身のメルカード・リブレが2017年に初めて同国ネット小売シェア1位となり、全体でも2018年には1・2%で7位まで成長してきている。なお、ウォルマート参入時合弁していた大手百貨店ロジャス・アメリカーナス社は2018年には3・2%で小売シェア3位であり、ネット小売のみでも出店者による売上11・2%と自社による売上25・1%（アメリカーナス7・4%、サブマリーノ3・7%、ソーバラート1・2%などの合計）を合わせた合計が出店者による売上のみのメルカード・リブレ17・1%を上回っており、同社のネット小売への取り組みに関しても注目すべきである(6)。

2　ブラジル市場参入戦略

(1) ブラジル市場参入の経緯

ウォルマートのブラジル市場参入は、母国米国とNAFTAを締結しているメキシコ、カナダの参入と香港での失敗、隣国アルゼンチン参入に次いで5番目の1995年であったが、その交渉の歴史は長い。同社は1982年に、ブラジルでの小売事業のパートナーを探していたグランシア投資銀行との交渉を開始した。しかし、ブラジルがハイパーインフレに見舞われていたこともあり、進出発表は1994年5月9日となった。その出資比率は、ウォルマート60%、1989年にグランシア投資銀行(7)がオーナーとなったブラジル最大の百貨店ロジャス・アメリカーナス社40%であった。

1994年当時のブラジル経済の状況は、ハイパーインフレを終息させたカルドーゾ財務大臣による7月のレアル・プラン実施直前であった。当時、小売業界全体の売上は増加していたが、大手小売企業はハイパーインフレの混乱の中での度重なる制度変更に対応するためにリストラを推進し、いかなる状況にも対応できる体制を模索している状況にあった。ウォルマートは、ブラジル再出発というタイミングを見計らって、1995年4月に事業を開始し、事業開始1年間でサンパウロとその周辺にサムズクラブ3店舗とスーパーセンター2店舗を開店したのである。

ウォルマートは参入当初、整備されていない物流システムと米国とは異なるメーカーとの関係によって苦しむ。ネスレや現地大手メーカーは、ブラジルでは5店舗のみの展開でのウォルマートによる低価格での商品供給という要求に憤慨した。物流システムは不備な状況にあり、ジャスト・イン・タイムの仕入れは平均4割の在庫切れを引き起こした（コタベ・ヘルセン（1997））。1997年末には、消費者へのクレジット枠や出店方針の相違と合弁企業の損失により、パートナーのロジャス・アメリカーナ社は合弁の持ち分をウォルマートに売却した。ウォルマートは、商品戦略の改善と地道な出店を行ったが、厳しい状況が続いた。

転機が訪れたのは、2004年3月のオランダ・アホールド社からの、1996年参入当時に業界4位であった国内北東部に店舗展開する「ボンプレッソ」118店舗の買収であった(8)。2005年12月には、ポルトガルの流通業モデロ・コンティネンテ傘下でブラジル南部、南東部を中心に店舗展開するソナエの140店舗も買収し、店舗数を295店舗とし、カルフール、GPAに次ぐ業界3位のポジションをより強固なものにした。

(2) 参入戦略

① 業態戦略

同社のブラジルにおける業態戦略は、同社のセオリーである母国展開業態と現地開発業態との並存から始まった。同社は1995年の進出以降2004年までの間、母国展開業態であるスーパーセンター、サムズクラブによって中間階層を標的に地道に店舗展開した。2004年買収時点では26店舗だったこれらの業態の店舗(9)のうち、特にスーパーセンターを経済成長にあわせて増加させ、2013年からの若干のリストラを経て、2016年にはスーパーセンター54店舗、サムズクラブ27店舗の合計81店舗としている。

図10－5　サンパウロ郊外サンアンドレアに立地するトドジア

（注）上外観，下段は店内の様子。上に段ボールを載せていく陳列が一部採用されていることからメキシコなどで展開する倉庫型ディスカウントストアとコンセプトが同様であることがわかる。メキシコに比べ，野菜果実の品揃えが若干重視され（下段左），高い棚の利用が限定されている（下段右）。

なお、２００１年には、ブラジルにおいて初めてのウォルマートが開発した現地向け独自業態であるネイバーフッド・マーケット業態のトド・ジア（Todo Dia）を開店した(10)。同業態は２度の買収後に基盤を固めた２００６年以降急激に店舗数を拡大し、２０１４年までに１７７店舗としたが、２０１５年からのリストラで２０１６年には１４４店舗となった（図10－5参照）(11)。

他方、同社は２００４年、２００５年の二度の大型買収以降も現地開発業態を基本的には維持し、ボンプレッソの２業態であるハイパーマーケットのハイパー・ボンプレッソ（Hyper Bonpreco）（図10－6参照）、ボンプレッソ（Bonpreco）、ソナエの４業態であるハイパーマーケットのビッグ（Big）、食品スーパーのメルカドラマ（Mercadorama）、ナシオナル（Nacional）（図10－7参照）、キャッシュアンドキャリーのマキシ・アタカド（Maxxi Atacado）を併存させた(12)。経済が好調であった２０１２

図10－6　相対的に貧困階層が多いサルヴァドールの状況とウォルマート現地開発業態ハイパー・ボンプレッソ

(注) 左上がサルヴァドール旧市街の元奴隷取引所，真ん中上が店舗周辺のファベーラ，右上がファベーラ隣接の市営市場，左下ファベーラ近くの店舗店内の扇風機の大量陳列，右下店内のプライベート・ブランドの陳列。

年までに関しては若干の強弱はあるが、全業態の全店舗に関して機会を探った。

②　出店戦略

同社のブラジルにおける出店戦略は、2004年以前は非常にゆっくりとした展開であった。1995年のサンパウロ郊外に立地する5店舗から、1997年に市内へと店舗網を拡大し、1998年パラナ州、2000年にミナス・ジェライス州とリオ・デ・ジャネイロ州というように、サンパウロ州の周辺の南東部を中心に立店地域を拡大し、一部サンパウロに隣接した南部にも店舗網を拡大するといった状況であった。

図10－7　相対的に裕福な階層が多いポルト・アレグレのウォルマート現地開発業態ナシオナル

（注）左上が外観，右上が店内寿司コーナーの外観，左下が店内寿司カウンター，右下が店内イートインスペース。なお，この店舗は他におしゃれなカフェも店内に併設されていた。

転機は、二度の大型買収によってもたらされる（図10－8参照）。2004年に買収したボンプレッソは北東部に118店舗を展開するチェーンであり、2005年に買収したソナエは南部に140店舗を展開するチェーンであったため、出店地域は結果的に北東部、南東部、南部という大西洋側全般に拡大した。

　2005年には、南東部で残されていたエスピリト・サントホ州、中西部でも発展している首都ブラジリアと隣接するゴイアス州、2008年にはゴイアス州と隣接するマット・グロッソ・ド・ソル州にも出店しており（マット・グロッソ州は未出店）、ブラジルの経済的に発展した地域の多

図10－8　2015年度末時点のウォルマートの地域別業態展開

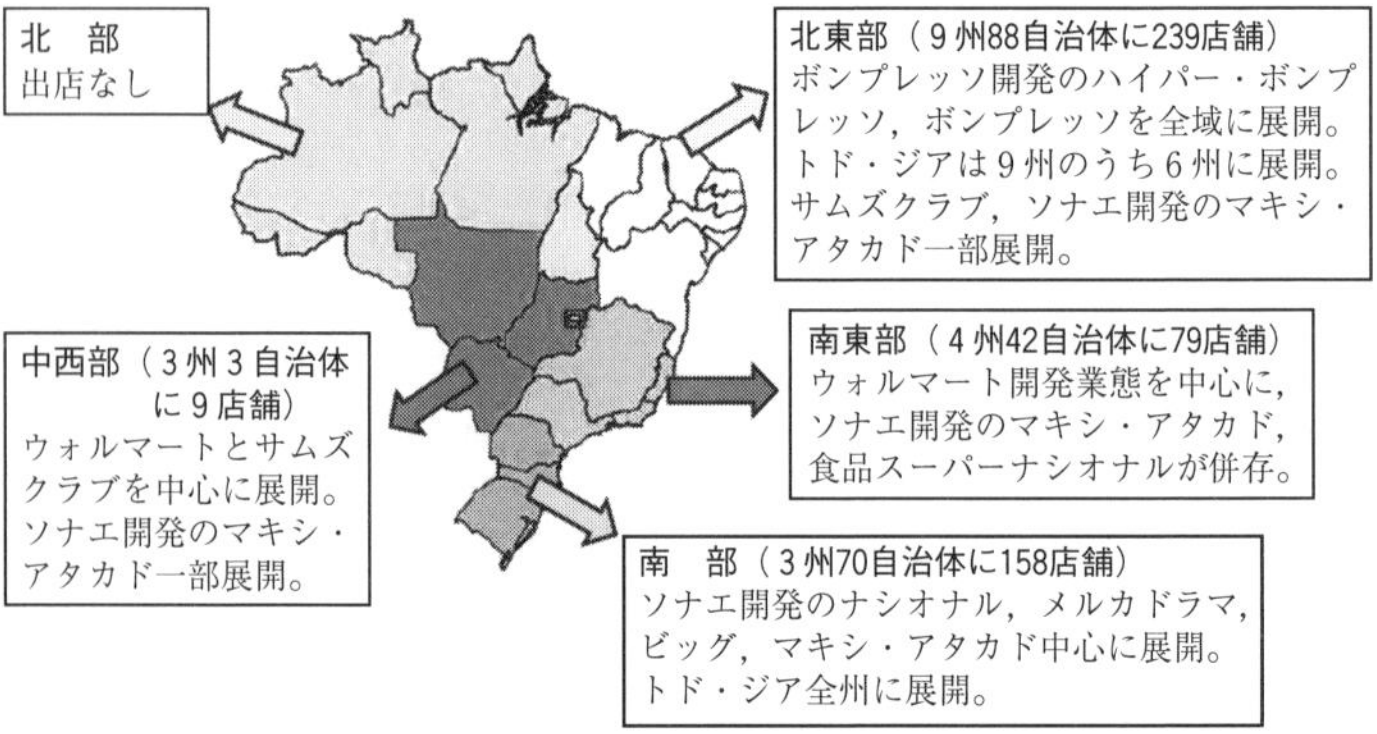
北　部
出店なし
北東部（９州88自治体に239店舗）
ボンプレッソ開発のハイパー・ボンプレッソ，ボンプレッソを全域に展開。
トド・ジアは９州のうち６州に展開。
サムズクラブ，ソナエ開発のマキシ・アタカド一部展開。
中西部（３州３自治体に９店舗）
ウォルマートとサムズクラブを中心に展開。
ソナエ開発のマキシ・アタカド一部展開。
南東部（４州42自治体に79店舗）
ウォルマート開発業態を中心に，ソナエ開発のマキシ・アタカド，食品スーパーナシオナルが併存。
南　部（３州70自治体に158店舗）
ソナエ開発のナシオナル，メルカドラマ，ビッグ，マキシ・アタカド中心に展開。
トド・ジア全州に展開。

（出所）ウォルマートが提供する情報並びに各種資料より作成。

くに出店を果たす結果となった。残された北部、首都周辺以外の中西部は人口密度も低く、経済的にも発展していない地域である。出店戦略は、買収した店舗も含めた既存店舗の出店エリア内のうち、同社が得意とする下の上や中の下といった階層の居住する地域に対して、しばらくは重点的に進められ、２０１６年のデータによれば、ブラジル連邦直轄区を含めて27州のうち、18州＋連邦直轄区の２０３自治体に出店を果たした(13)。

3　試行錯誤の末整理対象となったウォルマートブラジル

ウォルマートは、２００４年に２つの大型買収を行い、２０１２年までは同国の成長軌道にうまく乗る形で、自社開発業態と自社及び買収先の現地開発業態による業態多角化と出店地域の拡大を行ってきたが、２０１３年以降早急に次フェーズに向けたリストラを開始した（表10－1参照）。

２０１５年までのリストラ完了後の２０１６年には、自社主導のトドジアブランドにハイパーマーケットを追加

表10－1　ウォルマートブラジル業態別店舗数推移（2007－2016年）

業態	店舗名	2007	2008	2009	2010	2011	2012	2013	2014	2015	2016
	全業態合計	312	345	434	479	521	547	544	544	485	485
ハイパーマーケット	業態合計	99	105	110	117	128		142	142	130	133
	ウォルマート	29	36		49			59	59	53	54
	ハイパー・ボンプレッソ	32	32		34			39	39	38	38
	ビッグ	38	37		34			44	44	39	37
	トド・ジア										4
スーパーマーケット	業態合計	158	156	158	159	150		146	146	127	123
	ボンプレッソ	66	63		71			61	61	59	59
	メルカドラマ	24	24		23			20	20	13	10
	ナシオナル	68	69		65			65	65	55	51
	トド・ジア										3
ネイバーフッドマーケット	トド・ジア	21	39	100	127	158		179	179	157	144
卸	マキシ	13	23	43	51	58		49	49	44	44
MWC	サムズクラブ	21	22	23	25	27		27	27	27	27
ガスステーション	ウォルマートポスト										14

し、新業態としてガスステーションを追加し、２０１７年10月には買収したブランドであるボンプレッソ、ナシオナル、メルカドラマを、新ブランドウォルマート・スーペルメルカード（Walmart Supermercado）に変更することを発表するなど矢継ぎ早に具体的な改革の方向性を提示した(14)。

ウォルマートは現地ブランドを重視するスペイン語圏でこれまで成功してきた戦術へのこだわりも捨て、ブラジルでは母国ブランドを前面に出す戦略に切り替えるなど独自の戦術を含めた試行錯誤を行ってきたといえる。

しかし、同社の改革はＧＰＡに代表される競合の柔軟な対応に比べあまりにも遅く中途半端であり、店舗の立地条件の悪さや非効率な店舗運営といった改革前の条件の厳しさもあり、営業赤字の早期の解消には結びつかなかったようである。経営陣は２０１６年後半からブラジル部門にイエローカードを提示し改革を促していたが(15)、時間切れと判断し、２０１８年６月についにブラジル子会社の株式80％を米投資ファンドのアドベント・インターナショナルに売却するという大きな決断を発表した。

同社は売却条件の詳細は明らかにはしていないが、ブラジル通貨レアル下落も強く影響したとみられる。米国ロイター通信によれば、売却額は損失額とほぼ同額の45億ドルであり、ウォルマート側には売却による利益は残らないようである(16)。アドベント・インターナショナルはカーブ・アウト(17)による再生を目指しており、新規出店は行わず、収益性が低いハイパーマーケットをC&C(南部、南東部、北東部11州に43店舗展開するマキシ・アタカド(Maxxi Atacado))に転換していくために1・9億レアル(約4億8、566万ドル)を投資する計画のようである。

同社は売却手続きが終わった2018年8月にはウォルマート・ブラジルCEOをウォルマート時代のフラヴィオ・コティーニ(Flavio Cotini)氏からルイス・ファッジオ(Luiz Fazzio)氏に変更した。新CEOは競合するカルフール・ブラジルCEOであった人物であり、カルフールにおいてC&C業態アタカダオ買収後の事業を成功に導いた経験がある。このことからもC&C業態というブラジルにおいて現在好調な業態をウォルマートにおいても主要業態として組み入れ、GPAグループのASSAI、カルフールのアタカダオに対抗できる状況(18)に導くことが期待された人事とみられる。この人事自体はウォルマートが有する業態の転換の方向性を示しており、当面の収益改善に向けた取り組みとしても現実的な計画といえる。

ウォルマートはブラジル市場を整理対象としたが、20%の株式の保有を継続するとのことである。株式の少数保有は同社にとって海外事業への新たな戦略パターンである。同じく少数保有となる英国、日本とともに同国事業への関与の在り方の変化に関して今後とも注視していきたい。

【注】

（1）この報告書は、Building Better Global Economic BRICs, Goldman Sachs, Global Economics Paper No. 66. である。

（2）ゴールドマンサックス社のホームページ（http://www.goldmansachs.com/japan/gsitm/report/pdf/viewpoints_21.pdf）。

（3）同社の標的拡大について詳細は、同社ホームページで提供される情報のうち、２０１２年３月に発表された情報（Institutional Presentation - March 2012）を参照。

（4）なお、ブラジルのコンビニ業界では、かつてカルフールからスピンオフしブラジルでは、カルフール・エクスプレスに先行するハードディスカウンターのヂア（ＤＩＡ）が展開するミニ・ハードディスカウンターや日系企業がイートインと提携したダイソーの商品を前面に出し展開するコンビニエンスストアにも注目すべきである。詳細は、拙著「ブラジルサンパウロの目抜き通り周辺に乱立するコンビニ事情」『東京経済大学経営学部ブログ』２０１９年３月25日付（http://tkubiz.blogspot.com/2019/03/blog-post_25.html）を参照。

（5）カルフールは、２０１２年１－６月期に３、１００万ユーロの赤字を計上し、マレーシア事業をイオングループ、コロンビア事業をチリ資本のセンコスッドに売却し、インドネシア事業はパートナーに株式を売却し、ギリシャからは撤退するなど海外事業のリストラを進めているが、ブラジルとアルゼンチンが残った南米は、中国・台湾と並ぶ海外の有力地域として位置づけられている。ジョルジュ・プラサＣＥＯも２０１２年末決算の好調を受けて、さらなる事業撤退はなく、「今後は業界1位を保てる既存市場の強化に集中する」と述べており、リストラが一巡した同社の取り組みに注目するべきである。

（6）同社のネットモールにおける出店者による売上は２０１５年の０・３％以降、２０１６年４・３％、２０１７年７・７％、２０１８年11・２％と急激に増加している。

（7）同社は１９９８年にクレディ・スイス銀行に買収されている。

（8）当時のボンプレッソが置かれていた状況に関して詳細は、Observatorio Social do Brasilが２００３年２月に発表したボンプレッソに関する報告書（http://www.observatoriosocial.org.br/download/Re Gebomprecoing.pdf）を参照。

(9) なお、26店舗のうち数店舗はトド・ジアの店舗を含んでいる。

(10) Sustainability Report 2012 Walmart Brasil, 2012, p.10.

(11) Euromonitor International (2019), Retailing in Brazil 2019, Euromonitor International, p.49.

(12) Magazineはボンプレッソが展開した小型スーパーであるが、1店舗のみの営業であり、ホームページでもその詳細について触れられていない。

(13) ウォルマートのホームページ上でブラジルの業績について詳細に触れた部分（https://www.walmartbrasil.com.br/sobre/walmart-no-brasil/）、閲覧日２０１９年3月30日による。

(14) ウォルマート・ブラジルの新ブランドによる食品スーパーの展開開始に関して詳細は、ウォルマート・ブラジルのホームページ（https://www.walmartbrasil.com.br/noticias/walmart-ampliaprojeto-e-inaugura-novo-conceito-de-supermercado/）を参照。

(15) 経営関与度の縮小に関しての当時の受けとめに関して詳細は、ブラジル大手経済誌EXAME２０１８年8月3日付（https://exame.abril.com.br/revista-exame/o-gigante-se-rende/閲覧日２０１８年8月10日閲覧）を参照。

(16) ウォルマートは２０１９年第3四半期からブラジルの店舗数を国際部門から削除し、国際部門の店舗数が第2四半期の6、377店舗から5、925店舗に減少している。なお、この店舗数の変化は概ねブラジルの店舗数の減少によるとみられる。

(17) カーブ・アウトとは企業から戦略的に技術や事業を切り出し、外部資本や経営資源を積極的に注入することであり、成長を加速させ利益を上げることを可能にする手法のことである。

(18) ２０２１年3月にはカルフールがネットワークの融合を目指したウォルマートが少数有しているビッグの買収を目指すことを発表した。この買収提案に関して詳細は、丸谷（２０２１）、26‐27頁を参照。なお、２０２２年6月にカルフールによるウォルマートが少数保有していた企業の買収が完了したことが発表された。この報告の中でカルフール・ブラジルは、ウォルマートとのライセンス契約によるサムズ・クラブの展開にして言及しており、注目に値する。

第11章　商品供給・商品調達の国際化センターとしてのウォルマート英国

1　英国小売市場の概要

英国の小売商業政策は、その他の西欧諸国とは異なり、売場面積規制よりも地域計画政策に基づいてなされてきており（表11－1参照）、小売商業の開発が可能な立地に関する規制が重視されてきた。そのため、大手小売業者は、小売商業地区に立地し競争政策に反しない限りは原則、出店拡大が可能であった（伊東（2011））。

こうした小売商業政策は、英国小売市場をその他の西欧先進諸国に比して、食品日用雑貨を中心に寡占化の程度を高くする大きな要因となった。280～2,800㎡のスーパーマーケット、2,800㎡超のスーパーストア、5,600㎡超のハイパーマーケットで構成される大型食品雑貨店を展開する大手チェーンの売上高は、2010年には62・7％と非常に高い比率となっている(1)。そして、寡占化

表11－1　主要西欧諸国の小売商業の開発規制基準

		小売商業の開発規制の開始		小売商業の開発規制の変更	
		施行年	規制対象基準（売場面積）	施行年	規制対象基準（売場面積）
イタリア	量的一律規制	1971	1,500／400	1998	300
フランス	量的一律規制	1973	1,500／1,000	1996	300
ベルギー	量的一律規制	1975	1,500／750	1994	1,000／400
ドイツ	量的一律規制	1977	1,200	1998	800
ポルトガル	量的一律規制	1989	3,000	1992	2,000
スペイン	量的一律規制	1995	2,500		変更なし
オランダ	質的個別規制	1976	既存の小売商業への影響についての計画当局の強制調査の実施。	1984	強制調査を廃止し，開発を厳しく制限。
イギリス	質的立地規制	1988	センター以外での開発について，既存のセンターに対する大規模開発の影響を考慮して判断。	1993及び1996	センターを保護するため，地方政府が小売商業の将来を予測し，その予測に基づいて判断。

（注）伊東は，Poole et al.（2002），p.175. を一部修正している。
（出所）伊東（2011），6頁の表を一部修正。

を象徴するビッグ4を構成したテスコ、セインツベリー、アズダ、モリソンズ4社の2011年12月時点の売上シェアは30・5%、17・2%、16・4%、12・1%と他社を圧倒しており、5位のザ・コーペラティブの売上シェア6・6%とビッグ4とは約2倍の開きがあった。

ビッグ4の中では、世界第3位の売上高をかつて誇ったテスコが他の3社に対して優位な立場を保持してきた。テスコは、成熟市場においてオンラインを含む業態多角化、PBを含む幅広い商品の拡充、小型フォーマット重視の積極的な店舗展開、カード事業の積極展開と、現在、小売業界において取り組むべきことの多くに取り組んできた。

2018年4月には、テスコに追いつき復活を目指すかつての王者セインツベリーが同社主導でのウォルマート傘下アズダとの経営統合を発表した。この統合は独占禁止の観点から当局の承認を得られず断念した。

M&Aとベンチマークで成長しかつて4強とい

図11－1　品質で評価が高いウエイトローズ

（注）左上が店舗が立地するビル周辺の様子（ロンドンのウォーターフロント地区，週末夕方，外のパブに大勢のサラリーマンが集まっている），右上ビル内部の店舗外観，左下食品売場，右下日用雑貨売場。

われたモリソンズと提携するネット小売の雄オカド（2）の都市部での台頭、2016年に英国ネット小売を牽引し4強を切り崩し小売シェア4位となったアマゾンの躍進、低価格を武器に小売シェアを年々高めるハードディスカウンター2強であるアルディとリドルの存在感の高まりが強く影響したとみられる。

なお、ネット小売がアマゾンだけではなく、コロナ禍で従来先行的に導入された品質評価が高いウエイトローズ（図11－1参照）を傘下に持つ百貨店のジョンルイス以外にも拡大している。2020年には食料品を多く取り扱う従来のビック4が本腰を入れ始め、従来一貫して落としてきたネット小売シェアをテスコが2019年5・2%から2020年6・0%、2021年6・8%と高め、ネット小売1位で23%のシェアを有するアマゾンに対抗し、結果としてアマゾンの伸びが停滞していることは先進国のネット小売の浸透と成熟化といった状況を示している。

英国は、西欧や日本において生じる動きが相対的に早くみられてきた小売市場であるだけに、ブレクジット（英国のEU離脱）が英国経済へ及ぼす広範な影響とともに引き続き注視していく必要がある。

2 英国市場参入戦略

(1) 英国市場参入の経緯

ウォルマートは1999年7月26日、当時第3位であったアズダを買収することによって英国市場に参入した。アズダ社は中部リーズに本部を置き、1960年代から北部でスーパーマーケットを展開してきた地方企業であった。

1989年にゲートウエイスーパーストアーズを買収して以降、南部に大型店舗を出店するようになった。1996－1997会計年度には、当時テスコ、セインツベリーの2強に次いで半分強の売上高で3位グループを形成していた3位のソマーフィールド、4位セイフウエイというライバル2社を追い越し、1999年までに3位の座をセイフウエイと競う存在となっていた。

ウォルマートが2001年に同社を買収したことにより、2強の構図が崩れる。2003年には、アズダは2位のセインツベリーの売上高を追い抜き、業界2位に浮上した。この買収は他社へも影響を及ぼし、2004年には、業界6位の中部ヨークシャーに基盤を置く地方スーパーモリソンズが南部に店

表11－2　テスコに対抗するウォルマートの英国における業態戦略

	テスコ		店舗数	ウォルマート		店舗数
小型業態	テスコ・メトロ	都市型スーパーマーケット	172	アズダ・スーパーマーケット	小型スーパー	211
	テスコ・エクスプレス	コンビニエンスストア	1,749			
中型業態	テスコ	スーパーストア	480	アズダ・スーパーストア	スーパーストア	341
大型業態	テスコ・エクストラ	ハイパーマーケット	252	アズダ・スーパーセンター	スーパーセンター	32
				アズダ・リビング	衣料生活雑貨	33
ガソリンスタンド	テスコ給油ステーション	ガソリンスタンド	データなし	アズダ給油ステーション	ガソリンスタンド	23

（出所）テスコとウォルマートがホームページ等で提供する情報に基づいて作成。なお，テスコ給油ステーションは500店以上であるが，店舗数は不明である。また，テスコは上記以外に6店舗のネット専用店舗，テスコを冠していないがワンストップと呼ばれるテスコ・エクスプレスより小規模な店舗を776店舗展開している。店舗数は，テスコが2017－2018会計年度，ウォルマートは2016年9月の数値である。

舗網が強い4位のセイフウエイを買収し、当時のビッグ4体制が確立された(3)。さらに、苦戦を続けたソマーフィールドは、2009年に当時4位モリソンズの半分のシェアであった5位のザ・コーペラティブに買収されている。

(2) 参入戦略

① 業態戦略

業態戦略は、寡占化が強い英国において、主にテスコとの競合を意識して展開されてきた(表11－2参照)。テスコは1990年代以降、多業態化を推進しており、アズダも競合を意識して多業態化を推進してきた。テスコは、1947年に主に食品を取り扱う最初のセルフサービス店を開店した後、小型チェーンの買収や非食品の品揃えの拡大を経て、1970年代には主要小売業態スーパーストアを確立した。1990年代には飽和した国内市場において都市部を意識した小売業態の展開を始め、1992年に都市型スーパーマーケットのテスコ・メトロ、1994年にコンビニエンスストアのテスコ・エクスプレス、1997年にハイパーマーケットのテスコ・エクストラ、2005年に非食品店テスコ・ホームプラスの展開を開始し、2000年にはネット販売のテスコ・ドットコム(4)を開始していた。

ウォルマートも、アズダの従来の主要業態である食品日用雑貨中心の平均35,000アイテムを平均売場面積4,300㎡で提供するアズダ・スーパーストアを中心としつつも、アズダの特徴である他社に対して相対的に広い平均売場面積を活用しつつ、2001年11月には同社が米国で展開するスーパーセンター業態のノウハウを導入した。アズダ・スーパーセンターの1号店は、アイテム数を40,000アイテム、平均売場面積を7,900㎡に拡大し、ロンドンから特急で1時間ほどのスウィンドン駅から自動車で20分ほどの新興住宅地に開店した。当初は「大型スーパーマーケットに毛の生えた程度」といった状況であったようである(5)。しかし、低価格で定評のあったアズダの良さに、物流の効率化、陳列の省力化の積み重ねなどウォルマート流のコスト削減手法を導入し磨きをかけ(6)、オペレーションの改善を進めてきている。

小型業態の開発にも注力し、2006年には買収したザ・コーペラティブ(生協)の小型店舗で、買い置きのPB商品とコカコーラのような有名なブランドのみを取り扱う「アズダ・エッセンシャルズ」というハードディスカウンターに対抗する実験業態を開店したが、苦戦し撤退した(7)。2009年にはスーパーマーケット部門を設立し、郊外や小さな町に立地させるために平均24,000アイテム、平均売場面積1,600㎡のアズダ・スーパーマーケットの積極的展開を開始した(図11－2参照)。2010年には「アズダ・エッセンシャルズ」を苦しめたアルディ、リドルに対抗するデンマーク出身

図11－2　アズダが展開を開始したアズダ・スーパーマーケット（ロンドン郊外）

（注）左上が正面外観（バス通り沿い），右上が裏の駐車場と店舗外観，左下がかなり細長い店内，下中央は小売業態の特徴を示した看板，右下が周辺にあるどこか発展途上国を連想する商店街の店舗。

のハードディスカウンターのネットーの英国事業を買収し、テスコとセインツベリーが品質重視の都市型店舗を展開する中で、同社の低価格という特徴を踏まえた上での新たなタイプの小型店舗も展開しようとした。

さらに、同社の特徴である、1989年に誕生し人気を博した衣料品PBジョージを活用し、2003年には衣料専門店を独自に展開した後、2004年には衣料品に生活雑貨を加えた専門店アズダ・リビングの展開を開始した（図11－3参照）。2002年には、アズダが買収直前の1998年に取り組み始めていた、ネット販売へも本格的に参入した。

②　出店戦略

ロンドンという大都市から全国展開してきた2社に対して、中部から北部に地

図11－3　アズダが展開を開始したアズダ・リビング（ロンドン郊外）

（注）左上が外観（郊外型モールの中に立地），右上が正面外観，左下が店内（GMSの衣料品売り場に類似），右下が雑然とした店内の様子（人員が少ないため，陳列が乱されても対応できていないようである）。

盤を有するアズダは、同社の全国展開以前の１９７０年に既にガソリンスタンドを併設したワンストップショッピングタイプの食品スーパー業態の展開を開始したことに表れているように、中部から北部地方における自動車利用のワンストップショッピングへの対応を積極的に推進してきた（図11－4参照）。

アズダは、１９８９年のゲートウエイスーパーストアーズ買収による南部への店舗展開により、戦略の一貫性が崩れ苦境に陥る（オコエボー（２００９））。しかし、ウォルマートによる買収が苦境をもたらしたこの選択を、結果として全国展開への基盤を形成する１つの要素へと変化させた。

ウォルマートは２００３年アズダ買収後のモリソンズのセイフウエイ買収といった状況に乗じて、２００５年には北ア

図11－4　テスコとアズダの1999年買収直前での地域別売場面積シェア

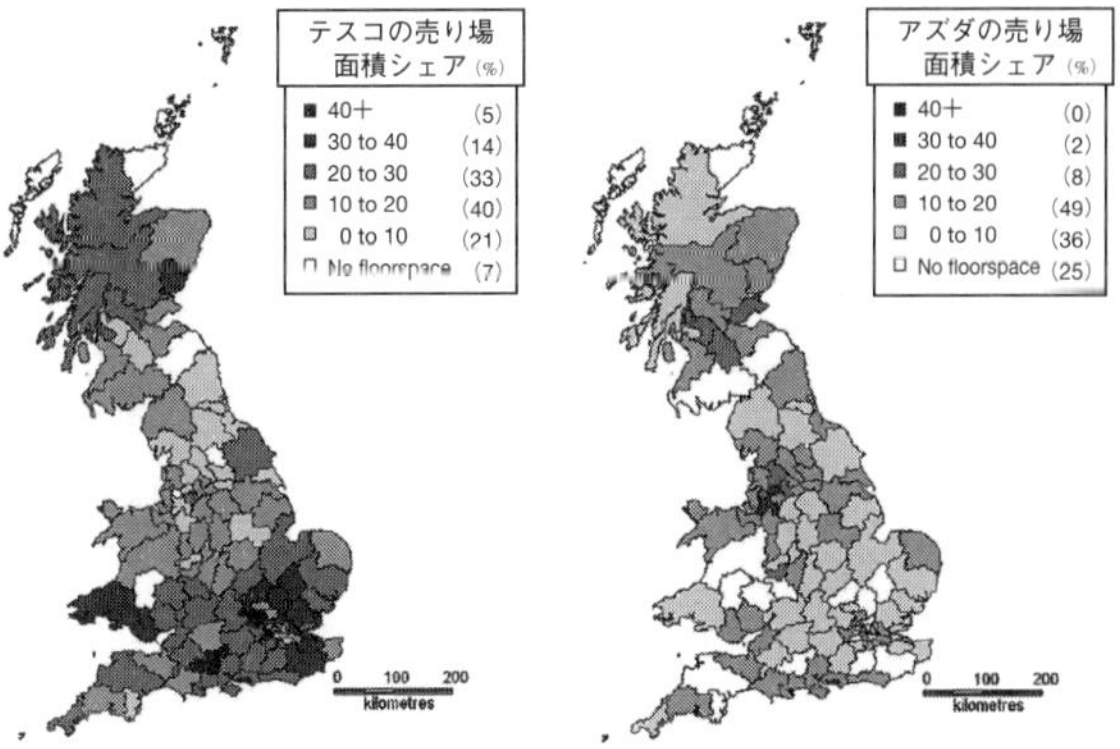

（出所）Poole, Clarke and Clarke (2002), p.648の図に加筆修正。

イルランドの旧セイフウエイの店舗12店舗を買収し、全国展開の基盤を確立した。都市部でも既述の小型業態を導入することによって、先行するテスコやセインツベリーと差別化しながらも、アズダ・エッセンシャルズでの実験の際に苦しめられたアルディらハードディスカウンターと立地的に棲み分けてきたネットー買収を通じて（図11－5参照）きめ細かな出店を行おうとしてきた。

しかし、同社は上位２強よりも価格を重視するハードディスカウンターやネット小売との競合が厳しく、２０１４年にはセインツベリーに２位の座を奪還された。それ以降も３強のうち唯一小売シェアを毎年落とし続け、２０１７年には１位テスコ10・８％の半分強、２位セインツベリーの７・６％とも２％差の５・６％（２０１４年には６・４％）まで低下させ、４位となったアマゾン（４・７％）の追い上げに危機感を強め、既述のように２０１８年４月にセインツベリー主導での経営統合を発表したが、当局の承認を得られず断念した。同社はその後承認が得られるような売却先を探し、２０２１年２月に英国を拠点とし６、０００以上の店舗を展開するグローバルなコンビニエンスストア

図11－5　2010年ウォルマートによるネットー買収直前でのアルディとネットーの家計に占めるシェアと店舗立地

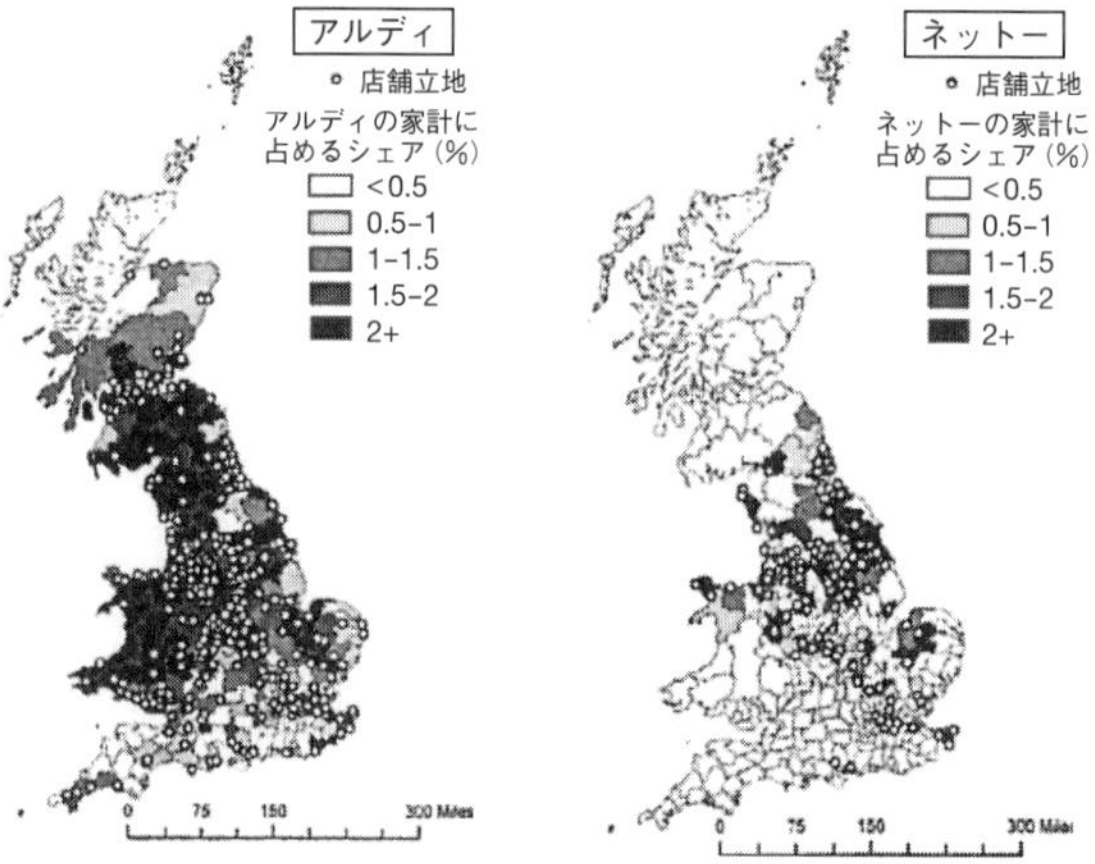

（出所）Thompson, Clarke, Clarke and Stillwell (2012), p.148の図に加筆修正。

チェーンを展開するEG Group創業者で共同CEOであるイッサ兄弟と投資会社TDRキャピタルに株式の大部分を売却し、同社は少数保有へと転換した。

3　商品供給・商品調達の国際化センターとしてのウォルマート英国

（1）プライベート・ブランド先進国英国の状況

英国市場は、既述のように大手小売企業による寡占化が進む欧州市場の中でも寡占度が高い市場である（8）。この寡占度の高さは大手小売企業主導の商品開発を促進し、開発されたPB商品の多様性がブランドの評価を高めるという循環を生み出し（9）、スイス、英国ではPB商品をNB商品と同等の評価へと導いた（図11－

図11－6　主な国のPB数量比率と金額比率

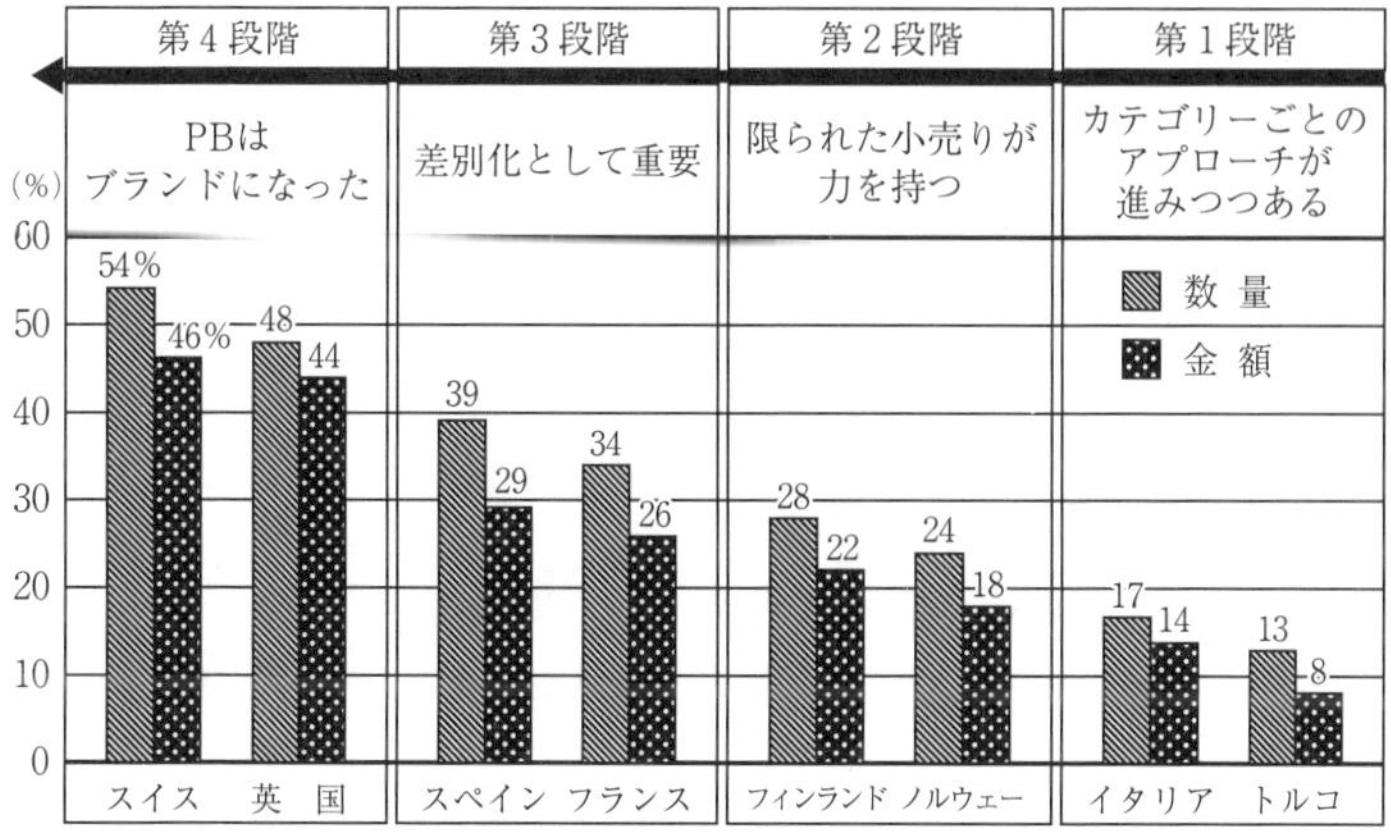

（出所）「PB（プライベートブランド）商品の裏側」『週刊東洋経済』2012年12月22日，64頁の図を一部修正。

6参照）。

ＰＢ先進国である英国のトップリテイラーであるテスコは、世界の小売ランキング上位企業の中でも総売上高に占めるＰＢの割合は5割を超えて、ウォルマートの40％、メトロの35％、カルフールの25％を上回っており、ライバルであるセインツベリーとのし烈な競争(10)を通じたＰＢの多様化に向けた同社の戦略は世界的にも注目されてきた（図11－7参照）。

同社のＰＢ商品は、階層社会英国に対応して明確に階層化されている。価格の安い順に「エブリデイ・バリュー」「テスコ・スタンダード」「テスコ・ファイネスト」に区分されている(11)。さらに、健康志向を意識した「テスコ・オーガニック」、子供向けラインの「キッズ」にラインが多様化した。そして、ウォルマート傘下のアズダが展開する衣類ブランドジョージに対抗するために２００１年に導入したＦ＆Ｆ（Florence & Fred）（表11－3参照）は、２０１０年のチェコのプラハの出店以降、アパレ

図11－7　英国テスコのNB陳列スペース

表11－3　英国における大手小売企業4社とアルディとリドルのPB商品のブランド展開

	テスコ	セインズベリー	アズダ	モリソンズ	アルディ	リドル
高付加価値商品ライン	Finest	Taste the Difference	Extra Special	M Signature	Specially SELECTED	Deluxe
基本商品ライン	TESCO	by Sainsbury's	ASDA	MORISSONS	－	－
低価格商品ライン	Everyday Value	basics	Smart Price	M Saver	everyday essentials	Simply...
健康志向商品ライン	Healthy living	be good to yourself	Good for you	NuMe	Be light	－
オーガニック商品ライン	Organic working with nature	SO Organic	Organic	M Organic	bio	Bio trend
子供向商品ライン	goodness for kids	－	Chosen by KIDS	JUST FOR KIDS	－	－
衣　服	F&F	Tu	George.	NUTMEG	－	－

（出所）川端（2016），188頁を一部修正。

ルの単独ブランドとして、フランチャイズでの展開も含めて東欧や中東を中心に海外展開がなされ、2014年には米国での展開も開始された。

近年では、アルディとリドルによるPB商品の現地調達の拡大や低価格以外へのラインの拡大に伴って、ビッグ4もコストと質両面での更なる取り組みが求められ、テスコは2008年にはスタンダードPBと低価格訴求のエコノミーPBの間の価格帯をターゲットとするディスカウントPBを開発した。このPBは低価格であること以外にイタリア食材には「Trattoria Verdi」、ケチャップなどの常温保存の缶詰商品には「Oak Lane」としてシリーズ展開し、商品パッケージに、テスコ向けに製造された商品であることが記載されているだけなので、一見テスコのPBだとわからないようにされている。さらに、2011年にはベンチャー・ブランドを発売し、プレミアムPBのポジションのテスコの表記を消したPBが導入されている(12)。

(2) 商品供給・商品調達の国際化センターとしてのウォルマート英国

ウォルマートは、2003年に香港から中国深圳にグローバル調達本部を移転して以降、中国を世界のウォルマートの商品供給及び商品調達の基地として位置づけ、世界55カ国の商品調達の約2/3を中国から行ってきたともいわれる(13)。中国から調達する商品はウォルマートの低価格を支えてきており、今後も相当程度の期間、支え続けることになるとみられる。

他方、PB先進国英国は、ウォルマートにとって商品供給・商品調達の国際化センターとして中国とは異なる役割を果たしつつある。アズダが英国市場において差別化のツールとして用いてきたアパレル・ブランドのジョージを筆頭に(14)、アズダのPBはテスコやセインズベリーといったPB開発にお

図11－8　欧米ナショナル・ブランドと並ぶ輸入菓子として陳列されるアズダのPB

（注）楕円内がアズダのPBのオーガニックチョコレート。
（出所）ブラジル南部ポルト・アレグレのウォルマートブラジルにて展開する店舗ナショナルにて撮影。

いて先行してきた大手小売企業をベンチマークしながら(15)、差別化して高めてきた商品開発力を活かし、英国以外のウォルマートにおいて、一定以上の品質を有しながらもリーズナブルな価格のブランドとして定着してきている。

近年のハードディスカウンターとの競争により、特にコスト面でのより厳しい更なる取り組みがなされている。筆者が２０１２年８月に視察したブラジルのウォルマートにおいても、欧米のナショナル・ブランドと並ぶ輸入菓子として陳列されていた（図11－８参照）。

ウォルマートは、英国におけるアズダへの生鮮品輸入専門会社として、Bakkavor社とTeresa Hermanos社のジョイントベンチャーで２００４年に設立されたＩＰＬ（International Produce Ltd.）社を、英国子会社アズダ社に、２００９年10月に買収させた。ＩＰＬ社は、生鮮品からチーズ、ワイン、パスタなど加工品へ取扱商品を拡大し、英国以外のウォルマートへの商品供給を拡大させつつある。２０１２年には、ウォルマートの日本における子会社西友が、欧州からの加工食品や青果商品の発注窓口を従来の約30社との個別方式からＩＰＬ社への一元化方式へ変更することを発表した（図11－９参照）(16)。

西友はこの発表の中で、ＩＰＬ社への大規模発注のコスト上のメリットと同時に、日本専用デスク設

図11－9　アズダの輸出専門子会社IPL社を通じた，日本への加工食品・青果商品の輸入一元化方式の概要

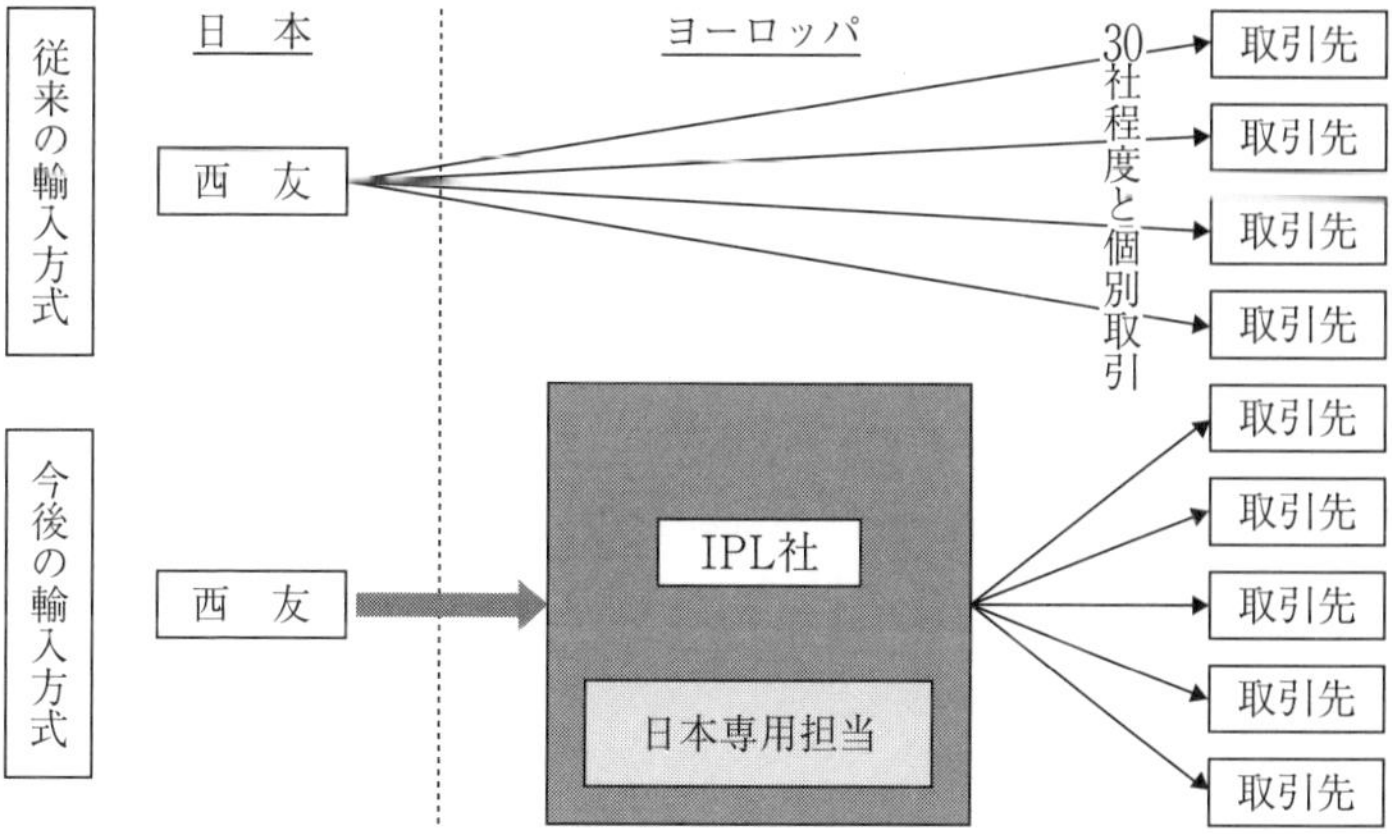

(出所)西友が2012年10月23日に発表したプレスリリースの図を一部加筆修正。

置による日本独自のニーズへの対応や同社の品質管理技術の高さという品質面でのメリットを強く示した。２０１５年にはアズダ社が10年ほど前に既に導入し成果をあげていた青果物の店への出荷前の検品管理における鮮度管理の専任者を配置するといったノウハウを導入した(17)。同時に発表された米国親会社との一括管理による直輸入方式の発表はコスト面を強く強調しており、その内容が対照的であることからも、中国とは異なる他社との品質面も含めた差別化商品を調達する役割が期待されていたことが垣間見られた。

２０１８年４月にセインツベリー主導の経営統合が発表された。この統合はセインツベリー主導であるだけに、その結果だけをみれば、ウォルマートにとって後ろ向きな決断とも映るかもしれない。しかし、同社における英国の位置づけを冷静に捉えれば、別の側面が見えてくる。同社にとって英国は商品供給・商品調達の国際化センターである。この統合がセインツベリー（現アズダを含

む）対テスコとのより高いレベルでのＰＢ開発競争を促進し、今後もアズダ株式42％所有を継続するウォルマートへのＰＢ供給がなされうることを考慮すれば、ベストとは言えないが現実的でベターな選択であったことがわかる。この経営統合がベターであったと考えられるが、既述の通り当局から承認を得られずに、アズダは別のパートナーであるＥＧグループとＴＤＲキャピタルに株式の大部分を売却し、ウォルマートは少数保有へ転換した。

ウォルマートはベターな選択から後退を強いられたわけであるが、株式の少数保有を続ける方針には変化がないわけであり、ウォルマートとアズダの関係変化後の商品供給・商品調達センターとしての役割の変化について引き続き注視していく必要がある。

【注】

（１）英国の食品小売市場の構図に関して、太田は非常に明快に示している。詳細は、太田（２０１２）、23頁を参照。

（２）オカドはコロナ禍でサービスが利用できない事態が多発し、多くの顧客の離反につながり、セインツベリーやテスコが迅速な対応をし、新規顧客と顧客満足度の向上をなしとげた。上記内容に関して詳細は、10X（2021）「Sainsbury's White Paper―英国の事例より読み解くネットスーパー事業の成功に不可欠な３つの施策―」（https://research.10x.co.jp/whitepapers/sainsburys-white-paper-3）を参照。

（３）4強ではなく3強という主張もある。詳細は、Okoebor（2009）を参照。

（４）テスコは、１９９９年にオンライン書店を立ち上げている。

（５）アズダ・スーパーセンターの1号店開店当時の状況に関して詳細は、結城（２００２）を参照。

（６）スーパーセンターの改善の取り組みに関して詳細は、「日本・英国編　先進国にも激安の波」『日経ビジネス』

１５０１号、２００９年、33－34頁を参照。

(7) この実験業態に関して詳細は、Matusitz and Leanza (2011), pp.136-137. を参照。

(8) 欧州のＰＢの最新状況に関して詳細は、ＰＬＭＡのホームページのＰＢの国際的状況の解説ページ（http://www.plmainternational.com/en/private_label12_en.htm）を参照。２０１２年の同組織の年鑑を用いた解説によれば、スイスの53％、スペイン49％、英国47％、ポルトガル43％、ドイツ41％、ベルギー40％と、英国は欧州の大国の中では最大であり続けている。同ページでは、ＰＢの評価の高まりと、28％のポーランド、27％のチェコ、31％のスロバキアの成長についても言及している。

(9) 小売市場の上位集中化とＰＢ開発との相関に関して詳細は、矢作（１９９９）、34頁を参照。

(10) 英国小売市場におけるＰＢ発展の歴史に関して詳細は、矢作（１９９９）及び矢作（２０００）、藤岡（２０１４）を参照。藤岡はセインツベリーを中心にテスコとのＰＢ開発競争に関して、その経緯と現状の取り組みに関しても言及し、セインツベリーがテスコに先駆けて採用している、商品に含まれている栄養素やアレルギー源といった商品サプライヤーとは異なる観点から確認するプロダクト・テクノロジストに関して詳細に指摘しており、有用である。

(11) ライン多様化に関して詳細は、堂野崎（２０１０）、１５６頁を参照。

(12) ビッグ４とドイツ２強のＰＢによる競争に関して詳細は、川端（２０１６）を参照。ウォルマートが２０１３年８月頃から、競争相手を従来の国内小売企業からアルディとリドルに変更して戦略を研究するようになったという指摘は注目に値する。テスコの商品パッケージにのみ記載の取り組みなどに関して詳細は、藤岡（２０１４）、３１８頁を参照。

(13) 中国からの商品調達に関して詳細は、川端（２０１２）、１７５－１７６頁を参照。

(14) ジョージに関しては、英国食品スーパー初の衣料品ブランドとして１９９０年に開発され、買収当初から本国米国においても積極的に導入され、現在では同社のアパレル部門の柱となっている。同社のジョージに対する当初からの評価に関して詳細は、Soderquist (2005), p.18.（徳岡・金山訳（２０１２）、44頁）を参照。ジョージが、中東レバノンのAzadeaグループとフランチャイズ契約に合意したことは注目に値する。

(15)アズダのPBはテスコやセインツベリーに対して、効率的な商品開発が求められるため、サプライヤーと切磋琢磨しながら新しい商品開発を行い先行する2社に対して、サプライヤーが開発した商品をアズダのテクノロジストがチェックするという状況にある。詳細は、藤岡（2014）、330-331頁を参照。

(16)この一元化方式を通じた加工食品の直輸入は、ウォルマート・グループでも日本が初めてであり、今後の動向を注視する必要がある。

(17)日経MJ2015年7月3日付。

第12章 商品供給・商品調達の国際化センター候補としてのウォルマートカナダ

1 カナダ小売市場の概要

(1) 隣国ゆえに注目されてこなかったカナダ小売市場

ウォルマートのカナダ市場における戦略は、母国市場の隣国で旧宗主国も同一の先進国への進出ということもあり、その成功に比して従来、議論がなされることが少なかった。小売国際化研究にとって、小売企業の進出国の条件としてセオリーとなっている地理的文化的近似性が高い国への進出であり、新興国市場に比しての市場潜在性の低さや現地適応化の必要性の小ささといった観点からも、議論の少なさは当然のことである。

実際、ウォルマートの国際化に関して幅広い観点から検討したブルンらによる代表的な著作でも、同じ隣国であるメキシコ、同じ先進国である英国、日本及びドイツ（撤退済み）、新興市場の代表として注目を集める中国に関して詳細に多面的に検討が加えられているのに対して、カナダに関しては進出した事実のみが紹介されているにすぎない(1)。

しかし、カナダ市場について改めて検討してみると、ウォルマートのカナダ進出と国際展開の進展を経て、同社における同国の位置づけは重要性を増してきていることが明確になってきた。カナダはウォルマートの国際部門の再編によって、英国、インド、アフリカ諸国とともに地域マネジメント・チーム（現ウォルマートＥＭＥＡ）の中に位置づけられ、今後拡大が期待される同部門において、英国と並ぶ主導的な役割を期待されるようになってきているのである。そして、カナダは同部門で主導的役割を果たすとみられる英国と同様に、プライベート・ブランドの先進国に位置づけられており、手強いライバルとの競争によって商品調達及び商品供給の能力を高めつつあり、今後商品供給・商品調達の国際化センターとしての役割を果たす可能性が高まってきているといえる。

（2）カナダ小売市場の概要

① カナダ小売市場を牽引するロブロウ

カナダ小売市場には、英国市場においてアズダに対するテスコのような役割を果たしうる有力競合企業ロブロウが存在し（図12－1及び表12－1参照）、２０１2年にはロブロウ社が属するウェストン・グループ（10・51％）、ウォルマート（8・92％）、後述のソベイズが属するエンパイア社（5・86％）の3社で自動車販売小売を除いた小売市場の25・29％の市場シェアを占めた（Daniel and Hernandez (2013), p. 9)。２０１0年代コストコがシェアを拡大し、第3位に肉薄しつつあるが、２０２1年の小売シェアでも1位ウェストン・グループ8・9％、2位ウォルマート5・6％、3位エンパイア社5・1％、4位コストコ4・6％である。

ロブロウの優秀さは、１９９０年代初頭にウォルマートが米国においてプライベート・ブランド開発

図12－1　ロブロウ社の売上高と売上高に対するPB比率の推移

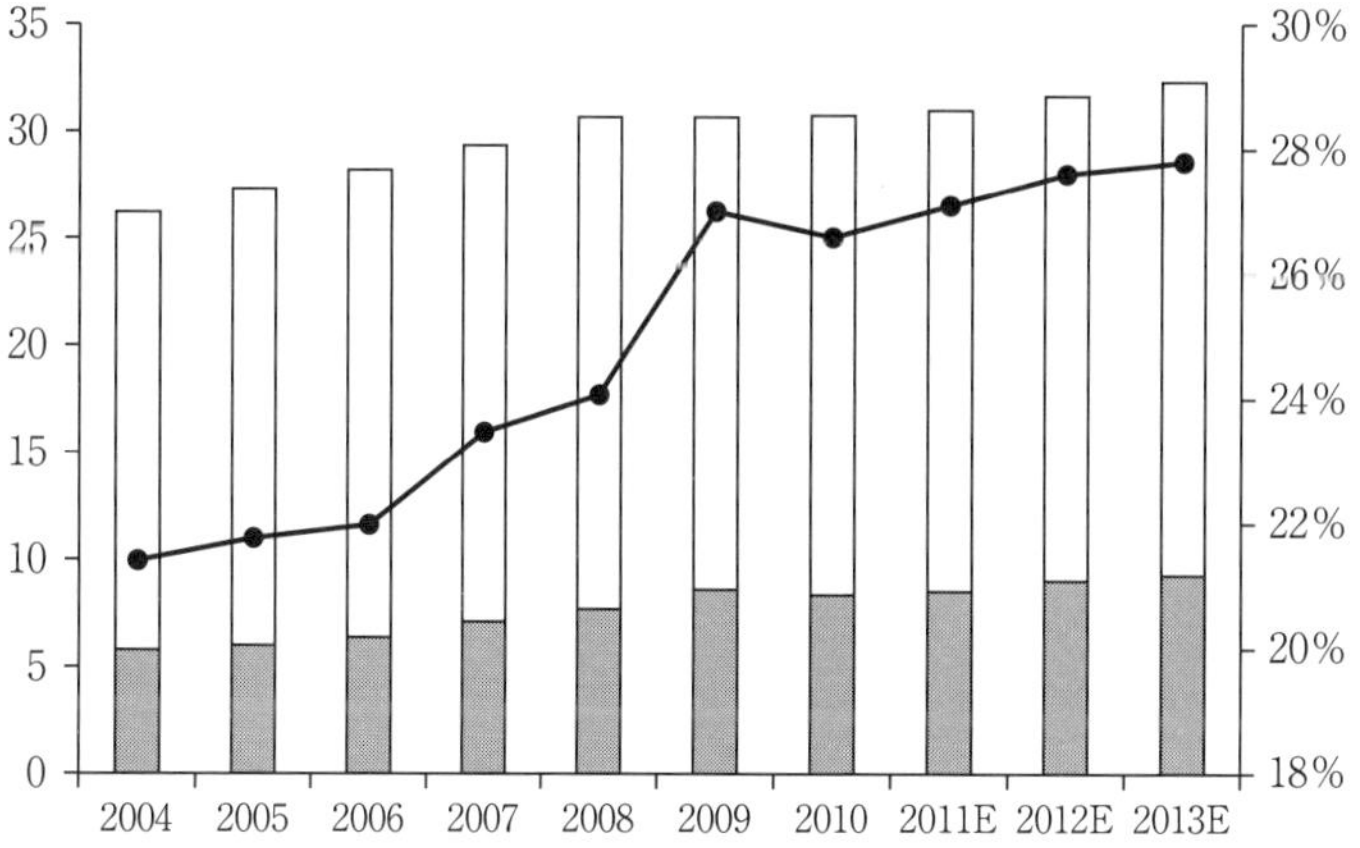

（注）棒グラフは売上高を示し，単位は10億ドルである。折れ線グラフは売上高に対するPBの売上比率である。

（出所）Raymond James Ltd. (2012), p.5 の図を一部修正。

表12－1　ロブロウ社の店舗数の推移

	2000	2001	2002	2003	2004	2005	2006	2007	2008	2009	2010	2011	2012
直営店	606	617	632	646	658	670	672	628	609	613	576	584	580
FC	405	401	406	397	400	402	405	408	427	416	451	462	473
提携店	736	694	659	598	519	472							
独立顧客	8,252	7,982	7,069	6,676	6,669	7,858							
卸　売	42	40	34	33	32	26							

に乗り出した際に、開発ブローカーとしてサービスを提供した企業であることからも実証済みであり、ウォルマートの主要プライベート・ブランドである「サムズ・アメリカン・チョイス」は同社のプライベート・ブランドである「プレジデント・チョイス」をコピーしたものなのである(2)。

同社は1919年にオンタリオ州トロントに創業したスーパーチェーンであ

り、1924年にはニューヨークに進出し順調に成長し、1956年には食料品店チェーンのナショナル・ティー社を買収し、カナダの代表的企業となった。しかし、1970年代には価格競争が巻き起こり、経営状況は厳しい状況となり、経営革新が求められた。同社の現在の経営基盤はCEOにガレン・ウェストン（Galen Weston）氏が就任したことによって確立された(3)。

彼は就任した1972年に約200店舗のうち78店舗を閉鎖し、1976年には米国店舗の半分を閉鎖するなどのリストラを進めた。彼は外部人材を積極的に登用し、1973年には1967年モントリオール万博でカナダ館のデザインに従事したドン・ワット（Don Watt）氏をデザイナーとして雇い店舗デザインを変更し、彼の推薦によって映画スタートレック・シリーズのカーク船長役で有名なウイリアム・シャトナーが起用され、同社のイメージは一新された。

1976年にはガレン氏がマッキンゼーから上級副社長として招いたデイヴ・ニコル（Dave Nichol）氏が社長に就任し(4)、1978年にはノー・ネーム（No Name）ブランドというジェネリック・ブランドを中心に品揃えする低価格食料品チェーンのノー・フリルス（no frills）の展開を開始した。1984年には1983年にニコル氏が立ちあげたコーヒー・ブランドであるプレジデント・コーヒー・ブランドを経て開発されたナショナル・ブランド並みの品質ながら価格が安いプライベート・ブランドであるプレジデンツ・チョイス（President's Choice）の展開を開始し、1983年に発刊したトレイーダー・ジョーの社内紙を参考にしたタブロイド風の冊子ロブロウズ・インサイダーズ・レポート（Loblaws Insider's Report）を通じて消費者に推奨していった。

1989年には環境配慮製品で構成されるグリーンライン（PC Green）、1998年には店舗内銀行の金融サービス（PC Financial）、2001年にはオーガニックライン（PC Organics）、2005年にはヘルシーライン（The PC Blue Menu product）、２００６年にはアパレルライン（Joe Fresh Style）へと商品領域を拡大し、２０１１年9月にはプレミアムライン（Black Label）を拡充している。プレジデンツ・チョイスとノー・ネームの2ブランドはそれぞれカナダ第1位と第2位の消費財ブランドとなった（Loblaws (2010), p.4）。

また、アパレルラインのジョー・フレッシュは、クラブ・モナコ（Club Monaco）のデザイナーとして著名だったカナダ人デザイナーのジョー・ミムラン（Joe Mimran）氏を起用して立ちあげられ、今やロブロウの衣料品売場のイメージを同アパレルのイメージカラーのオレンジにより刷新する存在となった。そして、ミムラン氏はその後ロブロウの非食品部門全般のＰＢデザインにかかわるようになった。同ブランドはウォルマートが英国で展開するジョージのように、２０２２年1月現在11店舗の単独路面店の展開も含めてカナダ全土で1、４５０店舗の展開を行っている。

なお、同社は２０１３年に大きな買収を2つ行った。第1は２０１３年2月末当時1、３０９店舗というカナダ最大のドラッグストア・チェーンであるショッパーズ・ドラッグ・マートの買収であり(5)、この買収により非食品ライン強化がなされ、２０２１年には1、３６５店舗を展開している。第2は中国系移民が多いブリティッシュ・コロンビア州、オンタリオ州、アルバータ州に22店舗を展開するT&Tスーパーマーケットの買収である。買収直後の２０１４年旧正月には傘下のリアル・カナディアン・スーパーストアにて店内キャンペーンを行った。同チェーンは中国だけではなく日本、韓国、東南アジアの食材の強固な流通ルートを有しており（図12－2参照）、多民族国家カナダの特徴を反映した品揃えが従来のロブロウ社傘下の店舗に導入されることが予測された(6)。同チェーンは買収後順調に成長し、２０２１年には30店舗まで店舗数を増やしている。

図12－2　T&Tスーパーマーケットの外観及び店内の様子

（注）左はアルバータ州ウエスト・エドモントン・モール内の店舗で行われていた日韓の有名ブランドによるフェア，真ん中の写真はバンクーバー・チャイナタウン店の外観，右の枠内はわずかに置かれていたロブロウのプライベート・ブランドのプレジデンツ・チョイス・ブランドの商品。

② 米国企業の進出に対抗するカナダ企業（7）

カナダの小売市場は首位ロブロウが世界最大の小売企業ウォルマートと対抗すべく規模を拡大しているが、その他の企業もカナダ企業と米国出身企業が上位を占めている。

カナダの小売企業としては、2020年の小売シェア第3位エンパイアと第5位のメトロがあげられる。エンパイアは1907年の創業以来、ソベイズ、フードランドの名称で食品スーパーを展開してきたが、2013年7月に米国企業セーフウェイ社のカナダの店舗を買収し、買収当時ウォルマートを逆転したが、買収後少しずつシェアを落とし、現在3位となっている。メトロは1947年に創業し、ケベック州とオンタリオ州という東部2州にのみの展開であるにもかかわらず、一時期第4位の小売シェアを獲得し、コストコに逆転されたとはいえ、現在も第5位を確保している（8）。

主要な米国企業としては、メトロと第4位の座を争うコストコがあげられる。カナダの店舗数は2021年12月現在9州に105店舗であり、572店舗の米国に次いで圧倒的に多い第2位で（ちなみに第3位はメキシコの40店舗、第4位は日本の30店舗、第5位は英国の29店舗）、2021年は若干小売シェアを下げたが、それまでは順調に市場シェアを上昇させ続けてきた。

2 カナダ市場参入戦略

(1) カナダ市場参入の経緯

ウォルマートのカナダ市場参入はメキシコ市場参入に次いで2番目の1994年であり、ウールコのカナダにおける122店舗を買収することによって参入した。ウールコはバラエティストア大手のウールワース社が多角化の一環として当時普及し始めたディスカウントストアに参入したことによってできたチェーンであった。ウォルマートの創業年である1962年に米国オハイオ州コロンバスに1号店を出店後、同年にカナダ1号店をオンタリオ州の中で国境を挟んで自動車産業の世界的中心地デトロイトと隣接するウインザー市に出店している。

ウールコは一時期米国、英国、カナダ市場において幅広く店舗を展開していたが、ウォルマートを含む他社との競合激化に伴って1982年に米国市場から撤退し、英国市場の店舗も1982年の分社化後、英国のキングフィッシャー社に売却し(9)、カナダの店舗のみが残されていた。残されたカナダの店舗のうち、ウォルマートが買収した122店舗以外は、ウォルマートの米国におけるライバルターゲットを保有するデイトンハドソン社がカナダで展開していたディスカウントストアのゼラーズに売却されるか、閉鎖されるか、見切り品を販売するバーゲンショップ(10)に業態転換された。そして、バーゲンショップの一部店舗は紆余曲折を経て現在も営業を続けている。

(2) カナダ市場参入戦略

ウォルマートのカナダ市場参入は、当初買収したディスカウントストアをウォルマートとして再オープンするところから開始された。同社が展開するディスカウントストアは既に10州のうち9州に展開されていた。ウォルマート・カナダのCEOには、前ウールコのマーチャンダイジング担当副社長のマリオ・ピロッツィ(Mario Pilozzi)氏を起用し、再オープンした、51,000平方フィートから150,000平方フィートまでかなりばらつきのあるディスカウントストア業態の出店を、1999年まではオンタリオ州、ケベック州を中心に行っていった(11)(表12-2参照)。

2000年以降は年間で7・5店舗だった出店数を年間17・9店舗に加速し、重点州もGDPの8割を占めるブリティッシュ・コロンビア州とアルバータ州も含めた4州に拡大した(表12-3参照)。サムスクラブは2004年に4店舗出店した後、2005年に6店舗まで拡大したが、2009年には全て閉店し、2店舗のみをスーパーセンターへと転換した。

表12－2　ウォルマートのウールコ買収による参入後数年の地域別店舗数の推移

州　名	1995年	1996年	1997年	1998年	1999年
ブリティッシュ・コロンビア州	12	12	12	12	13
アルバータ州	14	14	14	16	19
サスカチュワン州	8	8	8	8	8
マニトバ州	9	9	9	9	9
オンタリオ州	42	48	50	52	57
ケベック州	20	22	24	28	28
ニューブラウンウィック州	4	4	4	4	4
ノヴァスコシア州	6	6	7	7	7
ニューファンドランド・ラブラドール州	7	7	7	7	7
プリンスエドワードアイランド州	0	0	0	0	0
ノースウエスト・テリトリーズ準州	1	1	1	1	1
合　計	123	131	136	144	153

（注１）ウールコの122店舗買収後，１店舗のみ初年度に開店しているため，123店舗となっている。
（注２）10州に加えて北部に位置するノースウエスト・テリトリーズ準州に１店舗のみ出店済みである。

表12－3　ウォルマートの2000年から2006年までの出店地域と店舗数の推移

州　名	2000	2001	2002	2003	2004	2005	2006
ブリティッシュ・コロンビア州	16	20	22	24	27	28	29
アルバータ州	24	26	30	32	34	34	38
オンタリオ州	65	69	70	74	84	88	94
ケベック州	32	36	39	42	45	48	51
４州計	137	151	161	172	190	198	212
その他	41	47	50	53	57	63	65
合　計	178	198	211	225	247	261	277

（出所）Freeman, Nakamura, Nakamura, Prud'homme, and Pyman(2011), p.497の表を修正。

(3) カナダ市場におけるグローバル統合段階へ向けた取り組み

ウォルマートのカナダ市場における戦略は2006年の国際部門CEO交代に伴う国際化戦略の転換と相まって大きく転換が図られた。同社の国際化戦略は苦戦していたドイツ、韓国と新興市場重視といった内容が目立っていたが、カナダという相対的に優位なポジションを獲得していた市場においても参入段階からグローバル統合段階を目指した布石が打たれつつあった。英国においてテスコに対抗してウォルマートからのオペレーション・ノウハウの導入や多業態化が進められたように、既述のロブロウ社などに対抗して、従来のディスカウントストアから食品部門も含めたスーパーセンターへの業態転換が図られ、現地化段階からグローバル統合段階への取り組みがなされ始めた。

スーパーセンターは2006年11月に本社のあるオンタリオ州に初出店されて以降、2007年には7店舗、2008年にはアルバータ州、ブリティッシュ・コロンビア州にも地域を拡大し31店舗に、2009年には56店舗、2010年にはサスカチュワン州にも地域を拡大し84店舗に増加し、2011年にはケベック州とマニトバ州にも地域を拡大した。

この時期、業態転換のスピードも加速し、2012年1月末には333店舗のうちスーパーセンター164店舗、ディスカウントストア169店舗と拮抗するまでとなった。2012年10月にはターゲットのゼラーズ買収(12)に伴って一部取得した店舗39店舗のうち28店舗を含む30店舗のスーパーセンターの出店を行ったことで、スーパーセンターの店舗数がディスカウントストアを大きく上回るようになった。そして、2012年12月の200店舗目のスーパーセンター出店時にはディスカウントストアは173店舗となった。

２０１３年７月には沿海州初となるスーパーセンターがノヴァスコシア州に出店され、翌月にはニューブラウンウィック州にも出店され、２０１５年１月にはディスカウントストアの出店も遅れた東部のプリンスエワードアイランド州に出店を果たし、在10州のうち９州への出店が完了し、２０１８年９月にはニューファンドランド・ラブラドール州にも出店を果たし、全州への出店を完了した。２０２２年１月末現在ではスーパーセンターが３４３店舗に対してディスカウントストアは65店舗となり、スーパーセンターへの業態転換がかなりのペースで継続されてきたことがわかる。

２０１２年にはゼラーズ買収に伴って、トロント郊外にアーバン90ストア（Urban 90 store）というスーパーセンターの半分程度の実験業態を出店し(13)、その他の店舗でも生鮮食品重視の方針を明確にした。こうした戦略の転換は２００８年に参入当初から経営に強く関与してきたマリオ・ピロッツィ（Mario Pilozzi）氏が退任し(14)、英国アズダＣＯＯ、カナダＣＯＯを歴任しスーパーセンター導入に尽力したデイヴィット・チーズライト（David Cheesewright）氏がＣＥＯに就任して以降強まった。

さらに、英国においてアズダが絶対王者テスコやアルディ・リドルといったハードディスカウンターとの対抗戦略上培ってきたノウハウが導入された(15)。２０１１年にはデイヴィット氏が国際部門の組織改革でカナダも含む地域マネジメント・チームのＣＥＯに昇格したのに伴って(16)、２０１０年にサムズクラブ部門からマーチャンダイジング担当責任者として移籍したシェリー・ブローダー（Shelley Broader）氏がウォルマート・カナダＣＥＯとなった。ターゲットのカナダ市場進出に伴って、大手寡占化という英国と類似した状況がますます鮮明になってきており、米国においてもウォルマート・エクスプレスという小型業態が強化されていることを考慮すれば、母国、英国とのノウハウの共有というグローバル統合段階へ向けた取り組みがなされていくとみられた(17)。

3　商品供給・商品調達の国際化センター候補としてのウォルマートカナダ

カナダ小売市場はカナダ現地企業が２０１２年で57・7％のシェアを確保し支配してきたが（Daniel and Hernandez (2013), p. 13）(18)、準大手の買収統合が進み、地位を保持する大手資本も再編に向けた戦略を積極的に打ち出してきた。ウォルマートに対抗する現地2強である最大手ロブロウ社はショッパーズ・ドラッグ・マートとT＆Tを買収し、ソベイズはターゲットに商品供給を行うと同時に、セーフウエイのカナダの店舗を買収し地盤固めを行った。

ウォルマートも母国でのライバルと現地2強に対抗して積極的な投資を行い、ターゲットが買収したゼラーズから一部店舗を譲り受け、アーバン90ストアという小型業態の実験を行い、独自プライベート・ブランドの展開も加速した。

カナダ小売市場は米国小売市場と異なり、小規模なメーカーによる商品供給の割合が高く(19)、ウォルマートにとってはこうした多様な供給ルートは商品供給・商品調達国際化センターとしての可能性を示している。

ロブロウ社がウォルマートのプライベート・ブランドの礎を築き、アズダが進化を促したことを考慮すれば、ウォルマートがカナダ市場においてグローバル統合段階へ向けた取り組みを行うことを通じて強敵と対峙することによって、カナダがウォルマート全社に対する商品調達・商品供給の国際化センターとなりうるのかにも注目していく必要があるといえる。

【注】

（1）Brunn ed. (2006).

（2）ロブロウ社とウォルマートのプライベート・ブランド開発とのかかわりについて詳細は、鈴木（２０１１）、48頁を参照。

（3）ガレン・ウェストン氏は１９４０年に北米欧州で手広くスーパーマーケットチェーンを営むウェストン家の9人兄弟の末っ子としてロンドン近郊のバッキングムシャー州マーローに誕生し、ウエスタン・オンタリオ大学で経営学を学んだ後、自己資金でアイルランドで食料品店を創業し、その後倒産したダブリンの百貨店トッド・ブムス（Todd Bums）を現在英国中心に欧州８カ国に２５０以上の店舗を展開するプリマーク（Primark）として再生するなどの成功を収めていた。彼の父であるガーフィールド・ウェストン氏は１９４７年に株式の一部を取得した後、１９５０年代初頭までに同社の経営権を獲得していた。

（4）リチャード・カーリー（Richard Currie）もマッキンゼーから入社し、経営再建チームを形成した。

（5）ショッパーズ・ドラッグ・マートはジェネリック・ブランドの浸透に対応して店舗大型化を図り、２００１年から２０１１年までに売場面積を５２０万平方フィートから１，３２０万平方フィートへ拡大し、売上高も約50億カナダドルから約１０５億カナダドルへと拡大させたが、近年売上増加率が停滞していた。同社の状況に関して詳細は、Warnica (2013) を参照。ウォルグリーンによる同社買収への動向などを含めた米国大手小売のカナダ買収に関して詳細は、鈴木（２０１３）を参照。

（6）多民族国家カナダの形成に重要な役割を果たすカナダへの移民の構成は１９６１年以前には欧州生まれが90％を占めていたが、１９８１年～１９９１年には25％となり、１９９１年～２００１年には19・5％と減少し続け、２００６年のカナダ人口統計によればアジア中東出身者が40・8％となり、欧州生まれの36・8％を上回っており、多様な課題があるとはいえ、カナダでは移民に関して他国に比べて肯定的に評価されていることから、今後もこの傾向は継続するとみられる。カナダの移民政策の変遷に関して詳細は、Kelley and Trebilcock (2010) 及び２０１４年に日本語訳が出版されたKnowles (2007) を参照。

（7）２０１０年代前半のカナダ小売産業に関して詳細は、菊池、Heather (2017) を参照。

（8）メトロはアドニス11店舗（adonis）とプレミール・モイソン（première moisson）25店舗というパートナーシップ協定を結んだ店舗がある。
（9）ウールコの英国の一部店舗はウールワースとして営業を続けていたが、２００９年にウールワースの経営破綻に伴って営業を終えている。
（10）バーゲンショップに関して詳細は、同社ホームページ（http://www.tbsstores.com/）を参照。
（11）１９９５年から１９９９年の４会計年度の増加店舗数30のうち15店舗がオンタリオ州、８店舗がケベック州であった。
（12）ターゲットは２０１１年1月にハドソンベイ社所有のゼラーズを買収し参入したが、２０１５年に4月には全ての店舗を閉鎖し撤退した。ターゲットの進出はカナダ小売市場の集約化を進めた一因ともいわれる。
（13）アーバン90ストアに関して詳細は、Koontz (2012) を参照。
（14）ピロッツィ氏は、カナダウールワースで30年以上勤務した後、同社のバラエティストア及びディスカウントストア部門役員から、買収後ハードライン担当副社長ＣＯＯを経てＣＥＯとなっていた。
（15）Pachner (2012), p. 43.
（16）２０１３年12月、チーズライト氏はウォルマート全社の国際部門の会長兼ＣＥＯに就任することが発表された。
（17）２０１４年5月30日にブローダー氏がチーズライト氏が担当していたカナダとＥＭＥＡ（欧州中東アフリカ）地域担当ＣＥＯに昇格することが発表され、カナダのＣＥＯにはベルギー発祥の欧州大手小売デルハイズ・グループの役員であったバン・デン・ベルグ（Van den Berghe）氏が就任することになった。
（18）なお、米国資本が外国資本42・３％のうち40・６％と大部分を占め、外資の割合は２０１１年の40・７％から１・６％増加しており、１・６％の増加は全て米国資本による。
（19）撤退したターゲットも苦しめたカナダ小売市場の商品供給に関して詳細は、Brown (2013) を参照。

第13章　今後の成長センターアフリカの窓口としてのウォルマート南アフリカ

1　南アフリカ小売市場の概要

(1)　南アフリカ共和国の概要

南アフリカ共和国は、英国からの主権獲得までに生じたオランダと英国という出身地域の相違による対立、アパルトヘイト政策実施以降の人種間対立を乗り越えて発展してきた（表13－1参照）。同国は反アパルトヘイト運動により投獄され1994年に同国史上初の全人種参加の総選挙により大統領に就任したマンデラ大統領が虹の国と述べているように、多様な人種民族が混在する国家である。

①　英国から主権獲得までの経緯

南アフリカ共和国の前身である南アフリカ連邦は1910年に成立するが、その成立には後にアパルトヘイト政策の実行につながることになるオランダ系移民（ボーア人）と英国人の対立があった。1488年にポルトガル人のバルトロメウ・ディアスが喜望峰に到達した後、1652年にオランダ東インド会

表13－1　南アフリカの歴史

年	英国から主権獲得までの経緯	年	アパルトヘイト政策廃止まで	年	マンデラ大統領就任後
1488	パルトロメウ・ディアスが喜望峰に到達	1911	鉱山労働法（最初の差別立法）制定	1994	マンデラ大統領誕生（ANC与党）
1652	蘭東インド会社ケープ植民地入植	1913	原住民土地法制定	1995	ラグビーワールドカップ自国開催で優勝
1814	オランダ領から英国領に	1925	アフリカーンス語公用語化	1999	ムベキ政権成立（ANC与党継続）
1839	ナタール共和国建国	1948	アパルトヘイト本格化	2009	ズマ政権成立（ANC与党継続）
1843	英国ナタール共和国侵攻征服	1955	自由憲章採択	2010	サッカーワールドカップ開催
1852	トランスヴァール共和国建国（英国承認）	1960	シャープビル虐殺事件	2011	BRICS加盟，アフリカの新興国代表に
1854	オレンジ自由国建国（英国承認）	1961	英連邦から分離，南アフリカ共和国へ	2018	ラマポーザ政権成立（ANC与党継続）
1867	オレンジ自由国でダイヤモンド発見	1962	マンデラ投獄		
	トランスヴァール共和国金鉱脈発見	1976	ソウェト蜂起		
1881	第1次ボーア戦争（英国敗北）	1977	スティーブ・ビコ拷問死国際社会から非難強まる		
1889	第2次ボーア戦争開始	1990	マンデラ釈放		
1893	ガンジー南アフリカへ	1991	アパルトヘイト関連法廃止		
1902	第2次ボーア戦争英国勝利				
1910	南アフリカ連邦（自治領）成立				

社がケープ植民地に入植して以降、オランダ系移民による入植が進んだ。英国は18世紀末にナポレオン戦争によりオランダ領だったこの地域がフランス領になることを危惧し、1814年に占領し、1834年には英国は奴隷制度を廃止した。

　奴隷制に頼っていたボーア人は、1835年「グレートトレック」と呼ばれる内陸への逃亡を行い、先住民族と戦いながら内陸で38年ナタール共和国、52年トランスヴァール共和国、54年オレンジ自由国を建国した。しかし、67年にキンバリーでダイヤモンド鉱山、ラントで金鉱が発見されると、セシル・ローズら全土領有を求める英国人と対立し、99年ボーア戦争でボーア人の国家は敗退し、1910年に英国内の自治領として南アフリカ連邦が成立した。

ボーア人は英語を話せないので、英国支配下では英国領時代二等国民として差別されアフリカーナーと呼ばれ、インドを独立に導いたガンディーが弁護士として活動していたように英連邦下インド系移民が砂糖栽培や石炭労働者として移住し、100万人以上の世界最大のインド人コミュニティを形成した。1931年にウエストミンスター憲章が採択され、南アフリカ連邦は外交権など英国と同格の主権を獲得した。

② アパルトヘイト政策廃止までの経緯

アパルトヘイト（人種隔離）政策は、英国支配下で虐げられたボーア人達が貧困から抜け出すために導入したものである。1913年アフリカ先住民が所有できる土地を法律で9％にする原住民土地法が成立し、24年にはボーア人の利害を実現するための国民党内閣が成立した。38年には国民党がアフリカーナー共和国創設を謡い、1948年選挙での国民党大勝利後、アパルトヘイト政策が本格化された。49年に人種間通婚禁止法、50年に異人種間恋愛を禁止した背徳法と人種分類による住民登録を義務付ける人口登録法（パス法）が成立し、公衆トイレ、バス、郵便局など公共機関が人種別の利用となった。59年には国土の13％に10の居住地を設定し、部族ごとに自治権を与え、彼らを狭い土地に押し込めるバンツー自治促進法が制定された（鍋島（2018）、171-173頁）。

1960年代頃から反アパルトヘイト運動が活発になる。1960年パス法に反対する抗議デモ隊へ警察が発砲したシャープビル虐殺事件が起こり、反発した運動を先導したANC（アフリカ民族会議）

が武力闘争化すると、1962年にはリーダーであるネルソン・マンデラが投獄された。1976年には、学校でアフリカーンス語の学習を強要されることに反対したデモ行進に警察が発砲したソウェト蜂起と、首謀者とされたビーコウ（Bantu Stephen Biko）氏（彼の闘いを英国人の友人ウッズの視点から描いた『遠い夜明け』は1982年アカデミー賞受賞『ガンジー』で有名なリチャード・アッテンボロー監督による作品であり必見である）獄中死後、国際社会から圧力が強まった。

1990年にはマンデラ氏が釈放され、1991年にアパルトヘイト関連法が廃止され、1993年にはマンデラ氏とマンデラ釈放時の大統領デクラーク氏がノーベル平和賞を受賞した。

③　マンデラ大統領就任後

1994年にはANC（アフリカ民族会議）が同国初の全人種参加の選挙で勝利し、マンデラ氏が大統領に就任した。ANC政権はムベキ政権、ズマ政権と引き継がれ、2018年にはラマポーザ大統領が就任した。

2009年以来の経済悪化の中で、ズマ大統領辞任にもつながった蔓延する汚職問題や最悪の状況の雇用問題に加えて、新型コロナウィルスの拡大に伴う更なる経済停滞、2021年7月に起こったズマ前大統領収監に反対する暴動に表れているANC内部の分断など、山積する問題をいかに改善していくのかがANC政権の命運を左右するとみられる。上記の厳しい状況において行われた2021年11月の統一地方選では、与党ANCの得票率が民主化後、初めて5割を下回った。

(2) アパルトヘイト政策終了後に急成長した南アフリカ小売市場

南アフリカ共和国の小売市場は、1994年のアパルトヘイト政策終了後の民主化による国際社会への復帰によって大きく変化した。アパルトヘイト政策の時代には大多数の黒人の職業や賃金が制限されており、約400万人の少数派である白人が南ア市場の主体であった。しかし、民主化以降のエンパワーメント政策は、ブラック・ダイヤモンドと呼ばれる、高等教育を受けた、流行に影響を与える6、000ランド以上の月収がある1割弱の黒人富裕層を誕生させ、黒人全体でみても10年間で7割以上、所得が増加した。彼らは白人に比べて消費意欲も旺盛である。

多数を占めるこうした黒人の増加は、南アの年齢別人口構成が、61・1%が29歳以下、42・1%が19歳以下であるだけに、今後のますますの小売市場の成長を期待させた。そして、女性の社会進出、未婚化、晩婚化、離婚率の上昇などによる人口増加率の0・8%を上回る年率1・3%の世帯数の増加も、耐久消費財・半耐久消費財を中心とした消費財の需要拡大を促進した(日本貿易振興機構海外調査部中東アフリカ課(2010))。

2004年以降の資源ブームによる経済成長は、小売市場の拡大に拍車をかけた。南ア経済は、石炭などの鉱物、ダイヤモンド、プラチナなどの貴金属輸出が支えてきた。リーマン・ショックの影響により2009年こそマイナス成長となったが、2010年には回復した。国勢調査の結果からも2001年から2011年までの南アフリカの成長、特に白人世帯以外の消費の増加は確認でき、黒人世帯が269・1%増、インド系世帯245・1%増なのに対して、白人世帯は188・4%増にとどまっていた(表13－2参照)。

表13－2　人種ごとの平均世帯年収（単位ランド）

	2001年	2011年	変化率（%）
黒人アフリカ人	22,522	60,613	269.1
カラード	51,440	112,172	218.1
インド系	102,606	251,541	245.2
白　人	193,820	365,134	188.4
全人口	48,385	103,204	213.3

しかし、2012年以降、成長率は低下に転じ2016年にはほぼゼロ成長となり、2017年に若干持ち直したが、2018年以降再び低下し、2020年にはコロナ禍という状況もあり再びマイナス成長となった。成長鈍化は黒人間の格差に関する不満を高め、ストライキが増加するなど、成長の果実の分配をめぐり混乱も生じた。小売市場規模に強く影響する1人当たり名目GDPも上記の動向と同様に、2002年の2、791ドルから2011年には8、799ドルと3倍弱となった後停滞し、2016年には5、750ドルまで減少し、再び2017年6、678ドル、2018年6、984ドルと微増した。2019年6、599ドル、2020年5、625ドルとコロナ禍で下落し、2021年10月時点推計ではあるが、2021年は6、861ドルまで反動で戻るとみられる。

(3) 南アフリカ小売市場の概要

① 南アフリカ小売市場の構造

南アフリカ小売市場の特徴は、近代的小売業態の急激な成長と取り残された黒人層を相手にするパパママストアの共存にあるといえる。同国の小売市場は、サブサハラ・アフリカ地域において元来最も近代化が進展していたが、アパルトヘイト政策終了以前は、法によって8割以上の国民は利用できる商店も制限されており、結果的に小売市場も白人相手の非常に限定的なものと

図13－1　旧黒人居住地区ソウェトに立地するマポーニャ・モール

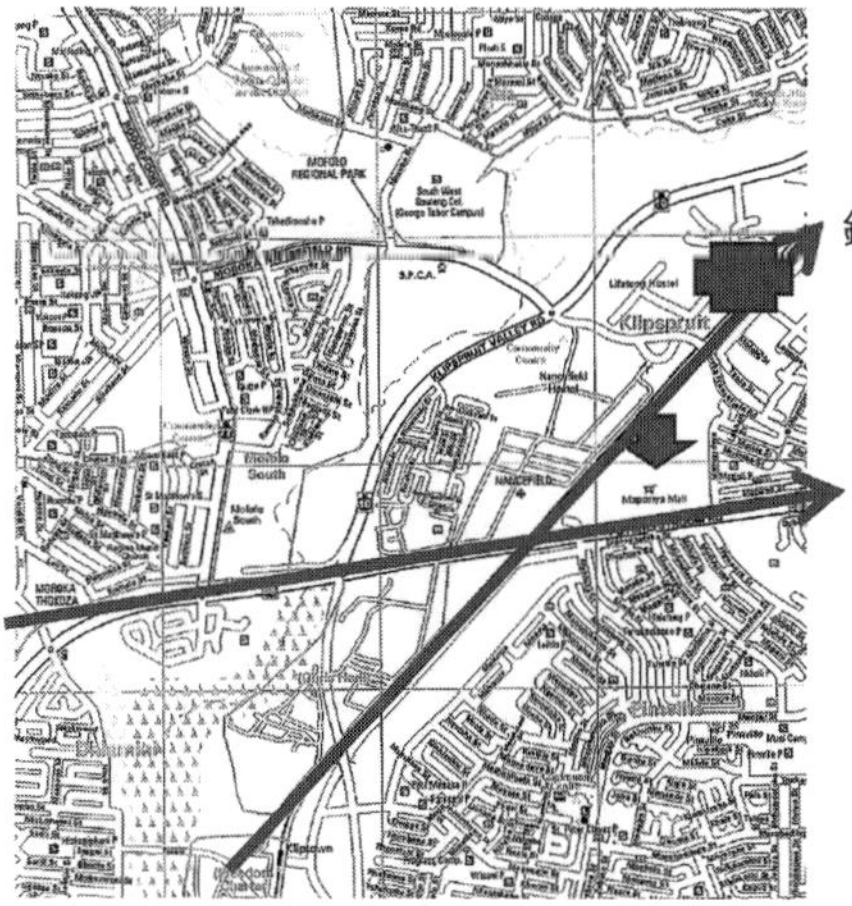

なっていた。

しかし、アパルトヘイト政策終了後、状況は一変した。新政府はＢＥＥ（Broad-Based Black Economic Empowerment）政策を採用し、社員の40％、株主の26％を黒人とし、黒人の経営する会社を積極的に支援することを義務化した。そして、この政策はブラック・ダイヤモンド（1）と呼ばれる新たな富裕層を生み出し、彼らを標的とした小売市場が拡大した。

さらに、ブラック・ダイヤモンドの増加は彼ら以外の階層へも影響を及ぼした。ネルソン・マンデラとともに反アパルトヘイトの陣営に参加していたリチャード・マポーニャ（Richard Maponya）氏の名前を冠したショッピング・モールのマポーニャ・モール（2）が、反アパルトヘイト運動を強く促進したソウェト蜂起のきっかけとなった学生運動中の黒人学生射殺事件の被害者を記念して建設されたヘクター・ピーターソン記念碑に近いナンスフィールド駅に近接した場所に建設される（図13－1参照）など、ショッピング・モールが、タウンシップと呼ばれるアパルトヘイト時代の集団地域法によって有色人種が住む地域とされた旧黒人居住区にも建設されてきている。

筆者も週末の夕方にこのモールを訪れたが、百貨店スーパーが両側に入り、気球乗り場、映画館、地区初のマクドナルドなどファストフード店が併設されたモールはライフスタイルを変えつつあり、おしゃれをした若者のデート・スポットとなっていた。南アフリカ大学のマーケティングリサーチ部（UNISA）による調査でも、ソウェトのショッピング・モールでの買い物の日常化の実態が示されている（3）。

さらに、黒人との格差是正を狙った住宅政策なども、同国の小売市場を検討する上で重要な要因である。アパルトヘイト政策終了後の政府による住宅政策（4）は、1986年の都市へのアフリカ人の流入を制限する法律の撤廃後、目立っていた、黒人居住区周辺部の不法占拠区住民への住宅提供と人種別に分断されていた居住区の統合を中心的課題として実行された。筆者が訪れたヨハネスブルグにおいても（5）供給が需要に追いついてはいないとはいえ、政府の住環境改善のための融資制度が拡充され、かつて白人と有色人種を隔離するために利用されていなかった地域にはRDP（復興開発計画）にちなんでRDP住宅と呼ばれている低所得階層向け住宅が建設され（図13－2参照）、かなりの市場機会を生み出している。

以下では、上記の潮流に乗じて成長した多様な小売業態を傘下に有する3大グループのうち、ウォルマートの傘下に入ったマスマートを除く2社と、依然として残る巨大勢力であるパパママストアについて示す。

図13－2　南アフリカにおける新住宅開発の事例

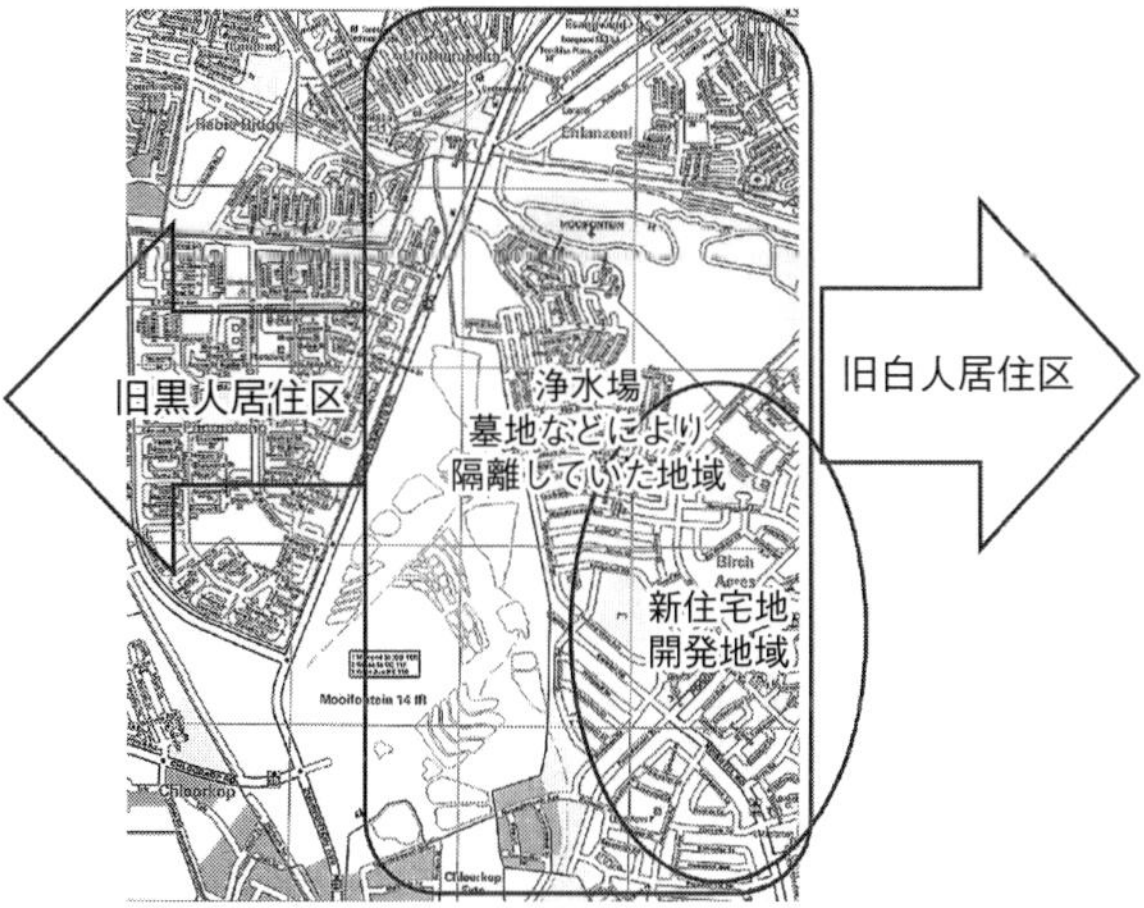

② 南アフリカ小売市場を牽引してきたピックアンドペイとショップライト

南アフリカの小売市場について議論する際に、ピックアンドペイとショップライトの2社は外すことはできない。日本でいえば、前者の創業者レイモンド・アッカーマン（Raymond Ackerman）氏は、従来の慣習を打ち破り流通革命を主導したダイエーの中内功氏のような存在であり、後者はその成果を隣国も含めて普及させているという点で、全国にショッピング・モールを普及させ東南アジア出店にも積極的なイオンのような存在であるといえる。

ピックアンドペイは、アッカーマン氏が1966年に創業し、南アフリカに当時存在した再販売価格維持制度による価格協定やカルテルといった慣習を、ローカルメディアと良好な関係を築いた上で、タバコの値下げキャンペーンを皮切りに価格破壊を消費者に訴えることで打ち破っていた。さらに、オランダで普及していたPB商品を、フランスで導入されたばかりのハイパーマーケットを早期に導入することで品揃えし、南アフリカの小売流通の近代化を進めると同時に、ピックアンドペイの株式の51％を保有するPikwikという持ち株会社を作り、ファミリーによる支配を確立した(6)。

同社は、1994年に片腕であったヒュー・ハーマン（Hugh Herman）氏の辞任のあと窮地に陥り、既述のショップライトに溝を開けられることになった。しかし、FCを中心に店舗数を伸ばし、スーパーマーケットを中心に、ハイパーマーケット、リカーショップ、ファーマシー、衣料品店など多業態を、2021年2月28日現在、南アフリカ内外含めて1，945店舗（FC761店舗を含む）運営している。海外展開は7カ国とショップライトに比べかなり少なく、地域も南部アフリカ諸国に限られるが、ショップライト未進出のジンバブエのTMスーパーマーケット（株式の49％を所有）61店舗を筆頭に、ナミビア（36店舗）、エスワティニ（27店舗）、ザンビア（24店舗）、ボツワナ（11店舗）、レソト（4店舗）とあわせて224店舗を出店済みである。2021年3月には少し離れたアフリカ最大の人口を有するナイジェリアにも出店を果たした。

ショップライトは、買収によって成長した企業である。詳細は、次章に譲るが、ホイットニー・バッソン（Whitey Basson）氏(7)が1979年西ケープ州で展開していた6店舗のスーパーマーケット・チェーンを買収することにより参入した。都市中核の高所得階層向けの市場を支配していたピックアンドペイとの差別化のために、少し下の階層向けの店舗を展開していたグランドバザールを買収し、一定の規模を確保した。規模の拡大と同時に、公認会計士というキャリアを活かし、当時、世界各国で導入が進んでいた情報通信技術を積極的に活用して本社への集権化を進め、非正規雇用を拡大することによって（ケニー（2005））、各店舗の業務効率改善とコスト削減を行った。店舗ブランドの集約も行い、2010年には20ブランドあったブランドを2017年末現在11ブランドまで集約した。

同社はアフリカ諸国への出店の先駆的存在であり、同社の店舗をキーテナントとするショッピング・モールは、南アフリカ企業だけではなく外資企業進出の窓口となっており、サブサハラ・アフリカ諸国の都市風景を変化させた。同社のサプライチェーンに組み込まれた農業に競争原理を持ち込むなど進出国の経済活動全体にも大きな影響を及ぼした（ミラー（２００７）、ミラー（２００８）、ミラー・ネル・ハンプウェイ（２００８））。同社は積極的な海外展開でアフリカの広範な地域に流通近代化の恩恵をもたらしてきた。２０２０年ナイジェリア撤退にみられるように、アフリカ海外店舗の整理を進めているが、２０２１年7月現在でも2，４００店舗（南アフリカ共和国以外12カ国１８１店舗を含む）を出店している(8)。

③　南アフリカ小売市場のパパママストアスパザ・ショップ

全ての黒人が近代的小売店舗で日常的に買い物をするわけではなく、全土に10万店もあるといわれる飲料食品タバコなどを取り扱うスパザ・ショップと呼ばれるパパママストアも併存している（図13－3参照）(9)。スパザ・ショップは、アパルトヘイト時代に厳格な土地利用規制の中で発展し、店舗専用の用地を利用するタイプ、離れのガレージなどを店舗にしているタイプ、キッチンベッドルームなど自宅の一部を利用したタイプなど幅広く多様な形態が存在する。アパルトヘイトが終わった現在でも、移動手段を持たない彼らにとって貴重な存在であると同時に、貴重な収入源となっており（テフォ（２０１１））(10)、今後も併存していくとみられる。

図13－4は黒人地区のスパザ・ショップだが、住宅に近接しており、店番はバングラデシュ人に任せ、オーナーは横で併設しているバーの前でビールを飲んでいた。図13－5はインド人街のパパママストア

図13－3　スパザ・ショップの取り扱い商品

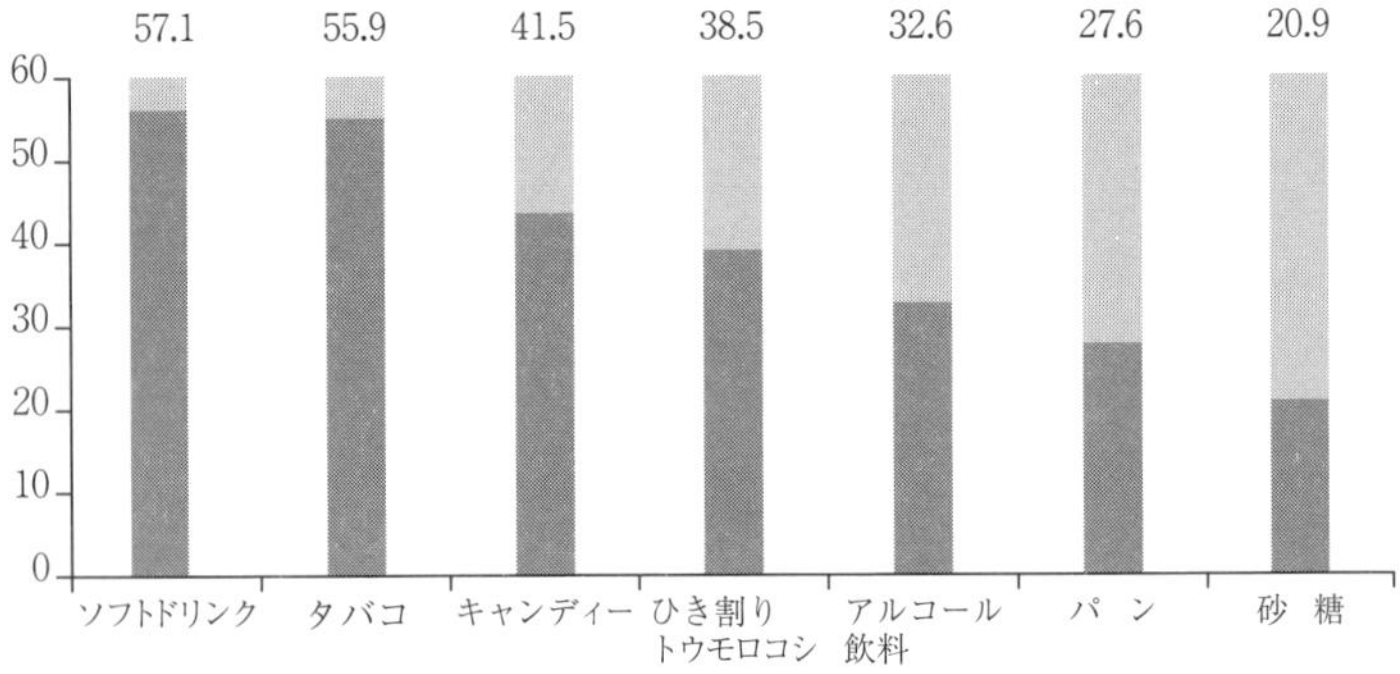

（出所）スパザ・ショップのオーナー向けの専門誌スパザニュースのホームページ（http://www.spazanews.co.za/）で提供する内容を一部修正。

図13－4　黒人地区のスパザ・ショップ（Emaphupheni地区）

図13－5　インド人地区のスパザ・ショップ（Barkerton地区）

であり、かつて黒人の商取引は制限されていたため、現在でも地場のインド系の人々が商取引のかなりの部分を担っている。

2　南アフリカ市場参入戦略

(1)　南アフリカ市場参入の経緯

①　買収対象のマスマートとは

ウォルマートが買収したマスマートは、南アフリカ小売市場では比較的新興の企業であった。既述のピックアンドペイ、ショップライトという新旧の巨頭と競合し、程度の差はあるが、業態多角化や海外展開といった取り組みに関しても同様の戦略を採用してきた。

同社の創業は１９９０年となっているが、同社の創業以前に既に、現在も同グループに残るマクロは南アフリカにおいて存在していた。マクロは、ドイツのＳＨＶ社が世界で展開する小売チェーンであり、１９７１年に輸送、旅行及び卸売事業を運営するレニーズ・グループとの2対1の合弁により参入していた。しかし、1980年代、反アパルトヘイト運動からの圧力が強くなると、欧州出身のマクロにも火の粉が及び、SHV社は1986年に同社の南アフリカ事業の株式の2／3をWooltru社に売却し、同社は合弁パートナーから残りの株式1／3を買い取り、マスマートを設立した。

マスマートの成長は、1988年にマーク・ランベルティ氏がマクロ事業を引き継いだWooltru社のマネージングディレクターに就任したことが大きい(11)。ランベルティ氏は、大学をいったんドロップアウトし、プロのミュージシャンとなった後、1977年に27歳で実家である家電店で働いた後、6年間、上場家具チェーンのブラッドローズで店長からシニアディレクターまでのキャリアを積んだというユニークな人物である。遠回りしたように見えた彼の人生であるが、こうした多様な経歴が現在のマスマートの保有する小売業態の多様性につながっている。

アパルトヘイト政策が終わり、彼は、1980年代早晩、黒人の中間層向けに低価格商品を大量販売するビジネスの可能性が高まることを見出すとともに、当時の南アに存在した小売の限界も見抜いていた。彼は、1987年にウィットウォータースランド大学でMBAを取得しているが、そのテーマは店舗立地であり、入社後の1989年の彼の調査では、2010年時点のマクロの潜在的な出店余地は13～14店舗であった。

彼はひたすら多店舗化と多業態化を目指して買収を行った。1992年には378店舗の独立食品卸の組織シールド（Shield）を、1998年には20店舗の家電販売店ディオン・ワイアード（Dion Wired）と14店舗の卸売CCWを、1999年には26店舗のゲーム（GAME）を、2001年には6店舗の卸売ジャンボ（Jumbo）を買収した。その後は、DIY部門や食品小売部門にも買収対象は拡大し、2002

年には22店舗のブラウン・アンド・ウィエアーズ（Brown and Wiers）を、２００３年には５店舗のビルダーズ・ウェアハウス（Builders Warehouse）を、２００５年には３店舗のデ・ラ・レイ（De La Rey）、14店舗のセルヴィスター（Servistar）及び34店舗のフェデレイテッド・ティンバーズ（Federated Timbers）を買収した。２００９年には６店舗のケンブリッジ・フード（Cambridge Food）と３店舗のビルドライト（Buildrite）を買収した⑿。創業の１９９０年の10億ランドの売上が、退任時の２００７年には３４８億ランドとなった。

また、買収による急激な店舗網の拡大は、同一グループの類似店舗の競合といった現象も生み出したが、２０００年のディオン・ワイアード名称の店舗のハウテン州以外の店舗閉店の決断にみられるように、買収による類似店舗の整理も行った。

ウォルマートの買収は、同社の買収による成長を取り仕切ったカリスマからの世代交代のタイミングでの出来事であった。買収により成長してきた企業が買収されるという皮肉な結果でもあるが、買収による拡大とその後の整理といった状況に慣れている比較的新しい企業を対象にした買収であり、買収相手としては適切といえる。

②　南アフリカ市場参入の経緯

ウォルマートの南アフリカ市場参入は、メキシコでの現地適応化の成功、韓国、ドイツでの撤退並びに中米諸国という小規模市場への参入、域内先進国チリでの隣国出店のゲートウェイとしての可能性も加味した参入という経験を踏まえて行われており、同社が今後更なる展開を行っていくとみられる新興市場参入の試金石となった。

同社の南アフリカ市場参入は、ＢＲＩＣｓからＢＲＩＣＳとなったことにより今後の成長が期待されていた南アフリカのみならず、その周辺諸国における展開を踏まえたものである。中米である程度の成功を収めている域内先進諸国コスタリカと格差のある他の周辺国の関係への対応のノウハウが、ある程度利用可能であることを考慮しても、戦略的には十分に勝算がある試みといえた。

ウォルマートは、２０１０年9月27日、マスマート株１株に対し直近の終値を９・８％上回る１４８ランド、総額約３２０億ランド（約46億ドル）を提示し、完全買収を目指していたが、11月には51％の所有に合意した。その後、ＣＯＳＡＴＵ（南アフリカ労働組合会議）といった急進的労働組合(13)やサプライヤーから反対が出て、独禁法の審査も長引き、進出は困難かとの憶測も飛んだ。

しかし、２０１１年5月31日、ウォルマートは独禁法の審査を終え、１６５億ランドでマスマートの株式のうち50・１％の取得を完了したことを発表した。同社は労組やサプライヤーとも妥協し、労組とは買収後2年以内の解雇を止め、現在ある労働契約は3年間変更しない、サプライヤーとは1億ランド（1、４５５万ドル）にのぼるサプライヤー開発基金を創設することで合意した。

２０１１年7月20日には、ウォルマート色の強まった新たな経営体制が発表された。会長、ＣＥＯ、ＣＦＯは留任したが、7人の役員が退任し、ウォルマートから国際部門のＣＥＯと上級副社長2名が役員となった。２０１２年3月9日には、公正取引委員会から買収が承認された。

(2) 参入戦略

① 業態戦略

ウォルマートは、新規参入市場において参入後すぐには業態転換を行ってこなかった。南アフリカに

図13－6　マスディスカウンター部門に属するゲームとディオン・ワイアード

ピックアンドペイも入居するGreen Stone地区の多階層のSC内の店舗。

高級スーパーでカフェも併設するウールワースの横に立地し，海外高級ブランド商品を中心に品揃えする高所得階層向けのWood Mead地区のWoodmead Retail Park Shopping Centre内の店舗。

おいてもこの方針は維持された。メキシコにおいて、買収先企業の有する小売業態を活かしながら段階的にウォルマートが本国で展開するノウハウを導入し、小売業態の名称に関しても現地の反発が小さくすむための細心の注意を払って、可能な小売業態に関しては本国のものと同一に転換したように（丸谷・大澤（２００８））、南アフリカにおいてもしばらくは、これまでに培ったノウハウ導入を中心に業態戦略を構築した。

ウォルマートが買収したマスマートは、１９９０年に創業されて以降、早期買収によって規模を拡大してきた企業である。事業は卸小売にまたがっており、取り扱う商品も日用雑貨や食品といった一般消費者向けの商品から建設道具や資材などプロ向けの商品まで多岐にわたる。同社は、以下の多様な事業を４部門に分類していた。

第１はマスディスカウンター部門である。日用雑貨とグローサリー以外の食品を取り扱うゲーム及びフードコと電化製品を取り扱うディオン・ワイアードで構成される（図13－6参照）。２０１３年頃までは積極的に出店

図13－7　マスウェアハウス部門に属する巨大駐車場を有するマクロ

を進めていたが、2014年以降は数店舗の出店に留まっている。

第2はマスウェアハウス部門である。食品、リカー及び日用雑貨を取り扱う倉庫型店舗マクロを展開する（図13－7参照）。ウォルマート参入直後の2012年に4店舗出店して以降、年間1店舗程度の出店に留まっている。

第3はマスビルド部門である。DIY関連を取り扱う大型店舗ビルダーズ・ウェアハウスと小型店舗ビルダーズ・エクスプレス及び建築道具や資材を取り扱うビルダーズ・トレード・デポで構成される（図13－8参照）。ウォルマート参入以降、唯一新業態を導入するなど目立った梃入れが行われている部門であり、建設業者を標的とするビルダーズ・トレード・デポを2010年の31店舗から2016年には13に減らし、2012年には低所得層を標的とし通勤の乗換場所などに立地するビルダーズ・スーパーストアという新業態の出店を開始し、2016年末には10店舗まで増やし、その後も店舗を増加させている。

第4はマスキャッシュ部門である。CBW、トライデント、ジャンボ、シールドの4系列の卸売とケンブリッジ・フードとC&C業態ライノ（Rhino）（図13－9参照）に区分できる。ウォルマート参入以前や直後に買収された雑多な形態のチェーンがこの部門には含まれていた。

ウォルマート参入以降、卸売と小売の2部門に区分し、卸売を集約し、小売の新規出店を行った。部

図13－8　マスビルド部門に属する３種類の店舗（左上ウェアハウス，右上エクスプレス，下デポ）

図13－9　マスキャッシュ部門に属するケンブリッジ・フード

１週間前に買収したASTONから看板を掛け替えたばかりのヨハネスブルグ旧市街のNEWTOWN店。

バス乗り場やタクシースタンドの横の駐車場が舗装されていないマポーニャ・モールにも近い黒人居住地区の店舗。

門別の売上高と税引前利益を買収完了直前の2011年度と比較すると、部門別売上では2017年度にはマスウェアハウス（24％から30％）が増加したのに対して、マスディスカウンター（25％から22％）、マスキャッシュ（37％から35％）は減少し、マスビルド（14％から14％）は現状維持であった。部門別税引前利益ではマスディスカウンター（34％から15％）とマスキャッシュ（17％から5％）が大幅に減少したのに対して、マスウェアハウス（34％から50％）とマスビルド（15％から30％）は増加している。ウォルマートのマスビルトへの梃入れが一定の収益改善につながったことはわかる。

しかし、既述のウォルマートの新興市場重視からネット小売重視への全社戦略の転換は、南アフリカ市場での更なる収益改善を求めた。卸売事業を集約したマスマート・ホールセール（Massmart Wholesale）事業部は資産活用を効率化し、サプライヤーにとって当社が最も魅力的な市場ルートとなることをめざし、マクロ、キャッシュアンドキャリー（CBW、Jumbo Cash & Carry、Sunshine、Trident、Eureka、Saveriteなどの多様なブランドで構成）、シールド、ザ・フルーツスポット、マスフレッシュ・ミーツ、ウゥムドロップ（Wumdrop）の5社で構成されるようになった。

ケンブリッジ・フードとライノをマスキャッシュから切り離し、新たに設立されたマスマート・リテイル社は、高品質のナショナル・ブランドに加え、生鮮食品、食料品、雑貨、サービスなど、全ての主要カテゴリーの商品を自社ブランドで調達し、パッケージ化して、主に現金で提供してきた。ウォルマートは小売戦略をより明確にし、フレッシュ部門が戦略的に差別化されることをめざし、赤字店舗の見直しも行った。その結果として、既述の大手小売ショップライトに2021年7月には食料品店ケンブリッジ・フード、C&C業態ライノ（食料品店56店舗、隣接する酒店43店舗を含む）、フルーツスポットとマスフレッシュミートの4施設、マスキャッシュのC&C店12店舗を売却することを発表した

（14）。

② 出店戦略

ウォルマートが南アフリカにおいて買収を行ったマスマートの出店地域は、南アフリカ全土にわたる（図13―10）。多くのチェーンを買収してきたので、一部類似した店舗が同一地域に多く存在する状態もみられた。しかし、既述のように買収と同時に重複店舗の整理も進め、チェーン間の統合も進めてきた。北ケープ州にはマスウエアハウス部門だったマクロとマスビルド部門だったビルダーズが未進出、北西州にはマクロが未進出ではあるが、全9州のうち7州には主要業態全てが進出済みである。

詳細は次章に譲るが、買収したマスマートがショップライトなど競合チェーン同様アフリカ南部の多くの諸国に出店済みであったことも同社買収の一因となった。買収後に参入したのは２０１５年5月に参入したケニアのみである。

図13−10　マスマートの海外店舗

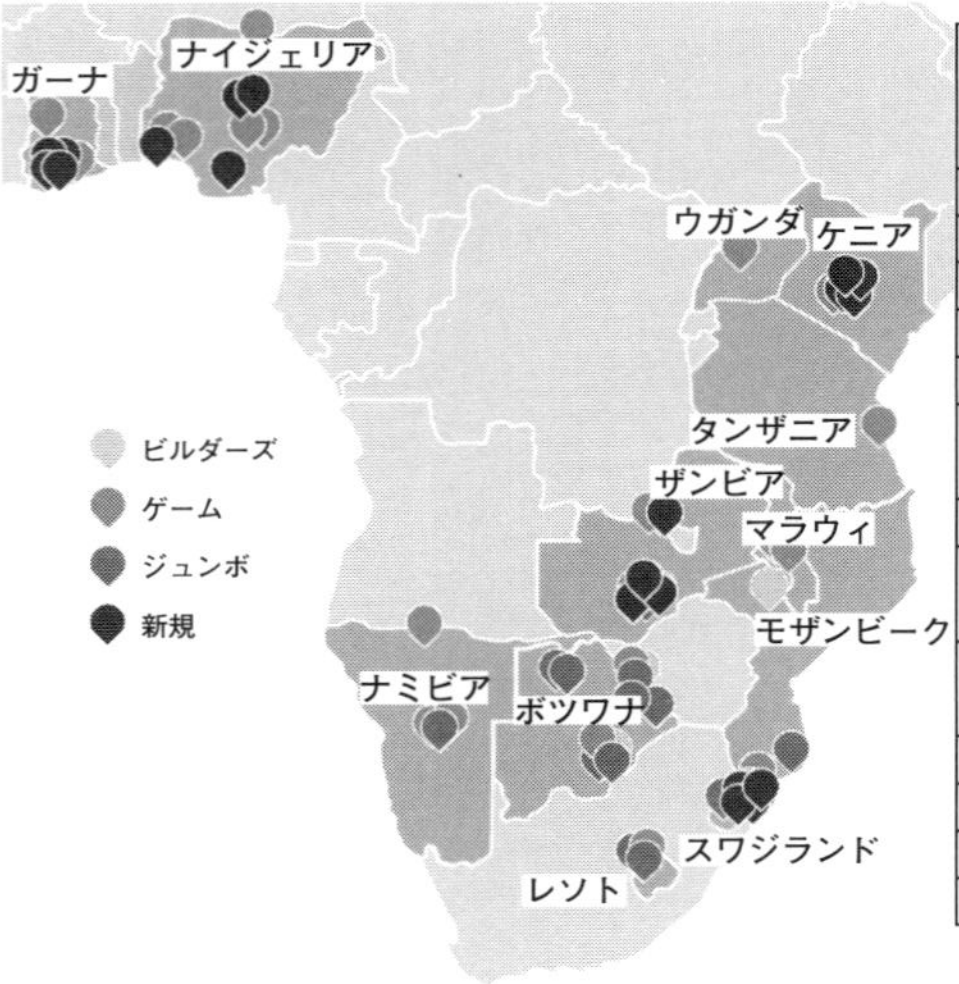

国名／店舗名	ビルダーズ	ゲーム	ジュンボ	各国計	2020年まで予定	ショップライト2017年末店舗数
ボツワナ	2	2	7	11		39
ガーナ	0	2	0	2	18+2, 19+1, 20+1	6
ケニア	0	1	0	1	18+1,19+3	0
レソト	0	1	2	3		23
マラウィ	0	2	0	2		7
モザンビーク	2	2	1	5	18+3	26
ナミビア	0	3	1	4		106
ナイジェリア	0	5	0	5	19+1, 20+3	23
スワジランド	0	0	1	1	20+1	26
タンザニア	0	1	0	1		0
ウガンダ	0	1	0	1		2
ザンビア	2	3	1	6	18+2, 20+2	63
店舗別	6	23	13	42	18+8, 19+5, 20+7	385

（注）ショップライトは，ウォルマート未出店国であるアンゴラ（51店舗），マダガスカル（９店舗），モーリシャス（３店舗），コンゴ民主共和国（１店舗）にも出店しており，ブランド名も10ブランドである。ケニアは2018年３月に出店を発表し，タンザニアには2001年から2013年まで出店していたが，同国政府の意向もあり撤退している。

3　アフリカの窓口として参入したウォルマート南アフリカ

ウォルマートの南アフリカ企業マスマートへの資本参加による参入は、グローバル市場参入の対象市場が既述のように新興市場に絞られてきた当時の状況を踏まえると、非常に自然なものであった。同社は、BRICSやポストBRICS諸国を常にウォッチし、今回も同社お得意の手法での参入を決定した。パートナーとなったマスマートは老舗2社に比べれば後発の新興企業であり、買収によって成長してきた企業であるだけに買収されるという状況にも慣れていた。合弁という形態になったとはいえ、ウォルマートが過半数の所有を確保しており、同社が主導権をとり段階的に完全子会社化していくというシナリオを想定すれば、同国参入は同社の培ってきた経験を踏まえたものといえる。

ウォルマート参入に備えてきたライバルとの価格競争激化も想定内の状況ではある。しかし、ウォルマート以外の上位企業がシェアを若干伸ばし、特にシェア首位をひた走るショップライトが2013年の11・3%から2021年には14・0%へと厳しい経済状況においても他社に比べて毎年シェアを伸ばしていることには注目すべきである。ウォルマートのシェアはショップライト以外の企業と同様2013年の5・2%から2017年には5・3%と微増していたが、収益の改善の梃入れの影響もあり、2019年以降4・9%、2020年4・5%、2021年4・2%と小売シェアを落とし、3倍弱のシェアを有するショップライトとの競合を意識しながら差別化し、ライバルになるための基盤を構築する必要がある。

同社は参入当初ゆっくりとアフリカ市場について学びながら4部門のバランスを微調整しながらマス

ビルド部門では標的を建設業者から低所得階層へ、マスキャッシュ部門では標的を中小小売の卸売から低所得階層へと変化させてきた。ウォルマートの新興市場重視からネット小売重視への全社戦略の転換は、従来の微調整から改革のスピードを加速させ、コロナ禍での市場構造の変化も踏まえて、同社が強くない食料品取扱部門のショップライトへの一部資産売却にまで至った。進出後10年を経て世界レベルの厳しいコスト管理や全社的に進められるネット小売重視の戦略がアフリカの先進市場である南アフリカにおいて本格的に導入されていくとみられる。

【注】

（1）ブラック・ダイヤモンドの属性などマーケティング上の位置づけに関して詳細は、Simpson and Dore (2007) を参照。

（2）マポーニャ・モールに関して詳細は、(http://www.maponyamall.co.za/home/index.asp) を参照。

（3）ソウェト地区のショッピングモールとその影響に関して詳細は、Deon Tustin, The impact of SOWETO shopping mall developments on consumer purchasing behavior, UNISA Research Report no 372. を参照。

（4）南アフリカの現在までの住宅政策に関して詳細は、佐藤（２０１１）を参照。佐藤は、住宅政策の変遷と現状をコンパクトにまとめており有用である。なお、アパルトヘイト政策終了後の南アフリカの白人スラム街について取材したＢＢＣのドキュメンタリーシリーズ『アウトサイド・マン』シーズン１エピソード１「南アフリカ：白人スラム街」は、アパルトヘイト後約20年を経た南アフリカの多様な格差について示しており注目に値する（ネットフリックスにおいて日本語字幕版も視聴可能）。詳細は、同シリーズのホームページ (http://www.bbc.co.uk/programmes/b03w4bsv) 及びネットフリックスの『アウトサイド・マン』に関するホームページ (https://www.netflix.com/jp/title/80191975) を参照。

（5）南アフリカ現地調査において、当時、ソニー南アフリカの営業統轄責任者であった六車進氏ならびに営業担当Rashid Alli氏には、インタビューならびに営業同行を含めた現地小売市場の実態に関する多くの知見を頂いた。ここに記して感謝の意を表したい。

（6）ピックアンドペイ社の創業から家族経営の確立までに関して詳細は、Cranston (2010), Ackerman and Pritchard (2001) などを参照。

（7）バッソン氏のペップストアへの入社と食品流通への進出に関して詳細は、Cohen (2010) を参照。

（8）一時期、エジプト、インドにも進出したが、現在は撤退している。

（9）スパザ・ショップに関して詳細は、スパザ・ショップのオーナー向けの専門誌スパザニュースのホームページ（http://www.spazanews.co.za/）を参照。

（10）スパザ・ショップ発展の経緯、多様な形態及び形態別の状況に関して詳細は、Teffo (2011) を参照。

（11）ランベルティ氏が同社に果たした役割に関して詳細は、Games (2010) を参照。

（12）なお、同社は2002年に家具店のフランチャイザーであるFurnexも買収したが、4年後、撤退している。

（13）ウォルマートは、市場参入に際して労働組合からの反対を受けることが多いため、同社の市場参入を検討する際には、現地労働法制や労働組合の実態に関して検討する必要がある。南アフリカの小売産業に関する現地労働法制や労働組合の実態に関して詳細は、Kenny (2005)、Clarke (2006) などを参照。

（14）ショップフイトへの店舗などの売却とウォルマートによるマスマートへの収益改善に向けた計画及び戦術に関して詳細は、マスマートホームページで提供する2021年度中期経営成果のプレゼン資料（https://www.massmart.co.za/wp-content/uploads/2021/08/Massmart-2021-Interim-Results_Presentation.pdf）を参照。なお、任意の購買組合であるシールドとキャッシュアンドキャリーは、卸売業者や個人事業主を標的とし、フルーツスポットはハウテン州、クワズールー・ナタール州、西ケープ州という地域において、生鮮・カットフルーツや野菜の卸売・販売を行う。マスフレッシュ・ミーツは生鮮及び加工された食肉製品の加工・販売・卸売を行い、ウゥムドロップは、個人や企業向けにクラウドソーシングによるラストワンマイル配送サービスを提供し、食品、酒類、一般商品を販売する。詳細は、同社ホームページで提供する2020年度アニュアルレポート（https://www.massmart.co.za/iar2020/wp-content/uploads/Massmart_

IAR2020-1.pdf）を参照。

第14章 サブサハラ・アフリカ主要国進出路線から転換を図るウォルマートアフリカ

1 アフリカ主要国の小売市場の概要

(1) アフリカの地域区分

アフリカ大陸は広大であり、国家の数も54カ国（日本が未承認の西サハラを含むと55カ国）と細かく細分化されており、経済の発展状況は大きく異なる。大まかに区分すると、アフリカは欧州と地中海を隔てつつも歴史的にも関係性が深い北アフリカ、広大なサハラ砂漠によって物理的に離れていたサブサハラ・アフリカに区分できる。

ＩＭＦの地域別分類でも北アフリカは中東と中央アジアとともに分類されている。国連による世界地理区分では5つに分類され、北アフリカに加えてサブサハラ・アフリカは西アフリカ、中部アフリカ、東アフリカ、南部アフリカに区分できる。

(2) アフリカ主要国の小売市場の概要

アフリカにおける多国籍小売企業の進出候補国という観点から考慮すれば、GDP総額の大きさ、一人当たりGDPの金額、人口といった要因が重要である（表14－1参照）。

GDP総額上位10カ国は北アフリカに3カ国（第3位エジプト、第4位アルジェリア、第5位モロッコ）、西アフリカに2カ国（第1位ナイジェリア、第9位ガーナ）、東アフリカに3カ国（第7位ケニア、第8位エチオピア、第10位タンザニア）、南部アフリカに1カ国（第2位南アフリカ共和国）、中部アフリカ1カ国（第6位アンゴラ）である。

GDP総額は11位以下の国のうち、国民の自動車や家電、家具といった耐久消費財の購入が進むといわれる一人当たりGDP3，000ドルを上回るのは（三浦、丸谷、犬飼（2019））、北アフリカのリビア、チュニジア、南部アフリカのボツワナ、ナミビア、エスワティニ（旧スワジランド）、東アフリカに属するインド洋の島国モーリシャスとセーシェルや西アフリカに属する大西洋の島国カーボベルデ、中部アフリカの赤道ギニア、ガボンである。

GDP総額11位以下かつ一人当たりGDPが3，000ドル未満ではあるが、人口が3，000万人以上である国は、中部アフリカのコンゴ民主共和国、スーダン、東アフリカのウガンダ、モザンビークである。これらの諸国の多くに多国籍小売企業が進出あるいは、進出候補国として検討を行っている。

アフリカ諸国の多くは天然資源に依存する諸国が多いため、IMFも所得による分類と並行してこうした観点からの区分も行っている（表14－2参照）。天然資源を有する諸国に関しては、スーダンと南スーダンの関係に典型的にみられるように、天然資源の利権をめぐる争いなどから独立につながるよう

表14－1　アフリカにおける多国籍小売企業の進出候補国の概要

地　域	国　名	名目GDP		一人当たりGDP		人　口	
		順 位	単位 10億ドル	順 位	単位 米ドル	順 位	単位 100万人
北アフリカ	エジプト	3	249.6	15	2,573	2	96.98
北アフリカ	アルジェリア	4	180.4	10	4,238	8	42.58
北アフリカ	モロッコ	5	118.3	14	3,359	11	35.22
北アフリカ	リビア	11	43.6	6	6,692	34	6.51
北アフリカ	チュニジア	14	39.9	13	3,423	29	11.66
西アフリカ	ナイジェリア	1	397.3	20	2,049	1	193.88
西アフリカ	ガーナ	9	65.2	17	2,206	13	29.56
西アフリカ	カーボベルデ	49	2.0	12	3,563	51	0.55
南部アフリカ	南アフリカ共和国	2	368.1	7	6,377	5	57.73
南部アフリカ	ボツワナ	21	19.0	5	8,137	41	2.34
南部アフリカ	ナミビア	27	13.8	8	5,727	40	2.41
南部アフリカ	エスワティニ	41	4.7	9	4,250	48	1.10
東アフリカ	ケニア	7	89.2	21	1,857	7	48.03
東アフリカ	エチオピア	8	80.3	36	853	4	94.14
東アフリカ	タンザニア	10	57.9	29	1,134	6	51.05
東アフリカ	ウガンダ	17	28.1	43	724	10	38.82
東アフリカ	モザンビーク	24	14.4	47	476	12	30.34
東アフリカ	モーリシャス	25	14.3	2	11,281	47	1.27
東アフリカ	セーシェル	50	1.6	1	16,472	53	0.10
中部アフリカ	アンゴラ	6	107.3	11	3,669	14	29.25
中部アフリカ	コンゴ民主共和国	13	42.6	49	449	3	95.03
中部アフリカ	ガボン	23	17.0	4	8,297	43	2.05
中部アフリカ	赤道ギニア	28	13.7	3	10,453	46	1.31

（出所）IMFが提供する2018年データより作成。

な激変も起こりうる。とはいえ、2002年の内戦終結後注目を集めたアンゴラにみられるように、天然資源の存在自体は国の発展に必要な資金源にはなりうるため、資源依存国が多いアフリカでは注目すべき要因といえる。

2　サブサハラ・アフリカ主要国進出路線のショップライトに追随してきたウォルマート

（1）南アフリカ以外のサブサハラ・アフリカ市場参入の経緯

ウォルマートは南アフリカ市場

表14－2　天然資源所在によるアフリカ諸国の分類

	原油輸出国	原油以外資源集約諸国	非資源集約諸国
北アフリカ	南スーダン		エジプト
	アルジェリア		モロッコ
	リビア		チュニジア
			ジブチ
			ソマリア
			スーダン
西アフリカ	ナイジェリア	ガーナ	ベナン
		ギニア	カーボベルデ
		リベリア	コートジボアール
		マリ	ガンビア
		ニジェール	ギニアビサウ
		シエラレオネ	セネガル
			トーゴ
中部アフリカ	カメルーン	ブルキナファソ	サントメプリンシペ
	チャド	中央アフリカ共和国	
	コンゴ共和国	コンゴ民主共和国	
	赤道ギニア		
	ガボン		
東アフリカ	アンゴラ	タンザニア	ブルンジ
		ザンビア	コモロ
		ジンバブエ	エリトリア
			エチオピア
			ケニア
			セーシェル
			ウガンダ
			マラウィ
			モーリシャス
			モザンビーク
			ウガンダ
			マダガスカル
南部アフリカ		ボツワナ	エスワティニ
		ナミビア	レソト
		南アフリカ共和国	

（出所）IMF統計で用いている分類に基づいて作成。

を窓口としてサブサハラ・アフリカ主要国への進出をめざした（詳細は前章参照）。南アフリカに参入した2011年頃、新興市場ブームは終焉を迎えつつあり、同社は新興市場重視期から組織再編期に移行してきていたが、南アフリカ小売市場への参入に注力しており、買収したマスマートが保有するアフリカ主要国の店舗も同社の将来性を指し示す1つの材料程度にとらえられていたとみられる。

同社は既に進出した市場同様、進出当初買収したマスマートの国際戦略を大幅に転換するというよりは従来の路線を継承し、その後も新規進出国ケニアへの出店を進めるなど積極的に南アフリカ以外への出店を促進していた。

1993年にボツワナの首都ハボローネに出店以降、出店国を増やし、隣国で小国であり、南アフリカとの小売市場の一体性が強いエスワティニ（旧スワジランド）以外の11カ国へは相対的に幅広い品揃えが可能なゲームが出店された。

同社のアフリカ主要国への進出は、同社が買収したマスマートと同様に南アフリカ共和国出身企業であるショップライトへ追随したものであり、南部アフリカから先行的に国際展開を行ってきたショップライトに追随する形で進出領域を西アフリカ、東アフリカへ、さらに進出国の中での店舗数、進出都市及び進出業態も段階的に拡大してきた。

（2）サブサハラ・アフリカ主要国進出路線のショップライトに追随してきたウォルマート

①　サブサハラ・アフリカ主要国進出路線で発展してきたショップライト

A．ショップライトの発展経緯

ショップライトは前章で述べたように、買収によって成長した企業である。ホイットニー・バッソン（Whitey Basson）氏は1979年西ケープ州で展開していた6店舗のスーパーマーケット・チェーンを買収することにより小売事業に参入した。南アフリカ小売市場は流通革命を行ったピックアンドペイが都市中核の高所得階層向けの市場を支配していたため、同社はピックアンドペイとの差別化のために、少し下の階層向けの店舗を展開していたグランドバザールを買収し、まずは一定の売上規模を確保した。

１９８０年代には、バッソン氏が「ウォルマートモデル」と述べた郊外の巨大市場を標的とする戦略によって、南アフリカ全土への展開を進めていった。ピックアンドペイ以前の2強であったチェッカーズとOKバザールを１９９１年と１９９７年に買収し、当時拡大していたショッピング・モールへの出店を果たすことによって急激に売上高を伸ばした。規模の拡大と同時に、公認会計士というキャリアを活かし、当時、世界各国で導入が進んでいた情報通信技術を積極的に活用して本社への集権化を進め、非正規雇用を拡大することによって、各店舗の業務効率改善とコスト削減を行った。店舗ブランドの集約も行い、２０１２年には21ブランドあったブランドを縮小し(1)、２０１６年末までに11ブランドまでに集約された。

後任47歳の若きCEOピーター・エンゲルブレヒト（Pieter Engelbrecht）氏は、２０１８年には外食チェーンのハングリー・ライオンを売却し、２０１９年5月にはケネクト（K'nect）と呼ばれる資金送金、携帯電話購入、料金支払、チケット及び保険といった業務を行う店舗1号店を開店し、11ブランドを展開している。２０１９年には食品スーパーのチェッカーズを起点にアプリでの注文に60分以内での食料品宅配を行うChekers Sixty60というサービスを開始し、２０２１年には全州の１３０以上のチェッカーズにサービスを拡大し、対象地域の拡大を図った。

南アフリカ共和国Eコマース市場については、世界１３０カ国以上でネット事業に携わるナスパーズが、２０１１年に創業し同国ネット小売最大手となったtakealotブランドを２０１５年に買収し、先行してきたが、急成長が始まったのは２０１７年頃である。ユーロモニター社による南アフリカ共和国Eコマースのショップライトの小売シェアが同社参入直後の２０２０年４・０%、２０２１年５・０%であるのに対して、先行する競合ピックアンドペイが2019年4・2％、2020年5・3％、2021年6・0％であり、ショップライトのEコマースの対応が少しの後れに留まり、世代交代後の新CEOのEコマースへの積極性をみてもぎりぎり間に合ったといえるようである。

さらに、同社は2021年8月にはウォルマート傘下マスマートより複数の食品小売事業を13億6、000万ランド（8、900万ドル）で買収することを発表した。

B．サブサハラ・アフリカ主要国進出路線で発展してきたショップライト

ショップライトは、南アフリカ小売企業がその他のアフリカ諸国へ出店する先駆的存在である。同社の店舗をキーテナントとするショッピング・モールは、南アフリカ企業だけではなく外資企業進出の窓口となっており、サブサハラ・アフリカ諸国の都市風景を変化させ、同社のサプライチェーンに組み込まれた農業に競争原理を持ち込むなど進出国の経済活動全体に大きな影響を及ぼしている。

同社の海外展開は同国と地理的に近く、経済的な関係が強固な南部アフリカ関税同盟（SACU）加盟国と東アフリカと中部アフリカの南部に位置する諸国を含むSADC（南部アフリカ開発共同体）加盟国を中心に当初なされた。SACUは1910年結成の世界最初の関税同盟であり、SADCは1994年8月に南アフリカ共和国が加盟し、2000年9月1日には自由貿易協定が発効している。

同社は、1990年独立したばかりのナミビアがSACU加盟国となったのを機に、隣国である同国に進出した後、1994年の為替制限緩和といった契機を活かして、SADC加盟国である同じく隣国ザンビアに1995年に進出した（図14－1参照）。1997年にレソトとエスワティニ（旧スワジランド）、1998年にボツワナ進出を果たし、SACU全加盟国への出店を達成した。SADC加盟国への進出も進められ、1997年にモザンビーク、2000年ジンバブエとマラウィ、2001年タン

図14－1　ショップライトの国外展開の推移

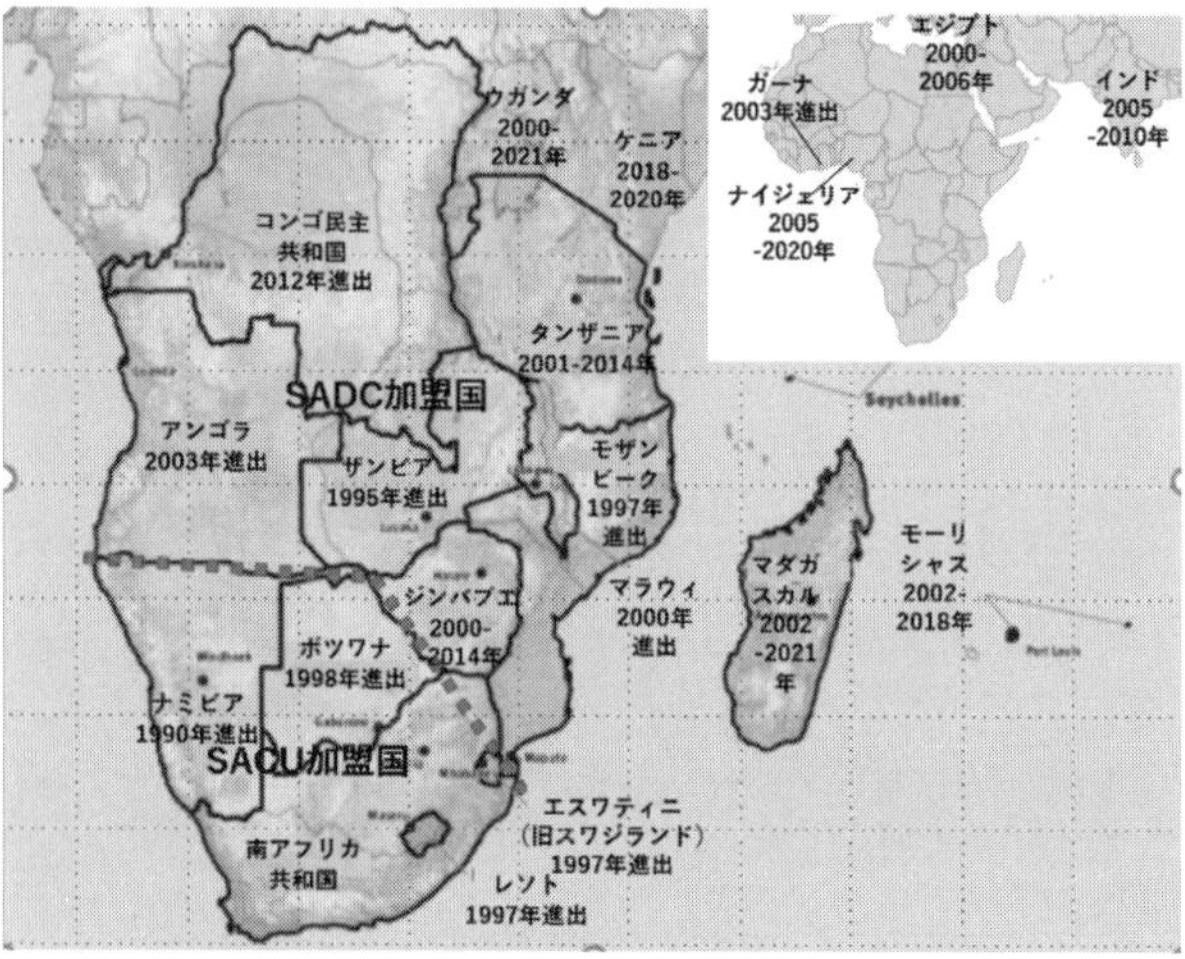

ザニア、２００２年マダガスカルとモーリシャス、２００３年アンゴラ、２０１２年コンゴ民主共和国への進出を果たした。

ＳＡＣＵとＳＡＤＣ諸国以外にも進出しているが、最も店舗数が多いガーナでも、首都圏５店舗＋第２都市クマシ１店舗の６店舗の出店である（丸谷（２０２１））。ネット小売で一定の評価を得る（Amanor, W and Lyu, H, (2020)）など外資の中では健闘はしているが、総じて成功しているとはいいがたい状況にある。２０００年には東アフリカのウガンダと北アフリカのエジプト、２００３年には西アフリカのガーナ、２００５年には南アジアのインドと西アフリカのナイジェリアへと進出した。エジプトからは２００６年に、インドからは２０１０年という早期に撤退し、ナイジェリアからも２０２０年に撤退している。撤退した上記の市場は、出身国南アフリカ共和国よりも人口が多い潜在性が高い巨大市場であり、巨大市場ゆえに成功に必要とされる投資も巨額となることもあり、早期に撤退したとみられる。

図14－2　ショップライトの展開ブランドの分布

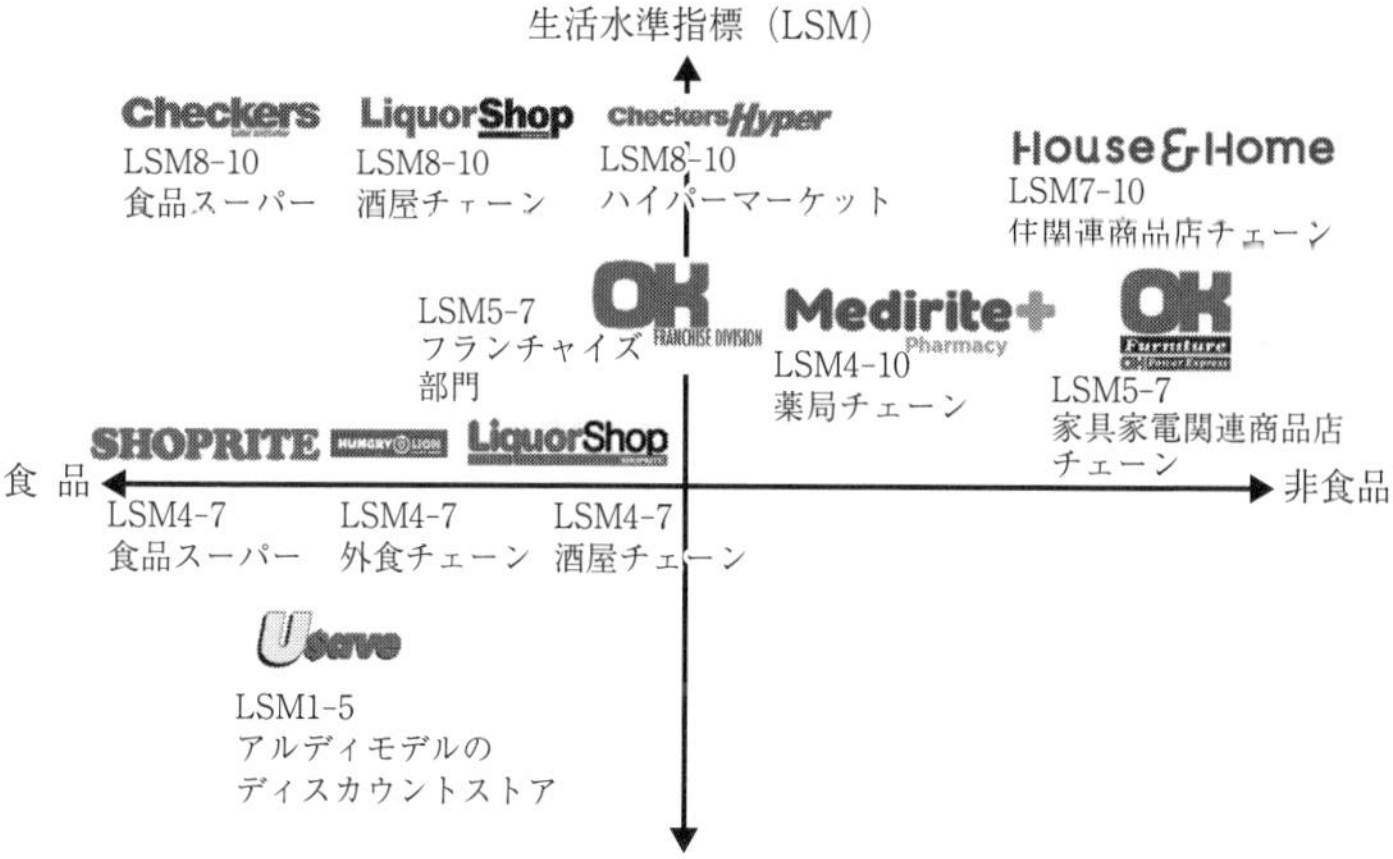

近年では2018年にSADC諸国に隣接する東アフリカの中心国ケニアにも進出した。しかし、2年後の2020年という早期に撤退しており、2021年にはウガンダ(2)とインド洋の島国マダガスカルからの撤退を発表している。

同社がサブサハラの中でも特に南部アフリカと南部アフリカ隣接地域でしか成果をあげていないことから、現在世代交代のタイミングで南部アフリカのリージョナル・リテイラーとしての生き残りを模索している状況にあるといえる。

ショップライトの国外展開は主に中間層以下すなわち、生活水準指標（LSM）が7以下のものに概ね限定されている（図14－2参照）。同社は母国の南アフリカ共和国では、買収した後、主要業態となっているチェッカーズやチェッカーズ・ハイパーなども全土に展開してきた。しかし、海外展開は食品スーパーのチェッカーズを早期に進出したナミビアとボツワナに数店舗展開しているに過ぎない。国外展開している主な小売ブランドは、LSM4－7といった中間層を標的とした食品スーパーのショップライトである（表14－3参照）。ショップライト・ブランドの国外店舗数は2001年の36店舗から2020年には180店舗と5倍増であり、エジプトから撤退した2006年以外は常に増加し続けており、特に2011年以降は急増してきた。ショップライトと2018年に

表14－3　ショップライトブランドの店舗数推移

国　名	各国事情	参入年	撤退年	2001	2003	2004	2005	2006	2007	2008	2009	2010	2011	2012	2013	2014	2015	2016	2017	2018	2019	2020
南アフリカ	SACU, SADC	本　国		247	245	252	260	286	297	302	310	319	331	339	361	400	419	439	458	471	488	503
南ア以外				36	58	60	67	62	69	71	73	76	78	85	92	103	122	138	155	167	177	180
ナミビア	SACU, SADC	1990年		7	8	8	8	11	11	12	13	14	14	14	15	18	20	21	21	21		
ザンビア	SADC	1995年		18	18	17	18	18	18	16	17	19	19	19	19	20	24	28	29	32		
レソト	SACU, SADC	1997年		0	2	2	2	3	4	4	4	4	4	4	5	5	5	5	6	6		
モザンビーク	SADC	1997年		3	3	3	3	4	4	5	5	5	6	5	5	8	8	9	14	17		
エスワティニ	SACU, SADC	1997年		2	2	2	2	2	4	6	6	6	6	6	8	9	9	9	10	10		
ボツワナ	SACU, SADC	1998年		3	3	3	3	3	4	4	5	5	5	5	5	5	6	6	9	11		
ジンバブエ	SADC	2000年	2014年	1	1	1	1	1	1	1	1	1	1	1	1	0	0	0	0	0		
ウガンダ	東アフリカ	2000年	2021年	1	2	2	3	2	2	2	2	2	2	3	3	3	2	2	2	4		
エジプト	北アフリカ	2000年	2006年	1	5	7	7	0	0	0	0	0	0	0	0	0	0	0	0	0		
マラウィ	SADC	2000年		0	2	2	2	2	2	2	2	2	2	2	2	3	4	4	4	4		
タンザニア	SADC	2001年	2014年	0	6	5	7	5	5	5	4	3	3	3	3	0	0	0	0	0		
マダガスカル	SADC	2002年	2021年	0	5	6	7	7	8	7	7	7	7	7	8	8	8	9	9	9		
モーリシャス	SADC	2002年	2018年	0	1	1	1	1	1	1	1	1	1	3	3	3	3	3	3	2		
ガーナ	西アフリカ	2003年		0	0	0	0	0	0	1	1	2	2	2	2	3	5	5	6	6		
アンゴラ	SADC	2003年		0	0	1	2	1	3	3	3	3	4	5	5	7	15	18	19	22		
インド	南アジア	2005年	2010年	0	0	0	1	1	1	1	1	0	0	0	0	0	0	0	0	0		
ナイジェリア	西アフリカ	2005年	2020年	0	0	0	0	1	1	1	1	2	2	5	7	10	12	18	22	22		
DRC	SADC	2012年		0	0	0	0	0	0	0	0	0	0	1	1	1	1	1	1	1		
ケニア	東アフリカ	2018年	2020年	0	0	0	0	0	0	0	0	0	0	0	0	0	0	0	0	0		

（注）2002年，2019年及び2020年の国別業態別データはなし。2002年は業態別データもなし。

売却した外食チェーンのハングリー・ライオン（3）の組み合わせは、同社の国外展開の当初の基本パターンであった。

ショップライトに次ぐのがＬＳＭ１－５といった中間層から低所得階層を標的としたドイツ出身のアルディモデルを採用したディスカウントストアのユーセイブであり（表14－4参照）、最初に出店したナミビアではショップライトを上回る店舗数となっている。その他のブランドで主要なものとしては、

表14－4　ユーセイブの店舗数推移

国名	参入年	2003	2004	2005	2006	2007	2008	2009	2010	2011	2012	2013	2014	2015	2016	2017	2018	2019	2020
南アフリカ	本国	13	43	62	68	77	91	129	169	189	215	243	266	272	292	302	335	367	374
南ア以外		4	16	22	24	22	25	25	28	34	44	56	61	61	63	65	65	57	51
ナミビア	1990年	3	4	5	8	9	11	11	12	14	17	22	23	25	27	29	29		
ザンビア	1995年	0	0	0	0	0	0	0	0	0	1	1	1	1	1	1	1		
レソト	1997年	0	0	0	1	2	3	3	3	3	4	5	6	6	6	6	7		
モザンビーク	1997年	0	0	0	0	0	0	0	0	2	3	4	3	3	3	3	3		
スワジランド	1997年	0	0	1	2	2	2	2	2	2	3	5	5	5	6	6	6		
ボツワナ	1998年	0	0	0	0	0	0	0	2	2	3	3	5	5	5	5	5		
ジンバブエ	2000年	0	0	0	0	0	0	0	0	0	0	0	0	0	0	0	0		
ウガンダ	2000年	0	0	0	0	0	0	0	0	0	0	0	0	0	0	0	0		
エジプト	2000年	0	0	0	0	0	0	0	0	0	0	0	0	0	0	0	0		
マラウィ	2000年	1	6	6	4	3	3	3	3	3	3	3	3	3	3	3	3		
タンザニア	2001年	0	1	0	0	0	0	0	0	0	0	0	0	0	0	0	0		
マダガスカル	2002年	0	0	0	0	0	0	0	0	0	0	0	0	0	0	0	0		
モーリシャス	2002年	0	0	0	0	0	0	0	0	0	0	0	0	0	0	0	0		
ガーナ	2003年	0	3	3	2	1	1	1	1	1	1	1	1	1	0	0	0		
アンゴラ	2003年	0	2	7	7	5	5	5	5	7	9	12	14	12	11	11	10		
インド	2005年	0	0	0	0	0	0	0	0	0	0	0	0	0	0	0	0		
ナイジェリア	2005年	0	0	0	0	0	0	0	0	0	0	0	0	0	1	1	1		
DRC	2012年	0	0	0	0	0	0	0	0	0	0	0	0	0	0	0	0		

表14－5　OKファニチャーの店舗数推移

国　名	参入年	2001	2003	2004	2005	2006	2007	2008	2009	2010	2011	2012	2013	2014	2015	2016	2017	2018	2019	2020
南アフリカ	本　国	130	132	132	136	139	151	162	180	192	205	216	233	255	326	328	322	346	333	314
南ア以外		6	12	13	18	19	19	21	24	24	27	32	35	40	48	59	69	84	84	83
ナミビア	1990年	1	7	8	9	9	9	10	10	10	10	10	11	11	14	16	17	18		
ザンビア	1995年	0	0	0	0	0	0	0	0	0	1	1	1	2	4	7	7	12		
レソト	1997年	2	2	2	2	3	3	4	4	4	5	5	6	6	6	6	7	8		
モザンビーク	1997年	0	0	0	1	1	1	2	2	2	2	3	3	5	6	7	9	11		
スワジランド	1997年	1	1	1	1	1	1	1	2	2	2	3	3	4	5	7	8	9		
ボツワナ	1998年	2	2	2	5	5	5	4	6	6	6	6	7	7	8	8	12	15		
ジンバブエ	2000年	0	0	0	0	0	0	0	0	0	0	0	0	0	0	0	0	0		
ウガンダ	2000年	0	0	0	0	0	0	0	0	0	0	0	0	0	0	0	0	0		
エジプト	2000年	0	0	0	0	0	0	0	0	0	0	0	0	0	0	0	0	0		
マラウィ	2000年	0	0	0	0	0	0	0	0	0	0	0	0	0	0	0	0	0		
タンザニア	2001年	0	0	0	0	0	0	0	0	0	0	0	0	0	0	0	0	0		
マダガスカル	2002年	0	0	0	0	0	0	0	0	0	0	0	0	0	0	0	0	0		
モーリシャス	2002年	0	0	0	0	0	0	0	0	0	0	0	0	0	0	0	0	0		
ガーナ	2003年	0	0	0	0	0	0	0	0	0	0	0	0	0	0	0	0	0		
アンゴラ	2003年	0	0	0	0	0	0	0	0	0	1	4	4	5	5	8	9	11		
インド	2005年	0	0	0	0	0	0	0	0	0	0	0	0	0	0	0	0	0		
ナイジェリア	2005年	0	0	0	0	0	0	0	0	0	0	0	0	0	0	0	0	0		
DRC	2012年	0	0	0	0	0	0	0	0	0	0	0	0	0	0	0	0	0		

（注１）2002年，2019年及び2020年の国別業態別データはなし。2002年は業態別データもなし。

（注２）2019年と2020年の数値は標的が同じOKファニチャーとOKパワーエクスプレスの合計値であり，2017年にOKパワーエクスプレスの南ア以外の店舗はボツワナ３店舗，レソトとスワジランドに各１店舗あったが，2018年には０店舗とした。

ＬＳＭ５－７といった中間層上位を標的とした家具家電関連商品店チェーンのＯＫファニチャーがあげられる（表14－5参照）。

表14－6　その他ブランドの店舗数推移

国　名	参入年	2001	2003	2004	2005	2006	2007	2008	2009	2010	2011	2012	2013	2014	2015	2016	2017	2018	2019	2020
南アフリカ	本　国	112	124	129	137	168	178	193	211	410	482	546	593	658	744	806	850	869	913	955
南ア以外		1	4	4	4	6	7	7	7	11	11	16	18	22	32	39	45	46	46	36
ナミビア	1990年	1	3	3	3	4	5	5	6	9	9	9	10	11	16	17	21	24		
ザンビア	1995年	0	0	0	0	0	0	0	0	0	0	0	0	0	0	0	0	0		
レソト	1997年	0	0	0	0	1	1	1	1	1	1	1	2	2	2	2	2	2		
モザンビーク	1997年	0	0	0	0	0	0	0	0	0	0	0	0	0	0	0	0	1		
スワジランド	1997年	0	0	0	0	0	0	0	0	1	1	2	2	4	4	4	4	3		
ボツワナ	1998年	0	1	1	1	1	1	1	0	0	0	2	2	2	3	4	5	2		
ジンバブエ	2000年	0	0	0	0	0	0	0	0	0	0	0	0	0	0	0	0	0		
ウガンダ	2000年	0	0	0	0	0	0	0	0	0	0	0	0	0	0	0	0	0		
エジプト	2000年	0	0	0	0	0	0	0	0	0	0	0	0	0	0	0	0	0		
マラウィ	2000年	0	0	0	0	0	0	0	0	0	0	0	0	0	0	0	0	0		
タンザニア	2001年	0	0	0	0	0	0	0	0	0	0	0	0	0	0	0	0	0		
マダガスカル	2002年	0	0	0	0	0	0	0	0	0	0	0	0	0	0	0	0	0		
モーリシャス	2002年	0	0	0	0	0	0	0	0	0	0	0	0	0	0	0	0	0		
ガーナ	2003年	0	0	0	0	0	0	0	0	0	0	0	0	0	0	0	0	0		
アンゴラ	2003年	0	0	0	0	0	0	0	0	0	0	2	2	3	7	12	13	14		
インド	2005年	0	0	0	0	0	0	0	0	0	0	0	0	0	0	0	0	0		
ナイジェリア	2005年	0	0	0	0	0	0	0	0	0	0	0	0	0	0	0	0	0		
DRC	2012年	0	0	0	0	0	0	0	0	0	0	0	0	0	0	0	0	0		

（注１）その他ブランドとは国際展開するブランドのうち，表５－７で示したブランドを除いたブランドである。
（注２）2002年，2019年及び2020年の国別業態別データはなし。2002年は業態別データもなし。
（注３）ＯＫフランチャイズ（南ア，ナミビア及びスワジランドのみの展開で2013年に小売５ブランドと卸事業を集約し開始）と2018年売却のハングリーライオンを除く。

ＳＡＣＵ諸国以外の出店に関しては、３ブランドの展開に限られ、出店数も少ない（表14－６参照）。

フランチャイズ店舗であるOKフランチャイズは、国別ブランド別店舗数がわかる2018年の国外店舗数は56店舗とユーセイブの65店舗に近い数であるが、出店国はナミビアとエスワティニのみである。

② サブサハラ・アフリカ主要国進出路線のショップライトに追随してきたウォルマート

ウォルマートは、既述の通り南アフリカ共和国出身企業を買収することにより参入したため、同じく南アフリカ共和国出身企業であるが南部アフリカから先行的に国際展開を行ってきたショップライトに追随する形で進出領域を西アフリカ、東アフリカへ、さらに進出国の中での店舗数、進出都市及び進出業態も段階的に拡大してきた。

同社が買収したマスマートは、南アフリカ共和国の小売業者の中では、国際展開で先行するショップライトに次ぐ存在であった（Deloitte（2015））。その他のライバルとしては、南アフリカ共和国の流通革命を牽引してきたピックアンドペイ（Pick n Pay）、スパー（Spar）、ウールワース（Woolworths）、フルーツ・アンド・ベジ・シティ（Fruit and Veg City）などがあげられ、彼らもマスマート同様に南アフリカ共和国の周辺国を中心に国際展開を行ってきた。

上記の南アフリカ共和国の主要小売業者は南アフリカ共和国と関係性が強いSACUやSADC加盟国への進出に関して、程度の差はあるが2000年以降積極的であった。しかし、各社ごとにその国の状況に応じて成否が分かれている（図14－3参照）。

図14－3　南アフリカ共和国とその周辺でのスーパーマーケットのプレゼンス

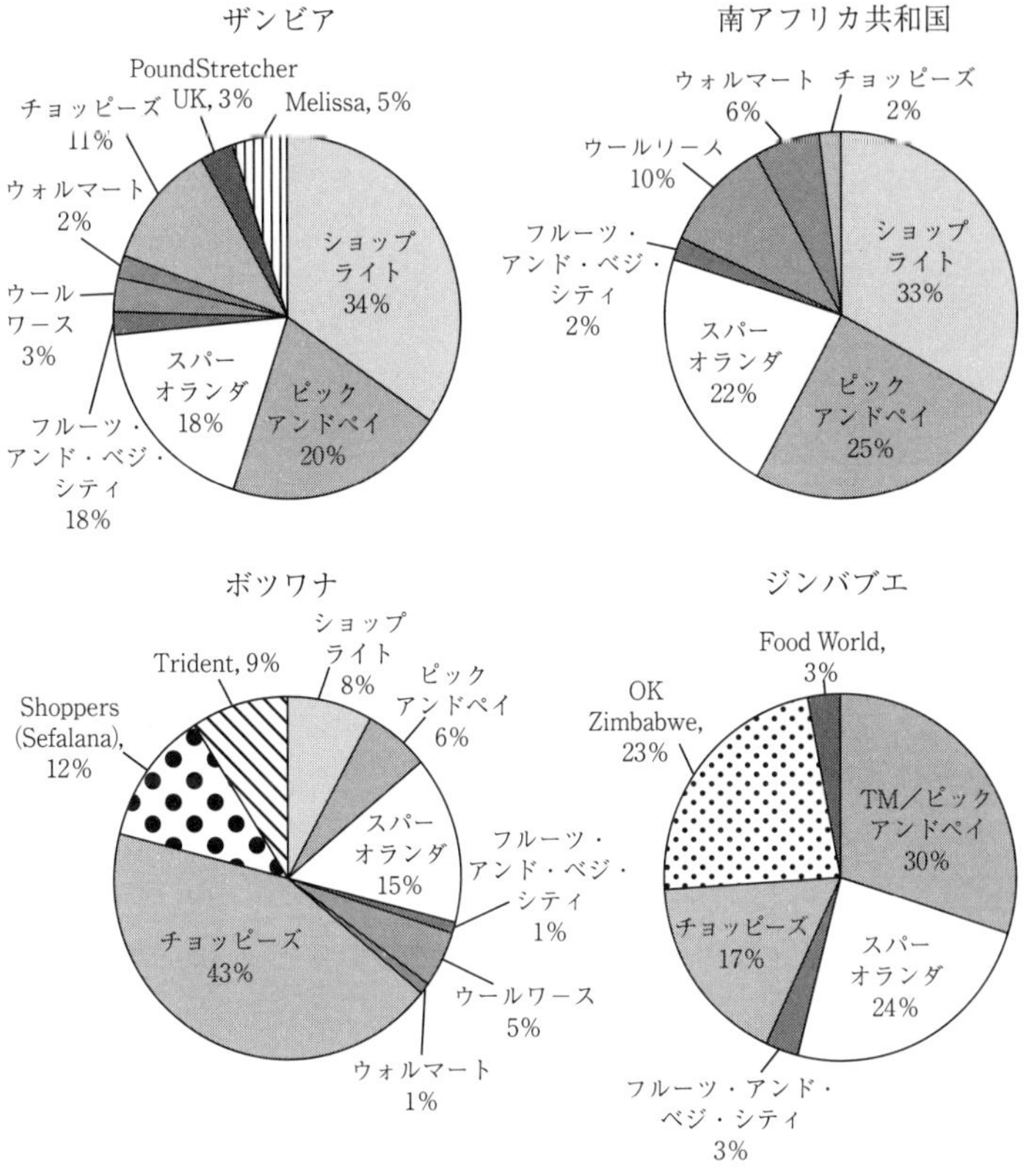

（出所）Das Nair, R. 2019. The spread and internationalisation of South African retail chains and theimplications of market power. The International Review of Applied Economics, 33(1), p.34. の図を，一部修正。

3 サブサハラ・アフリカ主要国進出路線から転換を図るウォルマートアフリカ

① サブサハラ・アフリカ主要国の小売市場の概要

以下ではSACUやSADC加盟国のうち市場の多様性を明示するのに理解しやすい特徴を有する、ザンビア、ジンバブエ、ボツワナの3カ国を取り上げ、各国の事情とウォルマートの子会社マスマートを含む小売企業で構成される小売市場について概観する。

A. ザンビア

ザンビアは銅とその副産物であるコバルトの輸出に依存する資源輸出国であり、多くの資源輸出国が陥った1980年代の債務危機後の構造調整政策によって進んだ経済自由化によって、SADC加盟国の中でも南アフリカ共和国のスーパーマーケットの進出が1990年代特に活発な国(4)である。

スーパーマーケットの進出はスーパーマーケットで取り扱う商品の輸入につながり、南アフリカ共和国小売市場の構造がそのまま移転され、飛び地といった位置づけになっている。代表的なスーパーマーケットで取り扱う加工食品の南アフリカからの輸入はパンで88・6％、カットフルーツや野菜で86・4％というようになり、南アフリカ産輸入品が棚を埋め尽くしている。ザンビア産食品のスーパーマーケットへの供給は、加工度の低い食品に限られてしまっているといった状況が指摘されている(5)。

B. ジンバブエ

ジンバブエはザンビアとGDP、一人当たりGDP及び人口もかなり近く、同じくSADC加盟国である。同国経済はかつて白人大規模農家による非常に効率的な農業によって生産された農産物の欧州への輸出によって「アフリカの穀物庫」と呼ばれていたほど発展していた。

しかし、1980年独立後に行った白人農家に対する強制土地収用政策に伴うノウハウを有する白人農家消滅と大規模商業農業システム崩壊や独立以来37年間のムガベ独裁政権の経済政策の失敗、特に1990年代後半以降の脆弱なガバナンスと経済政策の失敗により、インフレ、失業、貧困という厳しい状況が続いた。ついに2008年大統領選挙を巡る混乱と過度の紙幣発行によるハイパーインフレーションによって、経済は極度に混乱し、紙切れとなった10兆ジンバブエドル紙幣がお土産となるほどの状況になった(6)。

2010年代前半に経済のドル化などにより、ようやく経済は二桁成長するようになり、一時期状況の改善がみられた。こうした一時の改善期に、スーパーマーケットの出店が加速し、競争が周辺諸国に比べて相対的に遅れて激化した。この遅れた競争激化が、その他の多くの周辺諸国で相対的に出遅れたピックアンドペイにも、優位に立つための好機を与えた。同社は2010年という成長直前の絶妙なタイミングに、ジンバブエのMeikles社の子会社の現地大手スーパーマーケット・チェーンのThomas Meikles（TM）に2,500万ドル（株式の49%）出資した。現地の有力企業への少数保有での進出という決断は、南アフリカ出身企業の中でも国際展開に相対的に出遅れていた同社だからこそできた決断であったのかもしれない。

出資を受けた合弁企業は2,500万ドルのうち1,400万ドルを用いて、チェーンの近代化を進め、経済成長の果実を獲得した。さらに、一時期の経済成長後の揺れ戻しの厳しい現状においても、出資時点の50店舗から店舗数を2019年時点で57店舗まで微増させている。他方、周辺国では相対的に優位であるライバル達は、経済の2010年代後半での停滞によって、インフレ率が高まると、2000年以降1店舗のみでの営業を続けてきたショップライトは2014年に撤退し、植民地時代の1958年から営業を継続してきたウールワースも撤退している(7)。

C．ボツワナ

ボツワナは全輸出の7割、GDPの3割を占めるダイヤモンド輸出が経済を支え、資源国の多くで生じる利権争いから生じる争いがほとんどない平和な国家である。人口は多くはないが、一人当たりGDPも南アフリカ共和国を上回る、南部アフリカの地域発展の優等生といえる(8)。

SADCはもちろん、より古く南アフリカ共和国との統合度が高いSACU加盟国でもある。南アフリカ共和国出身企業はSACU加盟国と同様に、経済統合度が高いだけに多く進出しているが、ボツワナの小売市場は南アフリカ共和国からの越境者達に支配されているばかりではない。

ボツワナ発祥の小売チェーンであるチョッピーズ（Choppies）が彼らのノウハウもうまく取り込み、スーパーマーケットのシェアでは第1位を占める。同社は1986年に南アフリカ共和国との国境に近い南部のボツワナではダイヤモンド輸出に次ぐ主要産品であり、同社と独占契約も結ぶ食肉のメーカーであるBMC（Botswana Meat Commission）本社と同国最大の食肉工場がある首都から70キロに位置し、内陸国である同国の主要ネットワークであった鉄道の駅が置かれる中心都市ロバッェで1号店を開店した（図14－4参照）。

鉄道網でつながれ開発されてきた交通ネットワークはカイロとケープタウンを結ぶトランスアフリカンハイウェイのボツワナ部分であるA1高速道路網が整備されることでさらに整備が進められた。同社は1993年にロバッェで2号店を開店後、首都ハボローネの周辺地域に店舗網拡大を開始し、上記の

図14－4　ボツワナの鉄道ネットワーク

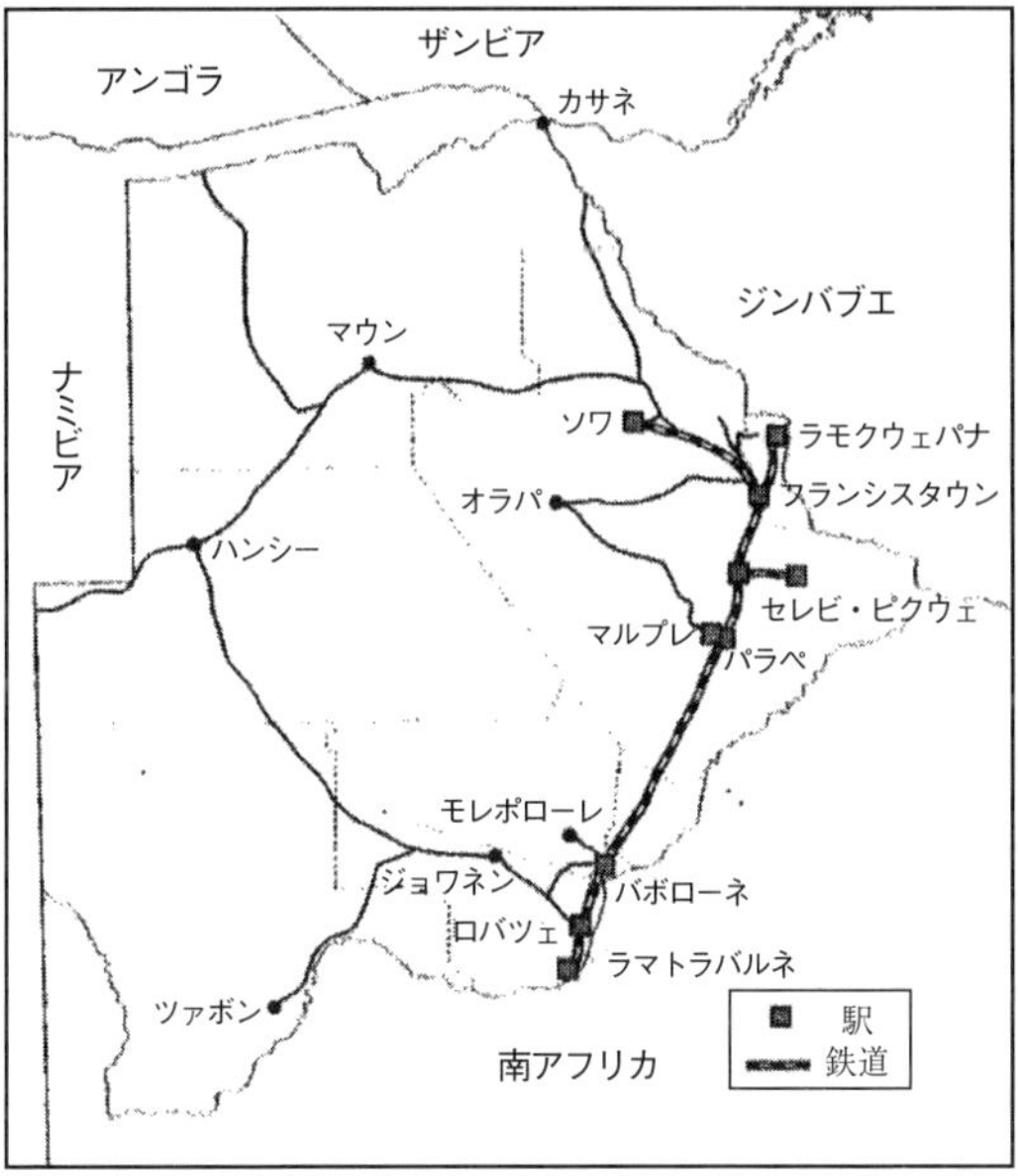

（原出所）Shillin, Kevin ed. (2005), Encyclopedia of African History, vol.1, Fitzroy Dearborn.
（出所）池谷編著（2012），209頁。

ットワークを中心に、上記ネットワーク外の主要都市にも出店を続け、全国チェーンを構築した。２００８年には南アフリカ共和国との国境に近いジーラストへも越境し進出し、２０１３年にＳＰＡＲ店舗網を買収し既述の鉄道網で古くからつながるジンバブエへも店舗網を拡大していった。同社はボツワナを中心としつつも、周辺諸国の相対的に豊かな都市部の消費者に対して、自社プライベート・ブランドのパンなど加工品を自社チェーンを通じて安価で供給し、母国ボツワナから南アフリカ共和国を含む周辺国にも積極的に出店を行ってきた(9)。

② サブサハラ・アフリカ主要国進出路線から転換を図るウォルマートアフリカ

ウォルマートは既述のように南部アフリカ市場においてショップライトに追随し、アフリカでの出店エリアを拡大してきたが、2010年代後半のウォルマートの全社戦略のデジタル投資重視へのシフトに伴って国際部門のリストラの影響がアフリカ市場にも及び、ショップライトに追随し差別化しながら国際展開していく戦略にも転換が迫られている。

ウォルマートがアフリカの窓口市場ともいえる南アフリカ共和国で買収したマスマートの国際展開に関しては、国内では重視し続けているマスウェアハウスではなく、主に日用雑貨を取り扱うマスディスカウンター部門に属するゲームと、南アフリカ共和国とのつながりを活かした周辺国への展開を行うマスキャッシュ部門に限定してきた。ウォルマート参入後はこの2部門の中ではマスディスカウンターのゲームの出店地域を拡大することに加えて、マスビルド部門の南アフリカ共和国周辺国への国際展開を開始した。

ゲームに関しては、東アフリカの主要市場であるケニア参入ではショップライトに先行し、西アフリカの主要市場であるガーナでは先行するショップライトと同じショッピング・モールにダブルメインテナントとして両脇に出店するなど、従来の単なる追随から共存共栄や差別化を図っていく方向に戦略がシフトしてきていた（補章2及び補章3を参照）。

しかし、既述の国際部門のリストラがアフリカへ及んできたことで、ゲームに関しても業態として持続可能な収益構造の構築が求められるようになり、計画の第1段階である南アフリカの本部や店舗の人員再編による労働コスト削減が完了したこのタイミングで、第2段階の取り組みとして西アフリカ及び東アフリカからの撤退の選択が強いられた。結果として、ウォルマート本社の関与がその他の業態に比べて相対的に低いとみられてきたゲーム業態にも及び、例えば、管理が相対的に困難な生鮮品の取り扱いをなくし、管理が相対的に容易なアパレルを拡充する、ウォルマートのＥＤＬＰ価格戦略の導入を促進するといった取り組みが採用させるというように、本社からの管理がより細かい戦術的な内容に及び、全社戦略を反映した現地化戦略に転換されてきているといえる。

【注】

（１）ショップライト創業者バッソン氏の会計スキャンダルによる辞任に関して詳細は、Naudé, Piet, Hamilton, Brett, Ungerer, Marius, Malan, Daniel and de Klerk, Mias (2018), BUSINESS PERSPECTIVES ON THE STEINHOFF SAGA, USB Management Review, Special Report June 2018, University of Stellenbosch Business School（https://www.usb.ac.za/wp-content/uploads/2018/06/Steinhoff_Revision_28_06_2018_websmall.pdf）などを参照。

（２）ショップライトはウガンダから撤退するようだが、Douglas, Banya (2019) はウガンダのショップライト利用者の買い物習慣について一次データを用いて具体的に示しており有用である。

（３）ハングリー・ライオンについて詳細は、アフリカアウトルックのホームページ（https://www.africaoutlookmag.com/company-profiles/1117-hungry-lion-2019）を参照。

（４）ザンビアの発展の経緯や経済状況に関して詳細は、島田、大山編著（２０２０）を参照。特に、第22章の「経済開発の課題―銅依存と不平等―」（高橋基樹著）は、同国の銅依存からの脱却を目指した取り組みと一部成果はありつつもさらに拡大した不平等という２０００年代半ばからの資源ブーム期に多くの資源依存国で生じた状況に関してコンパクトかつ明解に示している。ザンビアの資源開発に関して詳細は、石曽根（２０１２）を参照。

（５）Ziba, Francis and Phiri, Mwanda, (2017), p.4-6.

（６）ジンバブエの発展の経緯と経済状況に関して詳細は、石原（２０１９）を参照。

（7）ジンバブエの小売事情に関して詳細は、Maumbe, Blessing Mukabeta and Chikoko, Laurine (2020) を参照。なお、経済小康の期間である2013年に参入したユニークなチェーンが中国とジンバブエの合弁企業であり、倉庫を建設し卸売を垂直統合し、巨大店舗で安価な中国製品を武器に出店を進めようとするホライズン・イヴァト（Horizon-Ivato）である。同チェーンはアフリカ進出を進める中国資本を象徴する存在であり、マダガスカル、モザンビーク、マラウィ、トーゴにも店舗を展開しており、注目すべき存在である。上記論文の作者達が、南アフリカ出身企業をリージョナル・チェーンとして捉え、ヨーロッパ、オーストラリア、中国に本社を置くオランダのSpar、オーストラリアのウールワース、中国のホライズン・イヴァトをグローバル・チェーンとして捉えている認識は欧州が伝統的に強く、南半球にあり、中国の進出が盛んな同国の特徴を表しており興味深い。

（8）ボツワナの発展の経緯と経済状況に関して詳細は、池谷（2012）を参照。特に第26章の「南アフリカとの密接な経済関係―スーパーマーケット―」（西浦昭雄）は同国と南アフリカ共和国との経済関係を明解に示している。

（9）チョッピーズは2020年に南アフリカ共和国、ケニア、タンザニア及びモザンビークからの撤退を発表し、本国ボツワナ（90店舗）と一定の地位を有するナミビア（6店舗）、ザンビア26店舗及びジンバブエ32店舗のみでの展開に注力し、ボツワナで1店舗閉店したのに対して、特にナミビアとザンビアでは南アフリカ共和国などからの撤退後もナミビアで1店舗、ザンビア4店舗を増やしている（上記店舗数は2021年6月30日時点）。詳細は、同社ホームページ（https://choppiesgroup.com/news/CHPJUN21.pdf）を参照。

結章　本書の意義と残された課題

1　本書の意義

本書は、序章で本書の位置づけ及び構成を示した上で、第Ⅰ部（第1～3章）では本書の分析対象企業であるウォルマートのグローバル化の現状と戦略の概要について検討した。第1章ではウォルマートを含むグローバル・リテイラーの現状と、ウォルマートと競合他社との比較を行った上でのウォルマートのグローバル化に向けた取り組みの現状を示し、第2章ではウォルマートの国際化の基盤となる米国本国における小売事業モデルを示し、第3章ではウォルマートのグローバル化の経緯を分析することによって、同社のグローバル市場参入戦略が新興市場を重視する方向に移行した後、近年では全社戦略のネット小売重視への転換に伴い変化していることについて示した。

第4章以降は第3章で示した国際化戦略に基づいて3つに区分された各地域の各市場に関して、第Ⅱ部ウォルマートアジアの戦略、第Ⅲ部ウォルマートラテンアメリカの戦略、第Ⅳ部ウォルマートEMEAの戦略として具体的に示した。

第Ⅱ部はウォルマートアジアが統括する日本、中国、インドに関して示した各章で構成された。第4章『2度の試行錯誤期を経て整理対象となったウォルマート・ジャパン』では、アジアにおける先進諸国代表日本において、ウォルマート方式が苦戦を経て定着し現地化段階を迎えた後、更なる試行錯誤の末、整理対象となった状況について示した。第5章『国家要素中心のネット先進市場中国において善戦するウォルマート中国』では、国家要素中心であり、なおかつネット先進市場でもある中国において、ウォルマートが強敵であるアリババなどの小売業者に対して善戦するために行ってきた戦略について示した。第6章『巨大潜在小売市場で規制緩和後の準備を進めるウォルマートインド』では、巨大潜在小売市場でありながら規制緩和が段階的にしかなされないインド小売市場について詳細に検討した後、ウォルマートの本格緩和後に向けた準備について示した。

第Ⅲ部はウォルマートラテンアメリカが統括するメキシコ、中米地峡市場5カ国、チリ、ブラジルに関して示した各章で構成された。第7章『新興市場向け小売業務国際化センターとしてのウォルマートメキシコ』では、新興市場向けに幅広く展開されている倉庫型ディスカウントストア業態により大成功を収めたメキシコ市場での取り組みに関して詳細に示した。第8章『メキシコとの融合が進むウォルマート中米』では、隣接したメキシコとの融合をコスタリカを中心にして中米地峡5カ国での取り組みについて示した。第9章『地道な改善により南米大陸で唯一好調なウォルマートチリ』では、中南米への拡大を目指すチリ出身のリージョナル・リテイラーに対して、地道な改善を進めることで好調を持続する取り組みについて示した。第10章『試行錯誤の末整理対象となったウォルマートブラジル』では、当初の苦戦から2つの大きな買収でナショナルチェーン化を進め、一定の規模を確保しながらも少数保有への転換を余儀なくなされた状況について示した。

第Ⅳ部はウォルマートEMEAが統括する英国、カナダ、南アフリカ共和国、南アフリカ共和国以外のアフリカ諸国に関して各章で構成された。第11章『商品供給・商品調達の国際化センターとしてのウォルマート英国』では、英国がプライベート・ブランド先進市場となっている現状を示した上で、少数保有となりつつも、商品調達・商品供給の国際化センターとしての位置付けを維持している状況について示した。第12章『商品供給・商品調達の国際化センター候補としてのウォルマートカナダ』では、カナダがプライベート・ブランド先進市場となりうる現状を示した上で、商品調達・商品供給の国際化センター候補として位置付けうる可能性について示した。第13章『今後の成長センターアフリカの窓口としてのウォルマート南アフリカ』では、アパルトヘイト政策ゆえに構築された近代的小売市場と伝統的小売市場の並存という状況について示した上で、今後の成長センター窓口として期待される南アフリカでのアパルトヘイト政策終了後の政策にあわせた取り組みと、既に周辺諸国への展開で先行したライバルとは対照的な取り組みに関しても示した。第14章『サブサハラ・アフリカ主要国進出路線から転換を図るウォルマートアフリカ』では、ウォルマートが追随したショップライトのサブサハラ・アフリカ主要国進出戦略ならびに、ザンビア、ジンバブエ、ボツワナといった各国の事情とウォルマートの子会社マスマートを含む小売業者で構成される小売市場について概観した上で、全社戦略転換に対応してサブサハラ・アフリカ主要国進出路線からの転換を図るウォルマートの取り組みについて示した。

本書の位置づけは、世界最大の売上高を誇る小売企業であり、競合他社に比しても今後更なる国際展開を進めるとみられる、ウォルマートのグローバル化に向けた各国ごとの事例を積みあげることによって、現地化段階からグローバル統合段階を目指しつつある、小売グローバル化に向けたプロセスの解明を試みようというものであった（表結－1参照）。

本書ではウォルマートという世界最大の売上高を誇ってきた小売企業の各国ごとの事例を丹念に積みあげることによって、グローバル配置の具体的活動である各国市場における参入行動について詳細に解

表結－1　本書の意義と残された今後の課題

	グローバル配置における課題	グローバル調整における課題		従来と異なる状況への対応課題
具体的課題	市場参入	商品調達	知識移転	ネット小売対応
国内から世界へ	各市場における参入戦略	英国，中米，チリ，日本，カナダなどのPB輸出など	各国への知識移転（進出先で獲得した知識を含む）	本国米国におけるネット小売対応の現状確認
世界から国内へ	各市場における競合他社の戦略	進出国からのPB輸入など	既存輸出国以外からの商品調達	ネット小売先進市場中国における現状確認
今後の課題		進出国間の輸出入を通じた商品調達などの詳細な検討	地域内，地域間などの多様なレベルでの双方向を含めたノウハウの相互移転	ネット小売の普及と小売グローバル化との関連性

明した。

グローバル調整の具体的活動である標準化／現地化及び知識移転に関しては、小売フォーマットと商品調達という観点から検討を進めた。小売フォーマットに関しては、ラテンアメリカにおいて先行的に進む、メキシコにおいて創造的な連続適応において新興市場向けに開発された新業態（小売フォーマット）である「倉庫型ディスカウントストア（ボデーガ）」の導入プロセスと、開発された小売フォーマットを中米地峡市場など他国へ導入するプロセスを詳細に分析にすることによって、小売フォーマットの開発及び小売フォーマットという知識の移転プロセスについて詳細に解明した。

商品調達に関しては、アジアの先進市場日本、低価格商品調達供給基地中国、ラテンアメリカの中米地峡市場に位置するエコ先端市場コスタリカ及び南米の先進市場チリ、ＥＭＥＡの全世界への高品質ＰＢ商品供給基地英国、英国に次ぐ候補国カナダについて詳細に検討することによって、調達商品の標準化化及び現地化のプロセスについて詳細に解明した。

2　残された課題

本書は、小売グローバル化に向けたプロセスの解明の小さな一歩を踏み出したにすぎず、残された課題は膨大であるが、特に重要な課題に関して言及し、現在進めている研究の一端を示して本書を終えたい。

表序－１で示した小売業者のグローバル・マーケティング戦略の課題のうち、配置課題にあたる市場参入行動については初版出版以降かなり研究が進展した。増補版までに検討できていなかった南アフリカ以外のアフリカについては現地調査を含めて行うことができ、その内容も含めて第14章、補章２及び補章３で詳細に示した。全社戦略転換により現地調査を行ったケニアは１店舗のみの営業、ガーナに至っては撤退することになったが、撤退する市場の現状を現地調査できたことは大きな財産となった。コロナ禍終焉後を踏まえて、今後も資金及び機会を得るための努力を継続的に行っていく予定である。

表序－１で示した小売業者のグローバル・マーケティング戦略の課題のうち、調整課題にあたる標準化／現地化及び知識移転に関しても、配置に比べるとゆっくりではあるが、小売フォーマットやプライベート・ブランド開発を含む商品調達による標準化／現地化及び開発された小売フォーマットやプライベート・ブランドに関する知識の移転の詳細の解明を行う中で段階的に進んできている。

筆者は従来実態が容易に把握しやすい小売フォーマットに関して主にとりあげてきた。しかし、ウォルマートの小売事業モデルの詳細な検討や新規開発業態の解明を行う中で、同社のグローバル・マーケティング戦略における商品調達の観点からの検討の重要性を強く認識した。本書においても、商品調達に関して、日本、中国、コスタリカ、チリ、英国、カナダなどの事例において現地調査を含めて若干の言及は行っている。しかし、内容はとても十分とはいえず、同社がグローバル展開することにより、他社に対して強い競争優位性を生み出しうるのは商品調達行動であり、同社の活動におけるグローバル調整の程度が高まれば重要性を増すだけに、今後も更なる詳細な解明が必要である。

知識移転に関しても、小売フォーマットの移転に関してメキシコから中米、撤退したアルゼンチンといった移転事例を現地調査によって解明し、特に中米の現地調査において明らかにした移転プロセスに関しては、移転された知識の共有に関しても詳細に示しており、一定の意義はあると考えられる。しかし、その内容は十分とは言えず、今後とも継続的かつ更なる詳細な解明が必要である。

上記の課題は店舗のグローバル化を前提とした従来の研究枠組に基づいた課題であるが、ネット小売の普及は従来と異なる条件への対応を不可欠な状況にしつつある。筆者もネット小売と小売グローバル化との関連性の解明を行うための研究を継続している。筆者は既述のように学術研究助成基金助成金を頂き、この資金で行った研究成果の一部が第2章、第5章、第6章、第7章、第10章、補章1、補章2及び補章3など多くの部分に示されているが、現在進行中の事象であるため変化が目まぐるしい上、ネット普及の速度も各国の置かれた状況や各国政府の政策によってまちまちである。本書においても中国のネット先進国としての側面を取りあげたが、ネット普及とネット小売普及には条件に違いがあり、上記資金により中南米及びアフリカで行った現地調査においても、ネット普及が通信規制緩和により進んでいるが、インフラ整備やその運用上の制約により、ネット小売普及の速度がまちまちであることが明らかになった。上記資金での研究を端緒に今後も継続的かつ更なる詳細な解明を行っていく予定である。

主要参考文献

【欧文】

Acemoglu, D. and Robinson, J. A., (2012), Why Nations Fail: The Origins of Power, Prosperity and Poverty, Crown Business.（鬼澤忍訳（２０１３）『国家はなぜ衰退するのか　権力・繁栄・貧困の起源』早川書房。

Ackerman, R. and Pritchard, D., (2001), Hearing Grasshoppers Jump, David Philip.

Alexander, N. and Myers, H., (2000), The Retail International Process, International Marketing Review, 17(4), 334-353.

Alexander, N. and Doherty, A. M., (2009), International Retailing, Oxford University Press.

Balocco R., Miragliotta, G., Perego, A. and Tumio, A., (2011), RFId adoption in the FMCG supply chain: an interpretative framework, Supply Chain Management, 16 (5), 299-315.

Bargsted, Matías y Nicolás Somma (2018) “La cultura política: diagnóstico y evolución.” Huneeus, Carlos, y Octavio Avendaño. eds. El sistema político de Chile. Santiago: LOM ediciones.

Bell, D. R., Gallino, S., Moreno, A., (2014) How to win in an omnichannel world, MIT Sloan Management Review, 56(1), 45-53.

Bhandari, Narendra, C., (2017), WALMART-BHARTI JOINT VENTURE: FORMATION, BREAKUP, & STRATEGIES. Academy of Strategic Management Journal, Vol.16 Issue 1, 209-224.

Bianchi, C. and Mena, J., (2004), Defending the Local Market Against Foreign Competitors: The Example of Chilean Retailers, International Journal of Retail and Distribution Management, 32(10), 495-504.

Bianchi, C. and Ostale, E., (2006), Lessons learned from unsuccessful internationalization attempts: Example of multinational retailers in Chile, Journal of Business Research, 59(1), 140-147.

Biller, D. and Petroff, K., (2012), In Brazil’s Favelas, a Middle Class Arises, Bloomberg Businessweeks, December 24, 2012-January 6, 2013, 22 and 24.

Brown, Mark (2013), TARGET BECAMES THE TARGETED, Canadian Business Magazine, Vol.86, No. 7, 13-14.

Brunn, Stanley D., (2006), Wal-Mart World: The World's Biggest Corporation in the Global Economy, Routledge.

Burt, S. L., (2000), The strategic role of retail brands in British grocery retailing. European Journal of Marketing, 34(8), 875-890.

Burt, S. and Sparks, L., (2006), Wal-Mart's World, Wal-Mart World, Routledge, 27-43.

Clarke, M., (2006), The Working Poor: Labour Market Reform and Unprotected Workers in the South. African Retail Sector, Poverty and the Production of World Politics, Palgrave Macmillan, 154-177.

Cohen, T., (2010), James Wellwood (Whitey) Basson, South America's Greatest Entrepreneurs, MME Media, 235-257.

Corstjens, M. and Lal, R., (2012), Retail Doesn't Cross Borders: Here's Why and What to Do About It, Harvard Business Review 90(4), 104-111.

Cranston, S., (2010), Raymond Ackerman, South America's Greatest Entrepreneurs, MME Media, 146-167.

Deloitte Touche Toumatsu India Private Limited (2013) Indian Retail Market Opening more doors, Deloitte Touche Toumatsu India Private Limited.

Diallo, M. F., (2012), Retailers' Internationalization in Emerging Markets: A Comparative Study of a French and a Local Retailer's Key Success Factors in Brazil, International Business Research, Vol.5, No.10, 91-99.

Douglas, Banya (2019), Shopping Habits of Consumers at Shoprite Uganda, Scholar's Press.

Douglas, S. P. and Craig, C. S., (1995), Global Marketing Strategy, McGraw-Hill.

Durand, C., (2007), Externalities from foreign direct investment in the Mexican retailing sector, Cambridge Journal of Economics, Vol.31(3), 393-411.

Dyer, D., Daizell, F. and Olegario, R., (2004), Rising Tide Lessons from 165 Years of Brand Building at Procter & Gamble, Harvard Business Review Press.（足立光・前平謙二訳（２０１３）『P&Gウェイ世界最大の消費財メーカーP&Gのブランディングの軌跡』東洋経済新報社。

Etgar, M. and Rachman-Moore, D., (2008), International expansion and retail sales: an empirical study, International Journal of Retail & Distribution Management, vol.36 (4), 241-259.

Euromintor International, (2009), Retailing in Chile 2008, Euromonitor International.

Euromonitor International, (2016), Retailing in China, Euromonitor International.
Euromonitor International, (2021), Retailing in India, Euromonitor International.
Euromonitor International, (2022a), Retailing in El Salvador, Euromonitor International.
Euromonitor International, (2022b), Retailing in Honduras, Euromonitor International.
Farina, E. M. M. Q., Nunes, R. and Monteiro, G. F., (2005), Supermarkets and their impacts on the agrifood system of Brazil: The competition among retailers, Agribusiness, 21(2), 133-147.
Fernie, J., Hahn, B., Gerhard, U., Pioch, E. and Arnold, S., (2006), The impact of Wal-Marts entry into the German and UK grocery markets, Agribusiness, 22(2), 247-266.
Fisher, M., Gaur,V., and Kleinberger, H., (2017), Curing the Addiction to Growth, Harvard Business Review, 951), 66-74.（倉田幸信訳（２０１８）「小売業界から高利益率を維持する施策を学ぶ　成長から成熟への戦略分岐点」『ダイヤモンド・ハーバード・ビジネス』第43巻第４号、68－82頁）。
Freeman, R. B., Nakamura, A. O., Nakamura, L. I., Prud'homme, M. and Pyman, A., (2011), Wal-Mart innovation and productivity a viewpoint, Canadian Journal of Economics, 44(2), 487-508.
Games, D. and Lamberti, M., (2010), Man Behind the Big Brands, South America's Greatest Entrepreneurs, MME Media, 101-125.
Hayem, M. L., (2013), Remittances to Latin America and the Caribbean 2013, MIF.
Hill, C. W. L, (2004), Wal-Mart's Mexican Adventure, Cases in Strategic Management (6th.ed.), Houghton Mifflin, 392-396.
Huneeus, Carlos (2018) "La democracia semisoberana y la representaciín política tecnocrática." Huneeus, Carlos, y Octavio Avendaño. eds. El sistema político de Chile. Santiago: LOM ediciones.
Ignatius Adi (2017) "We Need People to Lean into the Future", Harvard Business Review,95 (2),94-100.（高橋由香理訳（２０１８）「インタビュー　アマゾンといかに競争していくか　小売業界の最終勝者になるために」『ダイヤモンド・ハーバード・ビジネス』第43巻第２号、80－91頁）。
India Retail Forum (2015), India Retail Report 2015: The potential of the world's most exciting retail market, Images Multimedia.

Ireland, R. K. and Crum, C., (2005), Supply Chain Collaboration: how to implement CPFR and other best collaborative practices, J Ross Publishing.（樋地正浩監訳（２００８）『企業間コラボレーション戦略―どのように協調的サプライチェーンを実現するか』東北大学出版会。）

Jain, D., (2011), Unorganized Retailing In India: An Illustrative Approach, Verlag Dr. Muller.

Jannarone, J., (2008), Chile Deal Spices up Wal-Mart, Wall Street Journal, 23 Dec.

Jayasankaraprasad, C., (2014), Consumers' Cross Format Shopping Behavior in an Emerging Retail Markets: Multiple Discriminant Analysis, Journal of International Consumer Marketing, 26, pp. 29-57.

Jindala, Rupinder P., Gaurib, Dinesh K., Lic,Wanyu and Ma, Yu, (2021) Omnichannel battle between Amazon and Walmart: Is the focus on delivery the best strategy?, Journal of Business Research 122, 270-280.

Kacker, M. P., (1988), International flow of retailing know-how: bridging the technology gap in distribution. Journal of Retailing 64(1), 41-68.

Kelley, Ninette and Trebilcock, Michael, (2010), The Making of the MOSAIC second edition, University of Toronto Press.

Kenny, B., (2005), The 'Market Hegemonic' Workplace Order in Food Retailing, Beyond The Apartheid, Workplace, University of Kwazulu-Natal Press, 217-241.

Knowles, Valerie, (2007), Strangers at Our Gates: Canadian Immigration and Immigration Policy, 1540-2006, rev. ed., Dundurn Press.（細川道久訳（２０１４）『カナダ移民史』明石書店。）

Koonts, Doug, (2012), A Look Inside Walmart's Urban 90 Supercenter, RetailNet Group, (http://www.instore-trends.com/index.php/2012/04/03/walmart-urban-90-small-supercenter-toront/).

Kotabe, M. and Helsen, K., (1998), Global Marketing Management, John Wiley & Sons, Inc..

Kotler, P., (2007), Marketing Internacional De Lugares Y Destinos en Latinoamerica, Mario Spanish Books.

Leguizamon, F., Ickis, J. and Flores, J., (2009), Tierra Fétil, 2009 INCAE Casos SEKN, Casos Harvard Casos.

Matusitz, J. and Kristin, L., (2011), ASDA: Organic Growth of a Retailer in the United Kingdom?, Journal of International Food & Agribusiness Marketing, 23, 128-150.

Maumbe, Blessing Mukabeta and Chikoko, Laurine, (2020) The rise of supermarkets in Zimbabwe against a tide

of macroeconomic uncertainty, Development Southern Africa.
Miller, D., (2007), Changing African Cityscapes: Regional Claims of African Labor at South African Owned Shopping Malls, Cities in Contemporary Africa, Palgrave Macmillan, 149-172.
Miller, D., (2008), Retail Renaissance or Company Rhetoric: The Failed Partnership of a South African Corporation and Local Supplier in Zambia, LABOUR, Capital and Society, 41(1), 35-36.
Miller, D., Nel, E. and Godfrey, H., (2008), Mall in Zambia: Racialised retail expansion and South African foreign investors in Zambia, African Sociological Review, 12(1), 35-54.
Monteiro, G. F., Farina, E. M. M. Q. and Nunes, R., (2012), Food-Retail Development and the Myth of Everyday Low Prices: The Case of Brazil, Development Policy Review, 30(1), 49-66.
Myers, H. and Alexander, N., (2007), The role of retail internationalization in the establishment of a European retail structure, International Journal of Retail & Distribution Management, 35(1), 6-19.
Okoebor, A., (2009), The BIG THREE: TESCO, ASDA and SAINSBURY" The Argument Reconsidered, Verlag Dr. Muller.
Olavarría, Margot, (2003) Protected Neoliberalism: Perverse Institutionalization and the Crisis of Representation in Postdictatorship Chile." Latin American Perspectives, 30(6), 10-38.
Pachner, Joanna, (2012), Walmart Secret Weapon, Canadian Business Magazine, Vol.85, o. 15, 40-43
Poole, R., Clarke, G. P. and Clarke, D. B., (2002), Grocery Retailers and Regional Monopolies, Regional Studies, 36(6), 643-659.
Prado, A. and Leguizamon, F., (2006), CSU-CCA Group, Harvard Business School Publishing.
Rajan, Thomason, (2020), The Flipkart Story in India: From the Start to Walmart, Asian Journal of Management Cases,Volume: 18 issue: 2, 126-143.
Rodrigue, Jean-Paul, (2020), The distribution network of Amazon and the footprint of freight digitalization, Journal of transport geography 88 (2020): 102825.
Rugman, A. and Verbeke, A., (2004), A Perspective on Regional and Global Strategies of Multinational Enterprises, Journal of International Business Studies, 35(1), 3-18.

Salmon, W. J. and Tordjman, A., (1989), The Internationalization of Retailing, International Journal of Retailing, 4(2), 3-16.

Simpson, J. and Bridget, D., (2007), Marketing in South Africa Case and Concepts (Third Edition), Van Schaik Publishers.

Sinha, P. K. and Uniyal, D. P. (2012), Managing Retailing (2nd ed.), Oxford Higher Education.

Slater, R., (2003), The Wal-Mart Decade: How a New Generation of Leaders Turned Sam, Walton's Legacy Into the World's #1 Company, Portfolio.（鬼沢忍訳（２００３）『ウォルマートの時代』日本経済新聞社。）

Soderquist, D., (2005), The Wal-Mart Way, Thomas Nelson.（徳岡晃一郎・金山亮訳（２０１２）『ウォルマートの成功哲学　企業カルチャーの力』ダイヤモンド社。）

Sternquist, B., (2011), International Retailing Theory and Research, Brenda Sternquist Consulting.

Teffo, L., (2011), Informal Commercial Development in Future Planning of Low Income Areas: The Case Study of Spaza Shops in Clemont-Kwadabeka, Durban, South Africa, VDM Verlag Dr. Muller.

The Multilateral Investment Guarantee Agency (MIGA) of the World Bank group, (2006), The Impact of Intel in Costa Rica Nine Years After the Deicision to invest, The World Bank group/MIGA.

Thomas, D. E. and Gonzalez, F., (2007), Wal-Mart Mexico-2005, Strategic management Cases (11th ed.), Peason Prentice Hall, 292-311.（平野雅仁訳（２００７）「ウォルマート・メキシコ社２００５年」『経営戦略ケース集』中央経済社。）

Thompson, C., Clarke, G., Clarke, M. and Stillwell, J., (2012), Modelling the future opportunities for deep discount food retailing in the UK, The International Review of Retail Distribution and Consumer Research, 22(2), 143-170.

Vargas, M., (2008), Chile retailer Falabella 2007 net up 2.5 percent, Reuter, 29 Feburary.

Vida, I. and Fairhurst, A., (1998), International expansion of retail firms: A theoretical approach for future investigations, Journal of Retailing and Consumer Services, 5(3), 143-151.

Walton, S. and Huey, J., (1992), Made In America, Bantam.（竹内宏監修『ロープライスエブリデイ』同文館インターナショナル。）

Warnica, Richard (2013), Less drug, more Shoppers, Canadian Business Magazine, Vol. 86, No. 8, 46-49.
World Bank, (2011), Migration and Remittances Factbook 2011, World Bank.
Ziba, Francis and Phiri, Mwanda, (2017), The expansion of regional supermarket Chains: implications for local suppliers: the case for Zambia. WIDER Working Paper 2017/58. UNU-WIDER, Helsinki.

【和文】


相川欣也（1996）「メキシコ・サリーナス政権の経済自由化政策」『國學院大學紀要』第34号、25－42頁。

青木　均（2008）『小売業態の国際移転の研究』成文堂。

朝倉弘教・松村敦子（2000）「日本・メキシコ自由貿易協定の形成を考える（上）」『貿易と関税』第48巻第10号、64－75頁。

池谷和信（2012）『ボツワナを知るための52章』明石書店。

石曽根道子（2012）「ザンビア銅開発史にみる資源便益と地域住民への分配」『東京大学新領域創成科学研究科環境学研究系国際協力学専攻（国際協力学）博士論文学位授与番号甲第28444号』。

石原　孝（2019）『堕ちた英雄「独裁者」ムガベの37年』集英社。

石原　潤・溝口常俊（2006）『南アジアの定期市』古今書院。

伊東　理（2011）『イギリスの小売商業　政策・開発・都市』関西大学出版部。

岩谷彩子（2012）「露天はモールを夢見るか―グローバル化するインドにおける露天商ビジネスの現在―」『グローバリゼーションズ』弘文堂、145－174頁。

上原秀樹（2014）「インドのマクロ経済と中所得国の罠」『インドのフードシステム　経済発展とグローバル化の影響』筑波書房、23－46頁。

牛島　万（2017）『米墨戦争前夜のアラモ砦事件とテキサス分離独立――アメリカ膨張主義の序幕とメキシコ』明石書店。

内田直子（2020）「マクロデータから読み解くAMLO政権下のメキシコ経済の実情」『ラテンアメリカ・レポート』第36巻第2号、34－50頁。

浦部浩之（2008）「2005／06年チリ大統領・議会選挙―選挙制度がもたらした政治構図とコンセルタシオン政権持

続の意味」『地域研究』第8巻第1号、176－198頁。

浦部浩之（2015）「チリにおける政党システムの硬直化と政治不信―「二名制」選挙制度がもたらす「駆け引き政治」の落とし穴」村上勇介編『21世紀ラテンアメリカの挑戦：ネオリベラリズムによる亀裂を超えて』京都大学学術出版会、143－168頁。

太田美和子（2012）『イギリス視察ハンドブック』商業界。

大野幸一・岡本由美子編（1995）『EC・NAFTA・東アジアと学国直接投資』アジア経済研究所。

奥谷孝司・岩井琢磨（2018）『世界最先端のマーケティング　顧客とつながる企業のチャネルシフト戦略』日経BP社。

柯　麗華（2005）『現代中国の小売業』創成社。

神谷　渉（2010）「チェーンストアランキングに見る中国における小売業の特徴と課題」『流通情報』第42巻第1号、6－11頁。

神谷　渉（2011）「中国最大食品小売業「聯華超市」の研究」『流通情報』第43巻第1号、30－36頁。

川端基夫（1999）『アジア市場幻想論―市場のフィルター構造とは何か』新評論。

川端基夫（2000）『小売業の海外進出と戦略―国際立地の理論と実態―』新評論。

川端庸子（2012）『小売業の国際電子商品調達』同文舘出版。

菊田一郎（2008）「欧米にみるRFID利用の実態　ウォルマートとオランダ出版業界の流通現場から」『経営システム』第18巻第4号、186－191頁。

菊池一夫、Heather Ranson（2017）「カナダの小売商業」『アジアと欧米の小売商業』五絃舎、221－236頁。

北野浩一（2006）「バチュレ新政権の政策課題」『ラテンアメリカ・レポート』第23巻第2号、28－35頁。

北野浩一（2018）「輸出ブーム後のチリ銅産業と生産性向上政策」『ラテンアメリカ・レポート』第34巻第2号、60－69頁。

北野浩一（2020）「チリの「社会危機」勃発と所得分配問題」『ラテンアメリカ・レポート』第36巻第2号、16－31頁。

金　昭明（2017）「中国レポート　アリババ対応の切り札京東集団製版共同体戦略」『激流』2018年1月号、80－83頁。

金　昭明（2018）「中国レポート　ネットとリアルを融合させウォルマートのEC急拡大」『激流』2018年6月号、116－119頁。

栗田晴彦（2021）「INTERVIEWこの人に聞く　大久保恒夫　西友社長兼CEO（最高経営責任者）」『激流』第46巻第8号、118－122頁。

郷　裕（2016）「価値転換が進む消費市場」『2020年の中国「新常態」がもたらす変化と市場機会』東洋経済新報社、191－242頁。

小平和良（2018）「京東集団　インターネット通販　ネット×リアルで攻める」『日経ビジネス』1927号、62－65頁。

後藤文俊（2022a）「米ウォルマートの脱チェーンストア戦略」『LOGI-BIZ』第22巻第1号、16－21頁。

後藤文俊（2022b）「米アマゾンのリアル店舗展開の最新動向」『LOGI-BIZ』第22巻第1号、22－24頁。

佐藤千鶴子（2011）「南アフリカ都市の住宅事情」『アジ研ワールド・トレンド』第191号、32－33頁。

Jetro中南米課（2009）『チリの消費市場調査』ジェトロのホームページ（http://www.jetro.go.jp/world/cs_america/reports/07000094）。

島田周平・大山修一編著（2020）『ザンビアを知るための55章』明石書店。

島田陽介（2018）「チェーンストアを「革新」たらしめるもの」『販売革新』2018年5月号、58－62頁。

下田健司（2021）「ウォルマートから外資ファンドへ老舗スーパー・西友の未来」『経済界』第56号第6号、56－58頁。

白石善章（2010）「ウォルマート社のマーケティング―世界のトップ企業としての成功戦略」『海外企業のマーケティング』同文舘出版、70－87頁。

杉田俊明（2006）「ケース・スタディLi&Fung（利豊）―香港をベースにする多国籍企業―」『甲南経営研究』第47巻第2号、1－10頁。

鈴木敏仁（2013）「カナダ市場をめぐるアメリカ／カナダ小売業の攻防」『チェーンストアエイジ』第44巻第17号、87頁。

鈴木敏仁（2011）「カナダの小売業研究」『販売革新』、第49巻第7号、46－55頁。

鈴木安昭（1976）「外国資本の進出とわが国の大規模小売業」『経済の国際化と中小企業』有斐閣、223－235頁。

鈴木安昭（1993）『新・流通と商業』有斐閣。

鍾　淑玲（2015）「日本型コンビニの現地化プロセス―ファミリーマートの台湾進出を例に」『イノベーション・マネジメント』12号、133－155頁。

戸田裕美子（2008）「マークス&スペンサー：100%プライベート・ブランドの店」『ヨーロッパのトップ小売業』同文舘、95－119頁。

堂野崎衛（2010）「イギリスにおけるPB戦略の展開方向」『社団法人食品需給研究センター食品企業財務動向調査報告書─食品企業におけるPB取組の現状と課題─』152－160頁。

鳥羽達郎（2006）「国境を越える小売企業の「撤退」に関する一考察：日本市場における欧米小売企業の事例を通じて」『商大論集（兵庫県立大学）』57（4）、287－316頁。

鳥羽達郎（2009）「国境を超える小売行動の本質的側面」『流通国際化研究の現段階』同友館、29－54頁。

鍋島孝子（2018）『激動のアフリカ農民　農村の変容からみえる国際政治』明石書店。

西浦昭雄（2010）「南ア企業のアフリカ進出」『南アフリカを知るための60章』153－156頁。

西島博樹（2009）「小売国際化における標準化と適応化問題」『流通国際化研究の現段階』同友館、55－78頁。

西島博樹（2014）「中国小売市場の国際化と構造変化」『長崎県立大学東アジア研究書　東アジア評論』第6号、95－108頁。

21世紀中国総研編（2014）『中国都市市場情報　106都市と企業戦略』蒼蒼社。

二宮康史（2011）『ブラジル経済成長の基礎知識（第2版）』ジェトロ。

日本貿易振興機構（2008）『平成19年度食品産業国際化可能性調査・英国の食品市場への参入情報集』日本貿易振興機構。

日本貿易振興機構（2011）『中米経済概況』日本貿易振興機構。

野田　亨（2020）「小売業におけるビジネス・モデル変換による企業再建の研究」『筑波大学博士（経営学）論文学位授与番号甲第9359号』。

販売革新編集部（2021）「西友社長兼最高経営責任者大久保恒夫氏に聞く」『販売革新』第59巻8号、3－9頁。

笛田千容（2014）『MBAたちの中米改革　国際学術協力による地域経済統合』風響社。

馮　睿（2011）『外資小売業の中国市場参入：新興市場における小売国際化プロセスの展開』三恵社。

藤岡里圭（2014）「イギリス食品小売業のPB開発」『デュアル・ブランド戦略』有斐閣、312－335頁。

二神康郎（2005）「日本市場と流通外資」『流通問題』第41巻第2号、18－23頁。

細野昭雄（2010）『南米チリをサケ輸出大国に変えた日本人たち─ゼロから産業を創出した国際協力の記録』ダイヤモ

ンドビック社。

牧田幸裕（２０１７）『デジタルマーケティングの教科書─5つの進化とフレームワーク』東洋経済新報社。

増山久美（２００５）「メキシコ市低所得階層の生存戦術としての『ファミリア』」『人文・自然人間科学研究（拓殖大学人文科学研究所）』第13号、58－76頁。

丸谷雄一郎（２００３）『変貌するメキシコ小売産業』白桃書房。

丸谷雄一郎（２００９ａ）「メキシコの大手小売業者ソリアナのウォルマートへの対抗戦略」『東京経大学会誌経営学』第２６４号、49－71頁。

丸谷雄一郎（２００９ｂ）『ラテンアメリカ経済成長と広がる貧困格差』創成社。

丸谷雄一郎（２０１１ａ）「中米地峡市場におけるウォルマートの現地適応化のための取り組み」『財団法人貿易奨励会第10回（２０１０年度）貿易研究会報告書』１３７－１４９頁。

丸谷雄一郎（２０１１ｂ）「ウォルマートの世界戦略とメキシコ進出」『現代メキシコを知るための60章』明石書店、１１０－１１３頁。

丸谷雄一郎（２０１３ａ）「ウォルマートの創造的な連続適応型新規業態開発志向現地化戦略」『流通研究』第15巻第2号、43－61頁。

丸谷雄一郎（２０１３ｂ）「ドミニカ共和国の貿易事情」『ドミニカ共和国を知るための60章』明石書店、１２６－１２９頁。

丸谷雄一郎（２０１６）「南米小売業者のウォルマートへの対抗戦略」『東京経大学会誌経営学』第２９２号、25－39頁。

丸谷雄一郎（２０１７）「小売業のグローバル・マーケティング戦略」『グローバル・マーケティング戦略』有斐閣、２２７－２４７頁。

丸谷雄一郎（２０１８ａ）「ネット小売先進市場中国市場におけるウォルマートの現地適応化戦略」『商学論纂（中央大学）』第59巻第３・４号、１９７－２３０頁。

丸谷雄一郎（２０２１）「2度の試行錯誤の末整理対象となったウォルマート・ジャパン」『東京経大学会誌経営学』第３１２号、21－39頁。

丸谷雄一郎・大澤武史（２００８）『ウォルマートの新興市場参入戦略』芙蓉書房出版。

丸谷雄一郎・小松仁美（２００８）「メキシコ合衆国におけるストリート・ベンダーに関する一考察─生活条件を向上させ

ていくのが難しい階層のライフヒストリーから」『国際問題研究所紀要（愛知大学）』第132号、73－99頁。

丸谷吉男（1998）「メキシコの石油産業の発展とナショナリズム」『中南米の経済と構造調整』ＴＯＫＯ出版社。

三浦航太（2020）「学生運動と新しい左派勢力からみるチリの「社会危機」」『ラテンアメリカ・レポート』第36巻第2号、1－15頁。

三浦俊彦（2017）「グローバル・マーケティング戦略の枠組み」『グローバル・マーケティング戦略』有斐閣、19－38頁。

水野　一（2005）「多様化するブラジルの宗教」『ブラジル特報』1565号、12－13頁。

宮崎卓郎（2009）「小売業態の国際移転」『流通国際化研究の現段階』同友館、79－100頁。

矢作敏行（1999）「英国プライベート・ブランドの発展過程（上）」『経営志林』第36巻第3号、33－43頁。

矢作敏行（2000）「英国プライベート・ブランドの発展過程（下）」『経営志林』第36巻第4号、21－32頁。

矢作敏行（2007）『小売国際化プロセス』有斐閣。

結城義晴（2002）「アズダ&ウォルマートの暗示　スーパーセンター、ヘイドン・スウィンドン店（イギリス）の全貌」『販売革新』第40巻第9号、30－34頁。

横井のり枝（2014）「インドにおける食品流通システムと流通組織」『インドのフードシステム　経済発展とグローバル化の影響』筑波書房、131－151頁。

吉田繁治（2003）「サム・ウォルトンの成功原則100　第2弾」『商業界』第56巻第11号、120－133頁。

李　雪（2022）「中国「ニューリテール」企業の新たな展開」『LOGI-BIZ』第22巻第1号、28－33頁。

《著者紹介》

丸谷雄一郎（まるや・ゆういちろう）

1970年　メキシコシティ生まれ。
1999年　中央大学大学院商学研究科博士後期課程単位取得満期退学。
　　　　愛知大学経営学部専任講師，助教授，東京経済大学経営学部准教授を経て，
2009年　東京経済大学経営学部教授。専門はマーケティング論，グローバル・マーケティング論，流通論，国際流通論，中南米経済論。

主要著書

『変貌するメキシコ小売産業―経済開放政策とウォルマートの進出―』（単著），白桃書房，2003年；『グローバル・マーケティング』（単著），創成社，2006年；『ウォルマートの新興市場参入戦略―中南米で存在感を増すグローバル・リテイラー』（共著），芙蓉書房出版，2008年；『マーケティング戦略論―レビュー・体系・ケース―』（共著），芙蓉書房出版，2008年；『ラテンアメリカ経済成長と広がる貧困格差』（単著），創成社，2009年；『現代メキシコを知るための60章』（共著），明石書店，2011年；『ドミニカ共和国を知るための60章』（共著），明石書店，2013年；『グローバル・マーケティング戦略』（共著），有斐閣，2017年など。

主要訳書

小田部正明，クリステアン・ヘルセン著『グローバル・ビジネス戦略』（共訳），同文舘，2001年；ニラマルヤ・クマー著『戦略としてのマーケティング』（共訳），同文舘，2008年など。

E-mail：maruya@tku.ac.jp

（検印省略）

2013年10月20日　初版発行
2018年 9 月25日　増補版発行
2022年 7 月25日　第 3 版発行

略称－ウォルマート

ウォルマートのグローバル・マーケティング戦略［第 3 版］

著　者　丸谷雄一郎
発行者　塚 田 尚 寛

発行所　東京都文京区春日 2－13－1　株式会社　創 成 社

電　話 03（3868）3867　　F A X 03（5802）6802
出版部 03（3868）3857　　F A X 03（5802）6801
http://www.books-sosei.com　振　替 00150-9-191261

定価はカバーに表示してあります。

©2013, 2022 Yuichiro Maruya
ISBN978-4-7944-2603-1 C0036
Printed in Japan

組版：でーた工房　印刷：エーヴィスシステムズ
製本：エーヴィスシステムズ
落丁・乱丁本はお取り替えいたします。

創 成 社 の 本

グローバル・マーケティング［第6版］

定価（本体1,800円＋税）

丸谷雄一郎［著］

急成長する新興市場も視野に入れ，基礎理論から最新動向まで網羅。

図表を豊富に掲載し，わかりやすく解説した。

大学生が出会う経済・経営問題
—お金の話から就職活動まで役立つ基礎知識—

定価（本体1,600円＋税）

信州大学経済学部経済学科［編］

「牛丼チェーンの値下げ競争」など，身近なテーマを交えわかりやすく解説。

大学生なら知っておきたい経済学の考え方が，この1冊で身につく！

お求めは書店で

店頭にない場合は，FAX03（5802）6802か，TEL03（3868）3867までご注文ください。
FAXの場合は書名，冊数，お名前，ご住所，電話番号をお書きください。